Les secrets du Kremlin

DU MÊME AUTEUR

Les Giscardiens (avec Christian Sauvage), Albin Michel, 1978.
L'Après-Communisme de l'Atlantique à l'Oural (avec Jacques Lesourne), Robert Laffont, 1990.
La vérité l'emportera toujours sur le mensonge (Comment le pape a vaincu le communisme), JC Lattès, 1991.
Le Bunker (Vingt ans de relations franco-soviétique), JC Lattès, 1993.
Nadia (roman), éditions du Rocher, 1994.
Revue de presse (roman), JC Lattès, 1997.
Dictionnaire politique du XXe siècle (avec Patrick Ulanowska), Le Pré aux Clercs, 2000.
Histoire illustrée de la droite française, Le Pré aux Clercs, 2002.
Jean-Paul II, coll. « Biographies », Gallimard, 2003 ; rééd. Folio, 2006.
La Bourgogne, quelle histoire ! (avec Jean-Louis Thouard), Éditions de Bourgogne, 2004.
Aux Bourguignons qui croient au Ciel… (entretien avec Mgr Roland Minnerath), Éditions de Bourgogne, 2005.
Paris n'est pas la France, JC Lattès, 2005.
Benoît XVI, le dernier pape européen, Perrin, 2006 ; rééd. augmentée, 2011.
Blog à part, Éditions de Bourgogne, 2007.
J'ai senti battre le cœur du monde (conversations avec le cardinal Etchegaray), coll. « Témoignages pour l'histoire », Fayard, 2007.
Le pape qui fit chuter Lénine, CLD, 2007.
Il était une fois la Puisaye-Forterre (avec Xavier Lauprêtre), Éditions de Bourgogne, 2009.
Cent photos pour comprendre… Jean-Paul II, éd. l'Éditeur, 2010.
Les Secrets du Vatican, Perrin, 2009 ; rééd. Tempus, 2011.
Pourquoi le pape a mauvaise presse, Desclée de Brouwer, 2009.
Histoire des papes de 1789 à nos jours, Éditions du Rocher / Perrin, Tempus, 2013.
Les Derniers Secrets du Vatican, Perrin, 2012 ; rééd. Tempus, 2014.
La Bourgogne pour les Nuls, First, 2013 ; rééd. Poche, 2016
Gorbatchev, Perrin, 2014.
En tête à tête avec… Les papes qui ont changé l'histoire, Gründ, 2014.
La Bourgogne en aquarelles (illustrations de Roger Hirsch), auto-édition, 2015.
Dictionnaire amoureux des papes, Plon, 2016.
L'Histoire du communisme pour les Nuls, First, 2017 (à paraître).

Bernard Lecomte

Les secrets du Kremlin

1917-2017

PERRIN

www.editions-perrin.fr

12, avenue d'Italie
75013 Paris
Tél. : 01 44 16 09 00
Fax : 01 44 16 09 01
www.editions-perrin.fr

ISBN : 978-2-262-04118-2

AVANT-PROPOS

De Raspoutine à Poutine

« La Russie est un rébus entouré
de mystère au milieu d'une énigme. »

Churchill

Il y a juste cent ans, en 1917, eut lieu un des plus importants événements des temps modernes : la révolution d'Octobre. La prise du palais d'Hiver par les bolcheviks, à Petrograd, donna le ton à un siècle de fureur, de violence, de souffrances, de courage, de folie, de cris, de mensonges et de larmes. On n'a pas fini de se demander comment une poignée de « révolutionnaires professionnels » – l'expression est de Lénine – réussit, en quelques heures, à conquérir un empire encore sous le choc de l'abdication de son tsar et déstabilisé par une guerre interminable.

Comme le nazisme et le fascisme, le communisme est né sur les décombres encore fumants du premier conflit mondial, mais il dura beaucoup plus longtemps et fit, réellement, le tour de la terre. Parce qu'il était fondé sur une doctrine, le marxisme, et un modèle, la Révolution française, ce qui le rendait plus efficace que les idéologies reposant sur la race ou sur la nation. Mais surtout parce qu'il était porteur d'un espoir illimité : espoir d'une vie meilleure sur cette terre ; espoir d'une victoire des « exploités » sur les « exploiteurs » ; espoir d'un avenir radieux où chacun vivrait selon ses besoins et ses moyens…

Cette folle espérance est née dans le nord de la Russie, en 1917. Cette année-là, au découragement général ayant submergé les populations européennes après les Dardanelles et le Chemin des Dames, voilà que répondirent les clameurs enthousiastes de « prolétaires » ayant renversé une dictature impériale particulièrement injuste, et décidés à bâtir un monde sans classes sociales. Qu'importe que la lueur qui embrasait l'orient fût mirage ou brasier : il y avait du nouveau à l'Est ! Il faudra des années, et même des décennies, pour que la vérité émerge, non sans difficultés, des nouvelles partielles et partiales parvenues de la patrie du communisme qu'un de ses anciens hérauts, Anton Ciliga, baptisa naguère le « pays du grand mensonge ».

De fait, de Raspoutine à Poutine, l'histoire de la Russie soviétique est d'abord une succession de mensonges, de mystères, de trucages, de censures, d'aveux, de révélations et de secrets. S'en extirpent des personnages plus ou moins romantiques, plus ou moins romanesques, plus ou moins terrifiants, sur lesquels les historiens n'ont pas fini d'enquêter, de se contredire, de démêler le vrai du faux.

À cette aune, l'histoire de l'URSS n'est pas comparable au passé de l'Angleterre, de l'Italie ou de l'Espagne. Derrière ses remparts de brique rouge, le Kremlin recèle encore – et recèlera longtemps – des épisodes cachés, mal connus ou totalement déformés, pour le plus grand profit des chercheurs, historiens, diplomates, journalistes et lecteurs passionnés d'histoire contemporaine :

comment sont morts Raspoutine, Nicolas II, Trotski et même Staline ? Comment ont pu se produire le massacre de Katyn, le pacte germano-soviétique, le putsch contre Gorbatchev ? Comment ont jailli de l'anonymat le transfuge Kravtchenko, Iouri Andropov et Vladimir Poutine lui-même ?

Ce livre n'a évidemment pas l'ambition de faire la lumière sur tous les crimes, les complots et les coups tordus qui ont jalonné l'histoire du communisme soviétique de la chute du tsarisme jusqu'à nos jours. Il a le dessein de retracer au plus près de la vérité historique, après enquête, les épisodes les plus emblématiques de cette incroyable saga politique, idéologique, sociale et culturelle qui, à y regarder de près, n'est pas tout à fait terminée.

L'auteur ne s'est pas lancé dans cette entreprise sans quelques solides arguments. Journaliste spécialiste de l'URSS et des pays de l'Est[1], il a couvert sur place la fin du communisme européen, la chute du mur de Berlin, les relations franco-soviétiques et l'effondrement de l'empire marxiste-léniniste. Familier des couloirs du Kremlin, il a gardé de cette période mouvementée, outre la pratique de la langue russe, une bonne connaissance de l'histoire soviétique, une ample documentation personnelle et quelques précieux informateurs, à Moscou et dans les milieux diplomatiques concernés.

L'actualité donne à cette plongée dans l'histoire de l'URSS une vibrante acuité. Par bien des aspects, la Russie de Vladimir Poutine reste marquée par son passé soviétique à la fois brutal et grandiose, jusqu'à éprouver une

1. Pour le quotidien *La Croix* de 1977 à 1984, puis pour le magazine *L'Express* de 1985 à 1993.

réelle nostalgie pour sa puissance déchue et le respect que lui a longtemps voué, bon gré mal gré, le reste du monde. Dans cet immense pays si impénétrable aux intelligences occidentales, comment expliquer que l'on trouve tant de partisans du retour au stalinisme ?

Le symbole de cette grandeur passée, dominant la Moskova, c'est l'impressionnante forteresse[2] aux murailles infranchissables, aux palais mystérieux, aux églises magnifiques et aux tours crénelées dont la plus majestueuse donne sur la place Rouge. Le Kremlin. Un théâtre d'ombres où rôdent celles de Lénine, Trotski, Staline et d'autres personnages moins connus, mais tout aussi redoutables. Un lieu de pouvoir qui n'a pas encore révélé, loin de là, tous ses secrets.

---

2. En russe, le mot *kreml'* veut dire « forteresse ».

1

Il faut tuer Raspoutine !

Le sulfureux moujik a-t-il précipité la Russie dans la révolution ?

« Sans Raspoutine, il n'y aurait pas eu Lénine. »

Alexandre Kerenski

Son nom exact est Grigori Iefimovitch Raspoutine. Il est né dans un petit village de l'Oural nommé Pokrovskoïe, dans la province de Tobolsk, le 10 janvier 1869 – jour de la Saint-Grégoire, d'où son prénom. Son père Efim et sa mère Anna l'ont baptisé ainsi dans l'église du bourg, dédiée à la Sainte Vierge. Le nouveau-né était-il un cadeau du ciel ? Ce couple de paysans avait déjà eu plusieurs enfants qui, tous, étaient morts en bas âge. Grigori incarnait l'espoir de sa famille, illettrée mais très croyante, comme il y en avait tant dans la Russie des tsars.

Grigori ne fut pas un petit garçon modèle. Plutôt chétif, mais bagarreur à l'école, il s'intéressa très tôt, dit-on, aux filles du village. Son nom de famille semblait prédestiné : en russe, *raspouta* veut dire « individu immoral, bon à rien ». Le gamin avait déjà un regard profond, presque hypnotique, qui en faisait un personnage étrange. Alcoolique dès la prime adolescence, pas très performant à la ferme, il se battait parfois avec son propre père et volait l'argent nécessaire à ses débauches !

Est-ce après son mariage, à la mort de son premier enfant, ou à l'issue d'une bagarre qui faillit l'envoyer en déportation en Sibérie-Orientale ? À 28 ans, Grigori Raspoutine découvrit la foi. Selon son principal biographe, l'historien moscovite Edvard Radzinsky, il cessa de boire et de fumer, se mit à fréquenter des religieux de passage et commença une vie de pèlerin errant, visitant tous les monastères de sa région. Il devint un *strannik*, un pèlerin gyrovague comme on en rencontrait sur les chemins de la Russie profonde, parcourant des centaines de kilomètres le long des fleuves et dans les forêts, nourri et hébergé par ceux qui voulaient bien lui offrir une assiette de kacha et une paillasse pour la nuit.

Le retour des « fols pour le Christ »

Depuis le milieu du XIXe siècle, la Russie connaît un renouveau des pratiques religieuses d'antan. De l'Ukraine à la Sibérie, on rencontre de plus en plus de pèlerins solitaires qui ont tout quitté pour prier et prêcher sur les routes, dans quelque ermitage austère ou dans de simples cabanes au fond des bois. Certains sont des saints, d'autres des simples d'esprit, d'autres des escrocs. Certains sont appelés *yourodivi*, c'est-à-dire « fols pour le Christ ». Ils sont souvent incontrôlables et regardés avec suspicion par les prêtres de l'Église officielle. Les plus âgés sont appelés *startsy* (« anciens ») lorsqu'ils ont des disciples, soit dans le cadre d'une relation individuelle avec un fils spirituel, soit quand ils attirent des pèlerins venus de loin pour les consulter – à l'image du starets Zosime que Dostoïevski a campé dans *Les Frères Karamazov*, un personnage inspiré d'un moine bien réel, le père Ambroise, mort au monastère d'Optino, au sud de Moscou, en 1891.

Grigori Raspoutine a évolué dans ce contexte religieux aux fondements théologiques parfois fantaisistes, où certains illuminés ont animé des groupes étranges dont on dénonçait le fanatisme : les *khlysty* (« flagellants ») et les *skoptsy* (« castrats »), regroupés en sectes plus ou moins clandestines, étaient connus pour la confusion qu'ils entretenaient entre une religiosité exacerbée et des débauches sataniques quelquefois très violentes. Il ne fait aucun doute que le pèlerin Raspoutine, dans ses voyages, a croisé des individus de cette sorte qui mêlaient christianisme, paganisme et chamanisme.

En 1903, celui qu'on appelle « frère Grigori » – alors qu'il n'est pas moine – fait le voyage de Saint-Pétersbourg et se rend à l'évêché, muni d'une lettre de recommandation signée d'un évêque de Kazan. Il prétend collecter des fonds pour construire une église dans son village de Pokrovskoïe. Il se rapproche ainsi de l'évêque Sergui, recteur de l'Académie de théologie, et de son ami l'évêque Théophane, de Poltava. Grigori a un physique de moujik, mais il impressionne par ses propos peu conformistes, son sens de la psychologie et ses prophéties diverses – il annonce notamment la défaite de la marine tsariste face aux Japonais en 1905.

Un jour, l'évêque Théophane introduit Grigori chez l'épouse du grand-duc Pierre, cousin du tsar Nicolas II. Cette princesse monténégrine prénommée Militsa tombe sous le charme sulfureux du moujik sibérien, qui se met à fréquenter son palais avec assiduité. Or Militsa est une proche amie de la tsarine Alexandra Fiodorovna, née Alix de Hesse-Darmstadt, une Allemande plutôt revêche et volontiers mystique, qui s'entiche, à son tour, de l'étrange homme de Dieu au visage d'ascète et aux yeux incroyablement perçants.

Un tsar sans autorité

Nicolas II est très amoureux de son épouse. Lui aussi est très croyant. Mais cet homme timide et taciturne n'a aucune autorité, ne comprend rien à la politique et déteste le pouvoir. Il a été témoin de l'assassinat brutal de son grand-père, le libéral Alexandre II, en 1881, et de la sévérité avec laquelle son propre père Alexandre III traita les diverses oppositions russes avant de mourir en 1894. Nicolas Alexandrovitch n'avait alors que 24 ans. Sans expérience, sans formation, sans caractère, l'héritier des Romanov n'était pas fait pour gouverner un empire, surtout en période de forte contestation interne. Sa femme, sa famille et sa foi l'ont toujours absorbé – un peu comme Louis XVI en France –, bien plus que les affaires de l'État.

Au tournant du siècle, Nicolas et son épouse se désespèrent. Ils ont déjà eu trois filles, ce qui n'assure pas la succession dynastique. Ils sont à l'écoute de tous les prophètes, voyants et autres charlatans qui leur proposent d'intercéder auprès du Très-Haut pour que celui-ci leur donne enfin un fils. On a gardé la trace de plusieurs personnages étranges qui réussirent ainsi à s'immiscer dans l'entourage du couple impérial : un faux moine, probablement simple d'esprit, vaguement voyant, nommé Mitia ; une thaumaturge aux pieds nus, moitié pythie, moitié folle, prénommée Matriona ; un bonimenteur lyonnais nommé Nizier Anthelme Vachot-Philippe, mi-occultiste mi-guérisseur, qui prédit que la tsarine va avoir un garçon… et qui lui explique doctement, quand elle a une quatrième fille, que Dieu a voulu la punir pour son manque de foi ! À chaque fois, la tsarine ne demande qu'à croire le prétendu « envoyé de Dieu », l'empereur respecte amoureusement son choix, la famille se divise sur le sujet et la police secrète finit par chasser l'intrus.

Quand le sulfureux « Maître Philippe » est discrètement prié, à son tour, de rentrer en France, Nicolas et Alexandra se sentent orphelins, du moins sur le plan spirituel. En juillet 1903, ils président personnellement à la canonisation d'un des plus grands *startsy* du siècle précédent, Séraphin de Sarov, dont l'expérience ascétique – il fut aussi anachorète, silenciaire, stylite et reclus – témoigne d'une spiritualité typiquement russe. En Russie, beaucoup de moines orthodoxes, jusqu'à nos jours, se réfèrent à ce grand saint disparu en 1833.

En 1904-1905, les épreuves accablent le couple impérial. Alexandra a finalement mis au monde un garçon, Alexis, mais les médecins annoncent bientôt à sa mère la terrible nouvelle : l'enfant est hémophile. Sur le plan militaire, à la surprise du monde entier, le Japon humilie la prestigieuse flotte russe : c'est la première fois qu'une grande armée européenne est vaincue par des Asiatiques ! En janvier 1905, une manifestation ouvrière a été réprimée dans le sang à Saint-Pétersbourg, qui transforme Nicolas II en « ennemi du peuple » : soulèvements et grèves forcent le tsar, en octobre, à publier un manifeste limitant désormais son pouvoir absolu.

Les audaces du « frère Grigori »

C'est précisément à cette époque – le 1er novembre 1905 – que la princesse Militsa présente « frère Grigori » à ses amis Nicolas II et Alexandra Fiodorovna, dans leur résidence impériale de Peterhof. Dès cette rencontre, racontera plus tard l'évêque Théophane, témoin de la scène, le troublant « homme de Dieu » venu de Tobolsk produit une « très forte impression » sur l'impératrice. Raspoutine est inculte, mais il est bon psychologue : il est frappé par l'extrême nervosité de la tsarine, qui cache mal sa peur d'être bientôt balayée, avec son mari, par une révolution populaire. À l'évidence, la première dame de Russie a besoin d'un confesseur, d'un gourou, d'un maître spirituel. Le rusé Grigori sera celui-là.

Raspoutine quitte alors le domicile de son mentor, l'évêque Théophane, pour s'installer chez le conseiller d'État Lokhtine, dont la femme Olga, très connue dans la capitale russe pour son charme et son intelligence, tombe en pâmoison devant le moujik. Celui-ci se tient ainsi au courant des rumeurs de la Cour, tout en effectuant quelques allers et retours à Pokrovskoïe, accompagné d'une Olga Lokhtina étrangement attachée à lui, à la fois soumise et familière, abandonnée dans une relation qui fait bientôt jaser les témoins de ce mysticisme très suspect.

De son village, Raspoutine rapporte une icône représentant Siméon de Verkhotourié, un saint local, présumé thaumaturge, qui lui fit prendre naguère, dit-il, le chemin de la dévotion et de la sainteté. En octobre 1906, il a le culot d'envoyer une missive au tsar – rédigée par son amie Lokhtina – pour que celui-ci l'autorise à lui présenter cette icône aux pouvoirs miraculeux. Intrigué,

Nicolas II lui accorde cinq minutes, mais Grigori parle tant et si bien qu'il reste plus d'une heure au palais. Ayant convaincu le couple impérial de l'introduire auprès du petit Alexis, toujours malade, il calme l'enfant qui s'endort paisiblement. Hasard ? Hypnose ? Miracle ? Nicolas et Alexandra sont comme subjugués. Ils ne se sépareront plus jamais de la modeste icône venue de Tobolsk, et inviteront ce nouvel « homme de Dieu » à revenir les voir. Ne leur a-t-il pas laissé entendre qu'il guérirait un jour leur malheureux héritier ?

Peu à peu, Raspoutine entre dans l'intimité du couple impérial. Il joue habilement des petites intrigues et des grandes jalousies qui entourent le tsar et la tsarine. Il se rapproche d'une jeune demoiselle d'honneur prénommée Ania, qui se marie bientôt avec un officier nommé Vyroubov. La nouvelle madame Vyroubova, qui bénéficie de l'amitié passionnée d'Alexandra, devient la principale alliée de Raspoutine à la Cour. La jeune femme feint d'être simplette alors qu'elle manie le mensonge avec maestria. Est-elle sincère quand elle devient une admiratrice inconditionnelle du mystérieux confesseur du couple impérial ? Quoi qu'il en soit, une connivence s'établit entre la jeune écervelée et le paysan inculte qui deviennent, à partir de 1908-1909, les deux personnes de confiance de la tsarine.

Une telle proximité indispose bientôt les autres membres de la famille du tsar. Des bruits commencent à circuler sur les relations un peu curieuses du starets avec les femmes qui le fréquentent et sur ses attaches avec la secte des *khlysty*, ces fanatiques condamnés par l'Église officielle. Mais comment lutter contre l'influence de ce moine qui fait disparaître les migraines de l'impératrice en lui imposant les mains et qui réussit à atténuer les souffrances du tsarévitch ? Comment faire barrage entre

Raspoutine et le tsar alors que celui-ci partage, au-delà du raisonnable, toutes les attirances, visions, préventions et lubies de son épouse ?

Le paysan, « âme » de la Russie

Il faut dire que Nicolas II se méfie de sa Cour, de ses conseillers et de l'Occident. À l'instar de nombreux intellectuels, romanciers, penseurs et artistes qu'on appelle « slavophiles », il croit que la Russie devra toujours son salut au bon sens de ses paysans, à la vivacité de ses racines, à sa foi profonde, populaire et sans limites. Le brave paysan russe, qu'il vienne de la steppe ou de la forêt, détient la vérité de ce peuple malheureux et incompris. Il incarne « l'âme » de la Russie, cette réalité indéfinissable enfouie dans le travail de ses paysans illettrés et dans la prière de ses « saints moines » qui célèbrent la gloire de Dieu dans des villages reculés ou des monastères isolés, loin de la contamination de la grande ville ou de l'étranger. Pour le tsar comme pour la plupart de ses compatriotes, le salut de l'Empire viendra de l'intérieur, et certainement pas d'un homme politique ou d'un savant. D'un moine inspiré, plutôt. Ou d'un pauvre moujik venu de Sibérie.

En 1911, Raspoutine est à l'apogée de sa position de faveur. Il habite alors chez un éditeur célèbre, Gueorgui Sazonov. Celui-ci devient un de ses adeptes et n'entend pas, lui non plus, les rumeurs salaces qui courent sur les rapports étranges entre son nouvel ami et sa propre épouse. Il ne croit pas davantage aux bruits qui circulent à la Cour et qui accusent Grigori d'être lié aux groupuscules extrémistes antisémites sévissant alors à Saint-Pétersbourg. En réalité, c'est son jeune et inséparable ami le moine Iliodore, que Raspoutine connaît depuis 1908, qui mérite ces accusations. Mais certains, à la Cour, manient l'amalgame comme une arme de poing…

Les détracteurs du « frère Grigori » sont de plus en plus nombreux. Les bruits courent, les accusations volent, la presse publie des articles au vitriol. Mais le moujik est systématiquement défendu par la tsarine et, bec et ongles, par son impérial mari : hommes d'Église ou hommes de Cour, tous ceux qui tentent de mettre Nicolas II en garde contre son gourou sont bannis ou éloignés du palais. Notamment l'évêque Théophane, qui accuse désormais son ancien protégé d'« égarement spirituel » et se voit brutalement exilé en Crimée ! De Saint-Pétersbourg à Moscou, les rumeurs les plus folles se multiplient sur les frasques sexuelles du confesseur du tsar. Le saint homme aurait fréquenté toutes les prostituées de la ville. On raconte que la nurse du tsarévitch, une jolie blonde de 36 ans nommée Maria Vichniakova, a été violée par lui – ce qu'elle confirmera plus tard. Mais quand la jeune femme raconte son malheur à la tsarine en personne, celle-ci n'en croit pas un mot et accuse sa domestique de mensonge.

La coupe est pleine quand on comprend à Saint-Pétersbourg que le tsar se confie à Raspoutine sur des sujets politiques, et non des moindres. Lorsque l'Autriche-Hongrie annexe la Bosnie-Herzégovine au printemps 1909, de nombreux Russes souhaitent porter assistance aux Serbes orthodoxes, traditionnels amis de la Russie, et Nicolas II n'est pas loin de penser comme eux. Mais Raspoutine sait que l'impératrice Alexandra a une sainte horreur de la guerre : il convainc le tsar de ne pas prendre les armes contre l'Autriche, sauf à risquer une défaite qui pourrait être fatale au régime. Voilà qui outrepasse largement le rôle d'un directeur de conscience ! De la même façon, Raspoutine intervient dans la nomination du nouveau haut procureur du saint-synode – l'homme qui exerce au nom du tsar la tutelle sur l'Église russe – et, pis encore, dans celle du futur ministre de l'Intérieur. Cela commence à faire beaucoup.

L'assassinat de Stolypine

En septembre 1911, l'assassinat du Premier ministre Stolypine à l'opéra de Kiev est un tremblement de terre politique. Il accroît la suspicion générale vis-à-vis de Raspoutine : celui-ci avait annoncé sept jours plus tôt le « départ » de ce dirigeant charismatique qui était en train de remettre la Russie sur les rails, et qui le détestait. De nouvelles rumeurs fusent : le gourou maléfique, qui était présent à Kiev, ne serait-il pas responsable du manque de vigilance dont a fait preuve, à l'évidence, la police locale ? C'est l'époque où commencent à circuler dans Saint-Pétersbourg des lettres secrètes volée à la famille impériale, dont une missive envoyée à Raspoutine par la tsarine en personne, qui commence bien curieusement :

> Mon bien-aimé et inoubliable maître…

La lettre, authentique, comporte suffisamment de formules ambiguës pour nourrir l'exécrable rumeur selon laquelle Alexandra aurait eu avec son « homme de Dieu » des rapports interdits :

> Je n'ai plus qu'un désir, m'endormir dans tes bras…

Invite sulfureuse, confidence amoureuse ou divagation mystique ? Et quand bien même : que de familiarité et que de tendresse envers un vulgaire moujik de la part de l'impératrice en personne, la très respectable épouse de Sa Majesté le tsar de toutes les Russies !

Toutes tendances politiques réunies, une honte sourde gagne la population : a-t-on jamais vu un souverain moderne aussi passif devant les délires spirituels de sa femme ? La colère franchit les travées de la Douma, l'Assemblée législative concédée par l'empereur à la suite des troubles de 1905. Les parlementaires sont vent debout, et exigent du gouvernement qu'il mette Raspoutine hors d'état de nuire. Mais comment obtenir l'aval du couple régnant ? Seule l'impératrice mère, la digne veuve d'Alexandre III, ose affronter les foudres de sa bru en exigeant que Raspoutine s'éloigne un temps du palais impérial. Mais jamais pour bien longtemps.

Précisément, lorsque la famille du tsar se retrouve en ce jour mémorable d'octobre 1912 pour un bal donné dans sa résidence de Bielovieje, en Russie blanche, et que le tsarévitch Alexis tombe gravement malade, Raspoutine a été éloigné de la capitale. Tandis que les médecins désespèrent de sauver le jeune hémophile et laissent présager le pire à la tsarine, celle-ci implore, par télégramme, l'intercession de Grigori, qui répond par le même truchement :

> Dieu a vu tes larmes et entendu ta prière. Ton fils vivra !

Or, à la stupéfaction des médecins, des ministres et de toute la Cour, Alexis se rétablit. Même les moins crédules d'entre eux crient au miracle. Par sa prière, même lointaine, Grigori a sauvé l'héritier de la Couronne ! Les détracteurs de Raspoutine sont réduits, bien malgré eux, au silence. Comment en vouloir à une mère de manifester une telle dévotion vis-à-vis du guérisseur de son fils ?

Ample chemise de soie couleur framboise écrasée, bottes vernies, large pantalon noir, manteau de paysan, Raspoutine défraie la chronique à chaque fois qu'il assiste à une cérémonie officielle – comme en 1913 pour le tricentenaire de la dynastie des Romanov. Comme il est très grand, on ne voit que lui ! Le président de la Douma et nombre de députés enragent de le voir plastronner dans l'ombre du tsar, au mépris de tout protocole. En janvier 1914, la presse s'émeut de le voir se mêler, presque au grand jour, du prochain remaniement gouvernemental. De leur côté, les ministres pestent de devoir obéir à ses sollicitations en faveur de tel ou tel de ses affidés…

La Russie dans la guerre

Le 28 juin 1914, à Sarajevo, le nationaliste serbe Gavrilo Princip assassine l'archiduc François-Ferdinand d'Autriche, mettant ainsi le feu aux Balkans et forçant les grandes puissances à défendre leurs alliés respectifs. La guerre semble inévitable. La Russie ne peut pas laisser écraser la Serbie sans réagir. Nicolas II en est convaincu. Mais son épouse est de l'avis contraire et appelle à son secours leur « ami » Grigori. Or, celui-ci ne répond pas : il vient justement d'être victime d'un attentat. À Pokrovskoïe, alors qu'il sortait de l'église, une fausse mendiante nommée Khionia Gousseva l'a frappé d'un coup de poignard. Grigori va réchapper de cet attentat par miracle. Selon les historiens qui ont étudié cette affaire, le crime était probablement commandité par le moine Iliodore, l'ancien ami de Raspoutine devenu son pire ennemi, avec la complicité probable du chef de la police secrète. Mais le moujik est coriace : il survivra !

Alexandra, folle d'inquiétude, lui demande alors d'envoyer un télégramme à son mari pour dissuader celui-ci de lancer la Russie dans la guerre. Le 16 juillet 1914, Nicolas vient de signer le décret appelant à la mobilisation générale quand il reçoit un télégramme de Pokrovskoïe :

> [...] Menaces sur la Russie : malheur, beaucoup de chagrin, pas d'éclaircie, mer de larmes sans bornes [...] Je sais que tous attendent de toi la guerre, même les fidèles, sans savoir que c'est pour leur ruine [...] Tu es le tsar, le père du peuple, ne laisse pas les fous triompher et mener à leur perte eux-mêmes et le peuple ! Tout se noie dans un grand sang... Grigori.

Nicolas II est tétanisé. Il téléphone lui-même au service du télégraphe pour annoncer l'annulation de son télégramme appelant à la mobilisation générale ! L'état-major et le gouvernement sont catastrophés et réagissent en faisant pression sur le tsar... qui donne finalement son feu vert à l'opération. Le soulagement est général, mais la colère est extrême. Quand Raspoutine revient à Saint-Pétersbourg (qui vient d'être rebaptisée Petrograd) en août, il constate que son aura est au plus bas. Il comprend que beaucoup de gens veulent son élimination. Or, le tsar a quitté la capitale pour aller rejoindre son armée. Son seul appui, son dernier recours, c'est l'impératrice – à laquelle il conseille habilement de diriger elle-même les affaires du pays pendant que son mari fait la guerre.

Raspoutine sait qu'il est détesté. Il s'étourdit dans l'alcool – c'est nouveau – et multiplie les passades avec des femmes légères, accumulant les scandales et se vantant, ici ou là, de son influence sur le couple impérial. Le moujik est sûr de lui. Ou plutôt, de la tsarine, qui s'obstine à considérer tous les bruits qui courent sur son protégé comme autant de preuves qu'un « saint » est forcément persécuté par ses contemporains ! Cette impunité extraordinaire lui permet de s'immiscer davantage dans les affaires publiques, évidemment à son profit – il évite par exemple à son propre fils de partir au front comme tous les jeunes de son âge.

Dans l'ombre d'Alexandra, Raspoutine manœuvre pour que le pouvoir soit détenu par des hommes à lui, et non par des gens qui veulent sa perte. Son principal ennemi est le grand-duc Nicolas Nicolaïevitch, oncle du tsar et commandant suprême des armées, qui n'est pas loin de considérer « l'Allemande » et son gourou maléfique comme des traîtres à la patrie. Mais le fier militaire ne peut rien contre les lettres péremptoires dont Alexandra abreuve quotidiennement son pauvre mari. Non seulement elle lui transmet d'étonnantes recommandations de Grigori sur les livraisons de viande, la production de munitions ou le salaire des fonctionnaires pauvres, mais elle ne cesse d'y prévenir son « chéri » contre l'influence de « N », l'oncle honni, jusqu'à le convaincre, une fois pour toutes, de prendre sa place ! Erreur capitale qu'avait su éviter son aïeul Alexandre Ier en laissant au général Koutouzov, en 1812, le commandement en chef de l'armée russe face à Napoléon…

Le triomphe des « forces obscures »

Au milieu de l'année 1915, le sort des armes tourne en défaveur de la Russie. À Petrograd, l'heure est aux règlements de comptes, aux accusations malveillantes et à la recherche de boucs émissaires. Le plus en vue de ceux-ci, c'est naturellement Raspoutine. L'ambassadeur de France Maurice Paléologue rapporte dans un télégramme qu'un jour, la foule moscovite manifeste sur la place Rouge pour exiger que Nicolas II abdique et que Raspoutine soit pendu ! Mais le rusé moujik profite de ces tensions internes pour placer ses pions : non seulement il triomphe quand le tsar évince finalement le grand-duc Nicolas et l'exile dans le Caucase, mais il obtient le remplacement du chef de la police (Djounkovski), puis celui du ministre de l'Intérieur (Chtcherbatov), et aussi celui du haut-procureur du saint-synode (Samarine) par des hommes à sa dévotion. Une vraie révolution de palais !

Le monde politique russe est abasourdi. À la Douma, un « bloc progressiste » se constitue pour lutter contre les « forces obscures » qui dirigent le pays. À la tête de celles-ci, la tsarine et son moujik contrôlent, par le biais de courtisans sans talent, une grande partie du pouvoir et manipulent dangereusement le tsar. Alexandra et son guide spirituel sont soupçonnés de vouloir conclure une paix séparée avec l'Allemagne – dont l'empereur, Guillaume II, est le cousin germain de la tsarine. Dans la haute société russe, une évidence commence à s'imposer : il faut éliminer le mauvais génie qui conduit la Russie à sa perte. Par n'importe quel moyen.

Mais si ce projet fou est régulièrement évoqué par tel ministre ou tel député de la Douma au cours de l'année 1916, c'est dans l'entourage du tsar et au sein du haut état-major de l'armée qu'il va prendre réellement consistance. Au fil des mois, les membres de la famille impériale s'inquiètent de plus en plus sérieusement des rumeurs de défaite militaire et de révolution violente. Nicolas II lui-même, s'il reste sous l'emprise de sa femme, n'est pas dupe de ce qui se dit autour de lui. Il sait que les grands-ducs (ses oncles Konstantin et Pavel, son frère Mikhaïl, son oncle

Nicolas, son cousin Alexandre) et les grandes-duchesses (ses sœurs Olga et Xenia, sa belle-mère Ella) sont tous affolés par la désastreuse emprise qu'exerce Raspoutine sur son couple, et tous convaincus que la fin de la dynastie des Romanov approche à grands pas…

C'est là, dans cet étroit cercle familial, à la mi-novembre 1916, qu'est prise la décision d'assassiner Raspoutine. Les deux principaux instigateurs sont des proches de Nicolas II. Le grand-duc Dimitri Pavlovitch est le cousin germain du tsar. Son ami intime Félix Ioussoupov est son neveu par alliance (il a épousé sa nièce Irina). Ils s'adjoignent le député monarchiste Pourichkevitch – après que celui-ci a prononcé, le 19 novembre 1916 à la tribune de la Douma, un discours incendiaire contre la tsarine « restée allemande » et son « génie du mal » – et deux exécutants de confiance : le jeune lieutenant Sergueï Soukhotine, en convalescence à Petrograd, et un ami de Pourichkevitch, le docteur Stanislas Lazovert.

Introduit par une amie commune, Maria Golovina, et prétextant des douleurs dans la poitrine, le prince Ioussoupov se rend un soir chez Raspoutine qui lui impose les mains et sympathise d'emblée avec ce patient particulièrement séduisant. Personnage élégant, fantasque et ambigu, notoirement homosexuel, diplômé d'Oxford, grand joueur de tennis, Félix est l'héritier d'une des plus puissantes familles de la Russie impériale. Il vit dans un palais somptueux que l'on visite encore aujourd'hui au bord de la Moïka, au centre de Petrograd. Raspoutine est-il tout à fait sincère quand il s'entiche du beau Félix ? Ou bien ressent-il, comme on l'a dit, une attirance physique à son endroit ? Cet incorrigible coureur de jupons sait aussi que l'épouse de Félix, nièce de Nicolas II, est une jeune femme très distinguée et très belle, comme il les aime…

Un crime rocambolesque

Petrograd, le 17 décembre 1916[1]. Il est près de 1 heure du matin, rue Gorokhovaïa, quand Félix Ioussoupov arrive au domicile de Raspoutine et sonne à la porte de service. Il porte une chapka noire et une longue pelisse de renne. Le moujik, cheveux lissés et barbe peignée, vêtu d'une chemise bleue brodée de bleuets, d'un pantalon de velours noir et de hautes bottes, attend avec impatience celui qui est devenu son ami – du moins le croit-il – et dont l'épouse, la sublime Irina, souffrante, aurait besoin de ses dons de guérisseur. Derrière le rideau de la cuisine, intriguée, la servante Katia Petchorkina voit partir les deux hommes pour une destination inconnue. Elle a parfaitement reconnu le prince Félix…

La voiture de celui-ci, conduite par un chauffeur en uniforme – il s'agit du docteur Lazovert – enfile la rue Gorokhovaïa jusqu'au centre-ville, tourne à gauche, franchit la grille du palais Ioussoupov et s'arrête dans la cour du bâtiment. Quand les deux hommes pénètrent dans le bâtiment, ils entendent à l'étage de la musique américaine et des éclats de voix. Félix explique :

— Ma femme reçoit des amis, ils sont sur le point de partir. En attendant, allons boire le thé dans la salle à manger !

Raspoutine devra donc patienter un peu avant de rencontrer, croit-il, la mystérieuse et troublante Irina. La salle à manger est au sous-sol. Le moujik peut-il imaginer

---

1. Jusqu'en 1918, c'est le calendrier julien qui est utilisé en Russie. Après la révolution, le pays adoptera le calendrier grégorien, en retard de treize jours sur le précédent.

qu'elle a été entièrement refaite, aménagée et décorée pour l'occasion ? L'escalier est en colimaçon. Du thé, du café, une fiole de vin et des petits-fours à la crème attendent les visiteurs, là, sur une table basse. Comment Raspoutine se douterait-il que le vin est empoisonné et que les petits-fours sont fourrés de poudre de cyanure ?

Comme dans tout bon scénario, rien ne se passe comme prévu. Raspoutine refuse poliment le vin de Madère et décline l'invitation à se servir en pâtisseries : trop sucrés pour lui, les petits-fours ! Félix s'efforce de ne pas paniquer. À l'étage, les comparses s'inquiètent. Pourichkevitch sort de sa poche le revolver qu'il a emporté au cas où la situation tournerait au vinaigre. La tension monte. Heureusement, au sous-sol, au bout d'une heure de conversation, l'invité de Félix change d'avis : il se verse un verre de vin, en accepte un second, puis avale quelques petits-fours au cyanure. Le poison va-t-il agir aussitôt ? Va-t-il s'effondrer brusquement ? Une demi-heure plus tard, Félix n'en revient pas : Raspoutine continue de parler, affalé sur le canapé. Son regard a changé. De ses yeux perçants, il fixe étrangement son hôte et lui demande... de lui jouer de la guitare !

Il est un peu plus de 2 heures quand Félix Ioussoupov, sous un prétexte quelconque, monte à l'étage et annonce à ses complices que le poison n'agit toujours pas : il va devoir changer de méthode. Il saisit le revolver de Dimitri et redescend l'escalier. Selon le récit qu'il fera plus tard, son invité ne semble rien deviner de ce qui se trame, et ne réagit pas quand Félix brandit l'arme qui va le tuer :

> D'un mouvement lent, je levai le revolver. Raspoutine se tenait devant moi, sans bouger, ses yeux fixés sur le

crucifix. J'ai tiré. Il poussa un rugissement sauvage, bestial, et tomba lourdement à la renverse sur la peau d'ours…

Aussitôt, les quatre comploteurs se ruent dans la salle à manger, mais dans leur précipitation, ils arrachent le cordon de l'interrupteur et coupent l'électricité ! Dans la pénombre, ils voient Félix debout, le revolver à la main, et Raspoutine gisant sur le sol, devant le canapé, agonisant, le corps secoué de convulsions. Presque mort. Sauf que le bonhomme, qui a déjà résisté au cyanure de potassium, n'a pas encore rendu l'âme. Quand Félix redescend au sous-sol après avoir arrosé l'événement avec ses complices, il constate que le corps de sa victime n'est toujours pas froid. Penché sur lui pour prendre son pouls, Félix voit l'œil de Raspoutine s'ouvrir, effrayant, puis le colosse se relever soudain, d'un bond prodigieux, et se jeter sur son assassin en essayant de l'étrangler ! Félix se dégage, affolé, et se précipite à l'étage :

— Vite ! Le revolver ! Tirez ! Il est vivant ! Il se sauve !

Raspoutine monte à son tour l'escalier en criant le nom de Félix d'une voix rauque, il se dirige vers la cour et marche, en titubant, le long de la grille. Pourichkevitch se lance à sa poursuite et tire un coup de revolver. Raté. Un deuxième coup de feu. Encore raté. Raspoutine parvient à l'un des portails du château quand une troisième balle l'atteint dans le dos, puis une quatrième à la tête. Cette fois, il s'effondre dans la neige, mais ses bras continuent de griffer convulsivement le sol. Les comploteurs, notamment Félix, tremblant de peur dans ses appartements, vivent un véritable cauchemar : cet homme est le diable !

La malédiction du moujik

De l'autre côté de la Moïka se trouve un poste de police où l'on a entendu les coups de feu. Il est 2 h 30 du matin. Deux sergents de ville s'approchent. Le prince Ioussoupov les rassure d'abord par un mensonge – l'un de ses domestiques aurait abattu un chien devenu fou –, mais les deux policiers insistent. Pourichkevitch leur révèle alors qu'il vient de tuer le fameux Raspoutine, « l'ennemi de la Russie des tsars », et leur enjoint le secret absolu… que les deux fonctionnaires ne respecteront évidemment pas. C'est par eux et par leurs supérieurs dûment avertis que la nouvelle va se répandre dans la ville dans la matinée, ainsi que les noms des conspirateurs.

Le grand-duc Dimitri revient alors au palais. Il s'est absenté juste avant la fusillade pour aller faire disparaître les effets du défunt. C'est, en tout cas, la thèse officielle. Afin de préserver ses chances de succéder un jour à Nicolas II, il fallait que « les mains du prince impérial ne fussent pas souillées par du sang sale », expliquera plus tard Ioussopov à plusieurs reprises : un possible futur tsar ne pouvait pas être un assassin ! Tout porte à croire, selon les historiens les plus crédibles, que c'est Dimitri, en réalité, qui a tiré les deux balles fatales. En tout cas, c'est lui qui s'occupe alors de faire disparaître le corps de Raspoutine enveloppé dans une toile. La veille, avec Pourichkevitch, il a repéré un trou dans la glace de la petite Neva, à hauteur de l'île Petrovski, à la limite de la ville. Du haut d'un parapet, deux ombres balancent le moujik dans l'eau noire… en oubliant de le lester de chaînes ! Le corps ne coule donc pas au fond de l'eau. Pas plus qu'une des bottes du moujik qui restera sur la glace, bien en évidence.

On ne mettra pas longtemps, le lendemain, à retrouver le cadavre gelé. À voir les bras du mort levés haut, figés, comme s'il avait tenté de se libérer dans un dernier effort, les enquêteurs estimeront que l'indestructible starets était encore vivant quand il a basculé dans l'eau glacée – après avoir déjà résisté aux cristaux de cyanure et aux balles de revolver ! Voilà qui nourrira, plus tard, la légende du moujik protégé de Dieu que les assassins, ces impies, ont eu tant de mal à expulser du monde des vivants.

Mais les disciples du défunt gourou – notamment l'impératrice Alexandra, inconsolable, qui va désormais passer la moitié de son temps à prier sur la tombe du starets – se rappelleront surtout la prédiction que celui-ci avait souvent exprimée : son assassinat, s'il devait advenir, annoncerait l'effondrement du régime et la mort de la famille impériale. L'avenir va confirmer cette prophétie apocalyptique. Deux mois après ce 17 décembre 1916 historique, le tsar sera contraint d'abdiquer, ouvrant la porte à une révolution au cours de laquelle presque tous les membres de la famille impériale seront assassinés. Exactement comme l'avait prédit Grigori Iefimovitch Raspoutine.

2

La prise du palais d'Hiver

La révolution d'Octobre ne fut-elle qu'un simple coup d'État sordide ?

« Dans les révolutions, il y a deux sortes de gens : ceux qui les font et ceux qui en profitent. »

Napoléon

Petrograd, le 3 avril 1917[1]. La nuit est tombée sur la capitale de la Russie. En ce lundi de Pâques, jour de congé, les ouvriers des usines Poutilov se sont passé le mot : il faut aller accueillir à la gare de Finlande, ce soir, un des principaux porte-parole du mouvement socialiste russe, Vladimir Illitch Oulianov, dit Lénine. Il arrive de Suisse, où il a été surpris par l'annonce de la chute du régime tsariste. Cela fait douze ans qu'il attend cette nouvelle, depuis que la révolution ratée de 1905 l'a forcé à quitter la Russie. Douze ans qu'il se morfond, à lire un

1. À partir de cette période, nous utilisons le calendrier grégorien, décalé de treize jours par rapport à l'ancien calendrier julien (c'est pourquoi la révolution dite « d'Octobre », qui s'est déroulée le 23 octobre selon l'ancien calendrier russe, est célébrée partout le 7 novembre).

maximum de journaux étrangers et à écrire rageusement lettres et brochures sur la révolution de ses rêves. Douze années d'exil ! Il est temps de rattraper le temps perdu !

Lénine a mis un mois à traverser l'Europe. L'autorisation de passer par l'Allemagne, en guerre avec la Russie, a été le fruit d'une cynique négociation engagée entre le socialiste suisse Fritz Platten et le consul allemand à Berne Gisbert von Romberg, qui a tout de suite vu le parti que son pays pouvait tirer du retour à Petrograd d'une trentaine d'agitateurs professionnels clairement hostiles au gouvernement en place. Deux officiers allemands ont d'ailleurs escorté ce petit groupe de conspirateurs – Vladimir Oulianov, sa compagne Nadejda Kroupskaïa et son bras droit Grigori Zinoviev, le théoricien Karl Radek, le financier Iakov Hanetski, l'affairiste Vatslav Vorovski, la militante française Inès Armand, etc. – cantonnés dans leur wagon réservé[2] pendant les six jours qu'il leur a fallu pour traverser l'Allemagne en guerre.

La paix, la terre, le pouvoir

Quand le train n° 12 en provenance d'Helsinki entre en gare dans un hululement de sirène, tous phares allumés, une énorme foule a envahi la longue esplanade éclairée par des projecteurs. Il y a là des activistes du parti bolchevique, bien sûr, perdus parmi des milliers d'ouvriers enthousiastes, des soldats ralliés à la cause révolutionnaire, et des marins venus de la base navale de Cronstadt, en uniforme bleu, marinières rayées et bérets à pompon. Beaucoup de curieux aussi, ainsi que des élus du tout

2. Et non pas « plombé » comme le veut la légende bolchevique.

nouveau soviet de la ville, mencheviks et socialistes-révolutionnaires[3] mêlés, sincèrement désireux de saluer ces émigrés venus rejoindre la révolution en cours. Dans le salon de réception, le président du soviet de Petrograd, Nicolas Tchkhéidzé, a préparé un petit discours. Certes, il n'aime pas beaucoup les bolcheviks, dont le maximalisme l'effraie, mais il entend bien appeler à l'unité de toutes les forces soutenant le jeune pouvoir révolutionnaire.

Le convoi enfin immobilisé dans un dernier jet de vapeur, le héros du jour descend du cinquième wagon. Le petit homme à la silhouette trapue, au physique assez quelconque et à la barbiche soigneusement taillée est soulagé : il n'avait pas écarté l'hypothèse qu'il soit arrêté dès son arrivée, et aussitôt jeté dans une cellule de la forteresse Pierre-et-Paul ! Presque gêné, il accepte un bouquet de fleurs, tandis que *La Marseillaise* retentit dans le hall : l'hymne de Rouget de Lisle est le chant de ralliement des révolutionnaires russes, tous fascinés par la Révolution française. Le secrétaire local du parti bolchevique remet pompeusement à Lénine sa carte de membre – il a le numéro 600. Premier malaise : dans sa réponse, à peine aimable, Vladimir Illitch fustige d'emblée tous ceux qui composent avec le gouvernement provisoire mis en place après l'abdication du tsar. Quand Tchkhéidzé lui souhaite la bienvenue, invitant le nouveau venu à se ranger au côté des autres partis révolutionnaires, Lénine lui tourne le dos. Cet homme-là, à l'évidence, est un drôle de personnage – ni politicien mondain, ni diplomate policé, ni homme de compromis !

---

3. Les mencheviks, qui se réclament aussi du marxisme, se sont séparés des bolcheviks en 1903. Les socialistes-révolutionnaires (SR), qui existent depuis 1901, sont plus proches du monde paysan.

On le hisse sur un des deux engins blindés que des soldats ont conduits jusqu'ici en guise de salut. S'adressant à la foule, Lénine invective de nouveau tous ceux qui soutiennent le gouvernement provisoire – il y en a beaucoup dans l'assistance – et lance un appel à la « révolution socialiste mondiale ». Amené au siège du Comité central du parti bolchevique, qui a investi l'ancien palais de la danseuse Mathilde Kschessinskaïa, Lénine s'adresse de nouveau au public. Il a peaufiné, dans le train, quelques mots d'ordre qu'on appellera plus tard les « Thèses d'avril ». Ils se résument à peu de choses : le peuple veut la paix, les paysans veulent la terre, et, pour appliquer ce programme, les bolcheviks veulent le pouvoir, tout le pouvoir ! Dans l'assistance, de nombreux militants sont décontenancés. Le fameux Lénine, à l'évidence, a vécu trop longtemps à l'étranger, il ne connaît rien à la situation politique. Pour quelques-uns de ses camarades, tel Lev Kamenev, il a perdu la tête. Pour d'autres, c'est tout simplement un cinglé.

Le 7 avril, les « thèses » de Lénine sont publiées dans la *Pravda*, le quotidien bolchevique tiré à quatre-vingt-dix mille exemplaires. Elles sont soumises à la discussion du Comité central du parti, où elles sont violemment combattues par la majorité des autres dirigeants, notamment par Kamenev, qui considère que les conditions ne sont pas propices à la conquête du pouvoir. Le 8 avril, invité à voter à l'issue d'un débat virulent, le comité du parti de Petrograd rejette les thèses de Lénine par treize voix contre deux et une abstention. Le 15 avril, le soviet des députés ouvriers et soldats de Petrograd – où les bolcheviks sont minoritaires – qualifie les propositions de Lénine de « dangereuses et contre-révolutionnaires ». Même dans son entourage proche, on pense que Vladimir Illitch, trop impatient, trop impétueux, est à côté de la plaque.

Deux pouvoirs, c'est un de trop

Non, Lénine n'est pas à côté de la plaque. Il est simplement en avance sur ses camarades, qui n'en reviennent toujours pas d'avoir renversé, un mois plus tôt, le régime tsariste, et qui cherchent à stabiliser cette situation nouvelle plutôt qu'à l'envenimer encore. Il sait parfaitement qu'au lendemain de l'abdication de Nicolas II, le 2 mars, deux pouvoirs se sont retrouvés à la tête de la Russie – et que deux pouvoirs, forcément, c'est un de trop. Le premier est incarné par le gouvernement de coalition, qui s'est sagement intitulé « provisoire ». Il est dirigé par des monarchistes modérés – le prince Lvov, le président Rodzianko, le député Milioukov – qui ne seraient pas devenus des opposants si le tsar n'avait pas brutalement supprimé, le 26 février, la Douma d'Empire dont ils étaient les respectables représentants. Ces hommes, regroupés en un comité provisoire de la Douma, se sont associés aux partis de gauche composant le soviet de la ville – mencheviks, socialistes-révolutionnaires (SR) et autres populistes – lesquels, soutenus par une grande partie de la population excédée par la guerre, ont paralysé tous les pouvoirs et, à la stupéfaction de toute l'Europe, contraint le tsar à l'abdication.

Ces groupes de gauche ont constitué et nourri les « conseils [soviets] des ouvriers et soldats » qui ont canalisé la colère du peuple et démantelé l'État. Ils ont pris le contrôle d'usines, d'administrations, d'arsenaux, de garnisons et de régiments entiers, au point d'empêcher l'entourage du tsar déchu de lancer l'armée régulière contre les manifestants de Petrograd comme en 1905. Dans le début d'anarchie qui gagne la Russie, il est totalement illusoire de vouloir gouverner sans les soviets, ces assemblées populaires enthousiastes, hirsutes, brouillonnes et imprévisibles.

L'homme qui incarne les deux légitimités à la fois, c'est l'avocat Alexandre Kerenski, membre du soviet de Petrograd et ministre de la Justice dans le gouvernement du prince Lvov. Il a 36 ans. Il est originaire de Simbirsk (actuelle Oulianovsk), comme Lénine. Démocrate sincère, franc-maçon notoire, orateur brillant, il a été élu à la Douma en 1912 dans le groupe des *troudoviki* (travaillistes), une variante des socialistes-révolutionnaires. Il est persuadé que le travail du gouvernement consiste à préparer l'élection d'une Assemblée constituante (toujours la référence française) qui permettra au peuple russe de dire comment et par qui il veut être dirigé. En attendant cette échéance, parfois sous les moqueries des uns et les insultes des autres, il fait le trait d'union entre les deux pouvoirs qui dirigent la Russie orpheline de son tsar.

Lénine est convaincu que le gouvernement provisoire sera obligé de rétablir l'ordre dans le pays et de poursuivre la guerre contre l'armée de Guillaume II, qui campe à quelques dizaines de kilomètres au sud-ouest de Petrograd. Il perdra toute légitimité révolutionnaire et sera donc balayé, tôt ou tard, par les soviets qui continuent, pour leur part, de promettre aux soldats qu'ils ne retourneront pas au front. La stratégie de Lénine est claire : il faut encadrer les soviets, au besoin les noyauter, radicaliser leur programme et les convaincre qu'ils ont vocation à gouverner au plus vite. Voilà le seul programme révolutionnaire qui tienne ! Et tant pis pour tous ceux qui, tel le député socialiste français Marcel Cachin, arrivé de Paris en observateur, s'inquiètent devant leurs hôtes :

— Avez-vous réfléchi aux conséquences d'une victoire allemande ?

« Il y en a un ! »

Le 5 juin 1917 à 19 heures, dans un grand bâtiment militaire de l'île Vassilievski, se réunit le premier Congrès panrusse des soviets, qui représente presque tous les « soviets ouvriers, soldats et paysans » de Russie – un peu plus de 350 sur tout le territoire. Au total, l'assemblée compte 1 090 délégués, qui sont majoritairement socialistes-révolutionnaires (285) et mencheviks (248). Minoritaires sont les bolcheviks (105) qui ont pris place à l'extrême gauche de la salle. Parmi eux figure l'ancien président du soviet de Petrograd en 1905, Léon Trotski, rentré d'exil un mois plus tôt. Il n'a jamais été tout à fait bolchevik[4], mais Lénine a besoin de bons orateurs, et Trotski a un talent fou.

Comme dans toutes ces réunions enfiévrées, le chahut est à son comble. C'est à qui parviendra à dominer le tumulte, au milieu des cris et de la fumée de cigarette. Beaucoup de délégués sont habillés d'un vieil uniforme ou d'une méchante vareuse. Certains ont dormi sur place, à même le luxueux plancher. On s'invective, on hurle, on proclame, on lance des slogans. Lorsque la discussion s'oriente vers l'idée d'un nouveau gouvernement

4. Lors de la scission du Parti ouvrier social-démocrate de Russie, en 1903, Trotski avait pris le parti des mencheviks.

provisoire, le menchevik Tsérétéli s'emporte, à la tribune, et lance une boutade :

— Actuellement, camarades, la situation est si grave que je ne vois aucun parti en Russie qui demande à gouverner !

Applaudissements, rires dans la salle. Mais soudain, dans le silence qui suit, une voix lance :

— Il y en a un !

L'assistance se fige. Lénine se lève, monte tranquillement à la tribune et se lance dans un discours que le président de séance a du mal à interrompre. L'orateur, intarissable, confirme que son parti est prêt à exercer le pouvoir, tout le pouvoir, pour appliquer un seul programme : « La paix au peuple, la terre aux paysans. » Au passage, pour résoudre la crise économique, il propose d'arrêter et de dépouiller « les cinquante ou cent hommes les plus riches du pays ». Murmures dans la salle. « Infantile ! » rugit Kerenski. Même les autres bolcheviks sont gênés. Le vote qui suit traduit bien l'incompréhension du public : 543 délégués se prononcent pour la confiance au gouvernement, contre 126. La position maximaliste de Lénine rallie 21 pauvres voix. Cette avanie n'empêche pas quelques bolcheviks, dont Lénine lui-même, de se faire élire au Comité exécutif central des soviets, dominé par les mencheviks et les socialistes-révolutionnaires.

Les bolcheviks sont minoritaires, mais diablement actifs, et le temps joue en leur faveur. Chaque jour, ils envoient leurs meilleurs tribuns prendre la parole dans les garnisons, où les soldats ont entendu avec inquiétude Kerenski, désormais ministre de la Guerre, appeler à reprendre l'offensive contre l'Allemagne. Déjà plusieurs régiments ont refusé de monter en ligne. En ville, les manifestations contre la guerre se succèdent. Elles attirent de plus en plus de soldats portant des pancartes où il est inscrit « À bas la guerre ! » et « Tout le pouvoir aux soviets ! ». Le 4 juillet, ce sont dix mille marins débarqués de la forteresse de Cronstadt qui défilent dans le centre de Petrograd, rejoints par une foule d'ouvriers de la grande banlieue. Le même jour, des *junkers*, jeunes officiers fidèles au régime tsariste, mettent à sac l'imprimerie de la *Pravda*. À une demi-heure près, ils réglaient son compte à Lénine !

Celui-ci est devenu la bête noire du pouvoir. La presse libérale l'accuse d'être un « agent allemand ». L'accusation est excessive, mais une enquête diligentée par Kerenski révèle que l'argent qui permet aux bolcheviks d'éditer leurs innombrables brochures et de publier leurs nombreux journaux vient, par des circuits occultes, de banques allemandes. À vrai dire, il faudra quatre-vingts ans pour que l'historien Dimitri Volkogonov, stimulé par la perestroïka et la glasnost gorbatchéviennes, publie ses recherches sur les liens étroits que Lénine, entre Zurich et Stockholm, entretenait secrètement avec quelques agents interlopes comme Alexandre Helphand, *alias* Parvus, ou Iakov Furstenberg, *alias* Hanetski, à l'époque où l'Allemagne s'efforçait, par tous les moyens, d'affaiblir la Russie. Y compris en finançant discrètement ces révolutionnaires désargentés.

Pour l'heure, en ce début d'été 1917, il ne fait pas bon être suspecté de collusion avec l'ennemi. Au moment où, sur le front sud-ouest, la 7e armée russe remporte une victoire spectaculaire contre l'Autriche, ces accusations sont assassines. Elles donnent à Kerenski et à ses généraux une occasion inespérée de se débarrasser du leader bolchevique et de son petit groupe ingérable. Au soir du 5 juillet, Lénine et Trotski sont franchement inquiets :

— Maintenant ne vont-ils pas nous fusiller tous ? demande le premier.

— Peut-être que non ! répond le second.

Il fallait s'y attendre : le 7 juillet, le gouvernement ordonne l'arrestation de Lénine et des principaux meneurs bolcheviques. Prudent, l'ennemi public n°1 quitte Petrograd pour aller se cacher, avec Zinoviev, dans une hutte de pêcheur près de la frontière finlandaise. Trotski, lui, est arrêté le 24 juillet et enfermé à la célèbre prison Kresty. Le 8 août, déguisé en chauffeur de locomotive, Lénine passe la frontière et s'installe dans un village près de Vyborg, chez l'écrivain finlandais Igo Latukka, où il se partage entre la cueillette des champignons et la rédaction de son livre *L'État et la Révolution*.

Une étincelle nommée Kornilov

À Petrograd, la situation est explosive. L'étincelle qui va mettre le feu aux poudres s'appelle Lavr Kornilov. Ce fils de paysans, cosaque et général, vient d'être nommé commandant en chef des armées russes à la place du général Broussilov dont la dernière offensive, en Galicie, a échoué lamentablement. Kornilov est un homme d'ordre, plutôt fruste, mais Kerenski, nouveau chef du gouvernement, se rend vite compte que son nouveau généralissime a aussi quelques ambitions politiques, et ne serait pas hostile au principe d'une dictature militaire. Ceux qui le voient le 14 août parader à Moscou, sur la place Rouge, escorté des chevaliers de Saint-Georges, n'ont aucun doute : cet homme-là prépare un coup d'État. Le 21 août, l'entrée des troupes allemandes dans Riga, à quelques coups de canon de Petrograd, renforce l'idée qu'un pouvoir fort est nécessaire – et urgent – pour redresser la situation et sauver la patrie.

Le 27 août, Kornilov met en branle ses troupes d'élite. Objectif affiché : réprimer un soulèvement bolchevique imminent et remettre de l'ordre dans la capitale de l'Empire. Nombre d'aristocrates, de capitaines d'industrie et de chefs militaires reprennent soudain espoir : la contre-révolution, enfin ! Kerenski, non sans hésitations suspectes, redoute que le général qui marche sur la capitale l'élimine, lui, après l'avoir forcé à sacrifier les socialistes qui composent son gouvernement. Il donne l'ordre à Kornilov de stopper ses troupes en route vers Petrograd. Le général désobéit et poursuit sa marche en avant. Il croit en son destin. En catastrophe, Kerenski demande alors aux partis de gauche, y compris les bolcheviks, d'entraver ce qui apparaît clairement comme un coup d'État militaire. À l'intention des bolcheviks, seuls capables d'enrayer en quelques heures une telle menace, le compromis est simple : Lénine et ses amis devront renoncer à la violence, mais ils retrouveront leur « liberté d'agitation ».

Pour les bolcheviks, c'est une embellie inespérée. Leurs chefs sortent de la clandestinité et reprennent place dans l'agitation politique générale, notamment au sein des régiments et dans les garnisons. Les bataillons de gardes rouges refont surface dans les grandes usines. Les leaders bolcheviques, derrière Trotski, prennent même le contrôle du soviet de Petrograd, ce qui surprend et inquiète les mencheviks et autres socialistes-révolutionnaires, toujours majoritaires au niveau national. Or, une fois encore, Lénine bouscule ses camarades. Dans une lettre écrite fiévreusement depuis sa retraite de Finlande, il exhorte ses troupes à « s'emparer immédiatement du pouvoir » et à renverser Kerenski ! Trotski et Kamenev, tout juste sortis de prison – et peu désireux d'y retourner –, décident de garder secrète cette correspondance incendiaire : si elle parvenait sur le bureau de Kerenski, celui-ci se retournerait contre les bolcheviks. Le Comité central du parti refuse même à Lénine, ce provocateur irresponsable, de rentrer en Russie. Interdiction que Lénine va ignorer superbement – et tant pis pour la discipline de parti – en ralliant discrètement la capitale et en s'y cachant, sous un faux nom et affublé d'une perruque, dans le quartier de Vyborg.

Dans l'appartement où il se calfeutre, l'imprécateur impatient ne décolère pas. Il envoie lettre sur lettre, il tempête, il répète à sa logeuse, chez qui il a punaisé une grande carte de Petrograd, que « la temporisation, c'est la mort ! ». Un temps, il envisage de gagner Moscou où les bolcheviks, le 29 septembre, ont remporté une courte majorité au sein du soviet municipal : celui-ci ne pourrait-il constituer l'amorce d'un gouvernement provisoire ? Trop risqué, sans doute. Et puis, il est tellement sûr qu'une insurrection déclenchée à Petrograd sera victorieuse :

> Allons, il suffit de quelques jours à des ouvriers quelconques pour se rendre maîtres d'un ministère quelconque ! Aucune compétence n'est requise pour cela !

Il sait que certaines sections du parti, comme dans le quartier ouvrier où il habite, ont déjà désigné leurs responsables en prévision de l'insurrection : le commissaire, le commandant militaire, le responsable de l'information, etc. Il sait que les flottes de Cronstadt, Vyborg ou Revel (actuelle Tallinn), infiltrées et contrôlées par les bolcheviks, sont prêtes à faire mouvement vers Petrograd pour soutenir leurs camarades insurgés. Il sait surtout que l'état d'esprit de la population, parmi laquelle se cachent des dizaines de milliers de déserteurs rentrés récemment du front où la débandade menace, est favorable à tout mot d'ordre visant à arrêter la guerre. Alors, pourquoi attendre ?

Par dix voix contre deux

Dans la soirée du 10 octobre, une réunion est convoquée au 22, quai Karpovka, éloigné du centre-ville, dans l'appartement d'une militante. Sur les vingt et un membres du Comité central du parti bolchevique, douze ont pu venir. On a occulté la fenêtre avec une couverture. On fume, on boit du thé, on grignote des sandwiches de pain noir avec du saucisson. Lénine est arrivé le dernier, imberbe, avec sa perruque qui glisse un peu sur son crâne dégarni. C'est Iakov Sverdlov, le secrétaire, qui ouvre les débats, mais c'est Lénine qui les oriente et les domine. Staline est là, ainsi que Trotski. Boukharine et Rykov, deux bolcheviks de la première heure, sont venus de Moscou. Il y a aussi Alexandra Kollontaï, la seule femme de ce groupe, qui a rallié le parti pendant la guerre de 1914. Et d'autres encore, qui ne laisseront pas leur nom dans l'histoire. Lénine parle, démontre, argumente. Un à un, avec passion, il les convainc tous, sauf deux : Lev Kamenev et Alexandre Zinoviev. Aussi célèbres que Lénine, ces deux-là sont absolument hostiles à toute idée d'insurrection : trop tôt, trop dangereux ! Ne vaut-il pas mieux attendre l'élection tant attendue de la Constituante ? On les écoute, surtout Zinoviev, mais quand on passe au vote, vers 3 heures du matin, la messe est dite. Pour Lénine : dix voix. Contre : deux. La question n'est plus de savoir si les bolcheviks vont déclencher la « lutte finale », mais à quelle date !

La veille au soir, le soviet de Petrograd s'est réuni en séance plénière, au milieu d'un hourvari de rumeurs contradictoires : Kerenski serait sur le point d'abandonner Petrograd aux Allemands, un autre putsch contre-révolutionnaire serait en préparation, etc. Dans le tohu-bohu général, un jeune militant nommé Lazimir a suggéré de créer un « comité de défense » qui puisse coordonner l'action proprement militaire du soviet. Un comité de plus ou de moins, la belle affaire ! Or, les bolcheviks ont poussé à la mise sur pied de ce qui s'appellera le Comité militaire révolutionnaire (CMR). Cette nouvelle instance, où ils entrent en force, est l'outil qui leur manquait pour préparer leur coup d'État.

En ces journées d'octobre, Petrograd est un incroyable chaudron politique où les rumeurs les plus folles nourrissent les réunions les plus confuses. Lénine est fébrile : il sent que cette instabilité sociale constitue une formidable opportunité qui ne se représentera peut-être pas. Il est exaspéré par l'excessive prudence de ses camarades les plus proches, y compris Trotski, qui veut attendre la réunion imminente du IIe Congrès panrusse des soviets. Il éructe de colère quand Kamenev et Zinoviev adressent une lettre aux comités locaux du parti pour contester la décision de lancer l'insurrection : veulent-ils provoquer, par leur indiscrétion, une réaction policière de Kerenski ? Il est fou de rage lorsqu'il apprend que le Comité central bolchevique se réunit à trois reprises entre le 20 et le 23 octobre sans l'inviter, lui, Lénine !

À l'autre bout de la ville, au premier étage du palais d'Hiver[5] où le gouvernement provisoire siège presque en permanence, l'atmosphère est lourde. Kerenski est de plus en plus autoritaire et nerveux. Dans la magnifique salle de Malachite aux colonnes d'un vert intense, dont les fenêtres donnent sur la Neva plongée dans le noir, les ministres du gouvernement, fatigués et sans ressort, ressassent leurs craintes de voir l'armée échapper à leur contrôle. Certes, les *junkers*, les élèves officiers, un bataillon de femmes et un régiment de cosaques restent à disposition, l'arme au pied, mais qu'en est-il du reste de l'armée russe ? Et de la flotte ? Qu'arrivera-t-il quand il s'agira de réprimer – enfin – une manifestation de masse de ces diables de bolcheviks, et que les soldats refuseront d'obéir à leurs supérieurs ?

La révolution a triomphé !

Le 24 octobre, tard le soir, Lénine n'y tient plus. Il fixe sa perruque, se bande le visage qu'il cache derrière un foulard, et quitte son appartement de Vyborg en compagnie d'un militant sûr qui lui fait traverser la Neva, dans l'obscurité, jusqu'à l'institut Smolny, un ancien collège de jeunes filles nobles où s'est installé le soviet de Petrograd. Introduit *incognito*, Lénine constate que le soviet prépare réellement l'insurrection qu'il appelle de ses vœux. Le Comité militaire révolutionnaire a mobilisé les soldats de la garnison et les gardes rouges, ces milliers d'ouvriers armés prêts à tous les combats de rue. Tous les comités

5. L'ancien palais de Nicolas II deviendra le musée de l'Ermitage.

locaux sont en alerte. Encadrés par des « commissaires », les marins de la flotte de la Baltique sont sur le pont. Le dénouement est proche.

La nuit, au Smolny, va être courte. Les délégués épuisés dorment dans les anciennes salles de classe, les réfectoires et les halls d'honneur aux lustres impressionnants. Dehors, les soldats ont roulé deux mitrailleuses qui semblent garder les colonnes antiques du bâtiment. Avant l'aube, répondant aux ordres du CMR, des petits détachements de militants armés ont pris le contrôle des gares, des centrales électriques, de l'agence télégraphique, de la banque d'État. Si ce n'est pas une insurrection urbaine, cela y ressemble fort !

À 7 heures du matin, au palais d'Hiver, Kerenski se bat au téléphone avec le commandement du front nord. Une fois de plus, il exige l'envoi de renforts militaires vers la capitale. Mais tous les généraux et colonels auxquels il s'adresse répondent la même chose : nulle part les soldats n'obéissent plus aux ordres. Pis : quand l'ordre est donné de considérer comme prioritaires les convois de troupes vers Petrograd, le CMR envoie l'ordre inverse à tous les chefs de gare concernés ! À 8 h 30, Kerenski est informé que les communications téléphoniques entre le palais d'Hiver et le reste de la ville sont interrompues. À 10 heures, le chef du gouvernement avertit ses ministres qu'il part en voiture en direction de Louga, sur la route de Pskov, à la rencontre des renforts. Sa propre automobile étant tombée en panne, c'est dans une auto empruntée à l'ambassade américaine qu'il file vers le sud !

Kerenski ne reviendra pas. De sa voiture décapotable, il a eu le temps d'apercevoir, sur la Neva, le navire *Amour* et plusieurs bateaux de la flotte de Cronstadt prendre position non loin du croiseur *Aurore*, dont les canons sont pointés sur le palais d'Hiver. Les ministres, quant à eux, voient bien que la situation leur échappe. Faut-il, dans ces conditions, que chacun d'entre eux rejoigne son ministère ? Si les renforts arrivent à temps, ce sera pour défendre en priorité le palais d'Hiver : presque tous préfèrent rester sur place, dans la salle de Malachite, en essayant de se convaincre, un verre à la main, que le pire n'est pas toujours sûr.

À 14 h 30, au Smolny, le soviet se réunit en urgence sous la présidence d'un Léon Trotski survolté. Celui-ci annonce, triomphant, que « le gouvernement de Kerenski a été renversé ». Ce n'est pas tout à fait vrai, mais les applaudissements nourris qui ponctuent son propos obligent les plus réticents des mencheviks ou des socialistes-révolutionnaires à rallier l'opinion générale. Habilement, Trotski donne alors la parole à Lénine, qui apparaît au grand jour, sans sa perruque, sous les applaudissements de la salle :

— Camarades ! La révolution des ouvriers et des paysans est aujourd'hui un fait accompli ! Nous allons constituer un gouvernement de soviets sans participation aucune de la bourgeoisie !

Le leader bolchevique est ovationné. Pour la première fois, il apparaît comme le chef charismatique de ce mouvement encore informel qui émerge de l'anarchie ambiante. C'est à lui, naturellement, que le Comité central bolchevique, parqué au deuxième étage du bâtiment, confie la rédaction d'un appel du CMR adressé avec emphase « à tous les citoyens de Russie » :

> Le gouvernement provisoire a été renversé ! Le pouvoir est passé aux mains du Comité militaire révolutionnaire, organe du soviet des délégués ouvriers et soldats de

Petrograd, qui est à la tête du prolétariat et de la garnison. La cause du peuple – proposition d'une paix démocratique, abolition de la propriété foncière, contrôle des ouvriers sur la production, gouvernement des soviets – est désormais victorieuse ! Vive la révolution des ouvriers, soldats et paysans !

Les mencheviks et les socialistes-révolutionnaires sont furieux : les bolcheviks leur ont confisqué le leadership et leurs principaux slogans ! Mais il n'est plus temps de discuter. Déjà les membres du CMR organisent la neutralisation de la forteresse Pierre-et-Paul, ce formidable bastion qui domine tout le centre de la capitale russe, et envoient des hommes armés s'assurer que le gouvernement ne contrôle plus les ponts sur la Neva : chaque nuit, à Petrograd, ces ponts majestueux se lèvent comme d'immenses ailes d'oiseau, suspendant dans le ciel nocturne les réverbères et les rails de tramway, et coupant la ville en deux.

« Mais qu'est-ce qu'ils font ? »

Au deuxième étage du Smolny, les stratèges du CMR, cornaqués par Lénine jusque dans les moindres détails opérationnels, ont imaginé un plan pour investir le palais d'Hiver : sous les ordres des « commissaires » en place, deux régiments encercleront le bâtiment, la forteresse Pierre-et-Paul donnera le signal, le croiseur *Aurore* tirera alors un coup de semonce, et le gouvernement aura vingt minutes pour se rendre.

Alors que le soir tombe sur Petrograd, les alentours du palais d'Hiver, les jardins Alexandre et l'Amirauté sont le théâtre d'un ballet surréaliste, presque silencieux, où personne ne sait qui est qui. Quelle est cette voiture noire qui traverse lentement la place du Palais? Dans quel camp sont les soldats qui manœuvrent entre le palais et le canal de la Moïka? Qui sont ces civils à moitié ivres qui dressent un début de barricades en planches de bois à l'angle du bâtiment? Au Smolny, Lénine et les bolcheviks du CMR sont nerveux : pourquoi le croiseur *Aurore* n'a-t-il pas encore tiré son coup de semonce?

Rarement révolution aura été aussi mal préparée. Rien ne se passe comme prévu. Le commissaire bolchevique de la forteresse Pierre-et-Paul a eu du mal à trouver une lanterne rouge pour donner le signal convenu. Et quand il l'a enfin trouvée, les marins du croiseur ne parviennent pas à tirer leur coup à blanc! Cette journée « historique », décidément, aura été celle de la confusion et de l'amateurisme. L'impatience, au Smolny, est extrême. Lénine et Trotski ont reporté à 21 heures l'ouverture du IIe Congrès des soviets : si le palais d'Hiver n'est pas pris à cette heure-là, les bolcheviks seront déconsidérés, et la majorité risque de basculer en leur défaveur!

Enfin, à 20 h 40, un coup de canon retentit. Un coup à blanc, puis deux autres. C'est le signal. Un formidable « hourra » s'élève autour du croiseur *Aurore*, sur les coursives des navires et sur les quais de la Neva, où se mêlent soldats, ouvriers et badauds. Un premier obus tiré depuis la forteresse Pierre-et-Paul frappe le palais de plein fouet, puis un deuxième. Au premier étage du bâtiment, les ministres ont changé de pièce, la salle de Malachite étant trop exposée aux canons adverses. Les bruits qui montent jusqu'à eux leur font penser que des soldats ont pénétré dans le palais aux entrées multiples et, pour la plupart, non gardées. Sont-ce, déjà, les bolcheviks? Des ombres courent dans tous les sens. La confusion est aussi le fait de l'alcool, depuis que les caves du palais d'Hiver ont commencé à être systématiquement pillées et les bouteilles, souvent, consommées sur place. Le correspondant du journal *L'Humanité*, Boris Kritchevski, décrit avec effroi la « ruée alcoolique » des civils et des soldats, que d'autres témoins décriront comme une « véritable bacchanale ».

La prise du palais d'Hiver est chaotique. Un détachement de marins de Cronstadt, de sapeurs-mineurs et d'élèves mécaniciens parfaitement inexpérimentés se heurte aux *junkers* qui les fauchent à la mitrailleuse. Il y a plusieurs morts. Mais une foule de gardes rouges et de soldats bouscule bientôt les jeunes défenseurs du palais qui se replient dans le bâtiment. À minuit, des groupes indifférenciés se croisent et se recroisent, parfois fortement alcoolisés, dans les mille cinq cents pièces et les cent escaliers majestueux de l'immense bâtisse. Enfin, les marins de Cronstadt enfoncent la porte principale et déferlent vers le réduit où les treize ministres, fatalistes, se sont déjà habillés pour sortir. Ils se laissent arrêter, sans résistance, par un dirigeant du CMR, un ancien militaire en pardessus et feutre noir nommé Antonov-Ovseïenko. Il est un peu plus de 2 heures du matin.

Quarante minutes plus tard, au Smolny, un motocycliste fébrile fait son rapport à l'état-major du CMR : le palais d'Hiver est tombé, Kerenski s'est enfui, les ministres sont en état d'arrestation. Enfin ! Les délégués hurlent de joie. Ils entérinent par un dernier vote massif la prise du pouvoir. Cette fois, la révolution est victorieuse. Pour combien de temps ? Lénine, qui était encore un clandestin quelques heures plus tôt, touche au but. Il cherche ostensiblement sa perruque qu'il destine « au musée ». Déjà, il pense aux premières mesures qu'il va falloir prendre pour conforter ce succès inouï : décret sur la paix, nationalisation des terres et des banques, instauration de la censure, rétablissement d'une police secrète, etc. Il sait qu'il va falloir agir vite et fort. Car la révolution, en réalité, ne fait que commencer.

Mais pour l'heure, le sourire aux lèvres, le nouveau dirigeant de la Russie « soviétique » se penche vers Trotski et, dessinant un cercle de la main, lâche, en allemand :

— *Es schwindelt* [« La tête me tourne »] !

3

Le crime de la maison Ipatiev

La famille de Nicolas II a-t-elle bien été assassinée à Iekaterinbourg ?

« Quand on travaille le bois, on fait voler les copeaux ! »

Proverbe russe

Iekaterinbourg, au cœur de l'Oural, le 17 juillet 1918. Il est 2 heures du matin. Dans le haut de la ville, des ombres s'agitent autour de la maison Ipatiev, une grosse demeure bourgeoise en contrebas de la perspective Voznessenski. La maison a été récemment réquisitionnée par le pouvoir bolchevique local, qui l'a entourée d'une double palissade en bois. On a grossièrement occulté les fenêtres avec de la chaux. Tout le monde sait, alentour, que les autorités révolutionnaires de la ville y détiennent des prisonniers très spéciaux : le tsar Nicolas II en personne ; son épouse, l'impératrice Alexandra Fiodorovna ; leurs quatre filles, les grandes-duchesses Olga, Tatiana, Maria et Anastasia ; le tsarévitch Alexis, malade, seulement âgé de 13 ans ; et quelques serviteurs dévoués. Au total, onze personnes ont ainsi échoué dans cette province russe, loin de Petrograd, de ses palais somptueux et de son tumulte révolutionnaire.

Seize mois d'angoisse

Après l'effondrement de la monarchie et l'abdication de Nicolas II, en mars 1917, les membres du gouvernement provisoire russe dirigé par le prince Lvov n'avaient aucunement l'intention d'exécuter leur ancien souverain. L'idée courait alors de laisser partir le tsar et sa famille en Angleterre, auprès de son cousin le roi George V. Des démarches secrètes avaient été entreprises en ce sens par le ministre des Affaires étrangères, Pavel Milioukov. Mais les plus radicaux des insurgés, notamment au sein du conseil ouvrier (soviet) de Petrograd, fer de lance de la révolution en cours, exigeaient à grands cris l'incarcération de « Nicolas le Sanglant[1] » dans la forteresse Pierre-et-Paul en vue de son exécution. Alexandre Kerenski, le ministre de la Justice, s'y était opposé avec force :

— Je ne serai pas le Marat de la révolution russe !

Pour ne pas provoquer la colère de ces extrémistes, Lvov et Kerenski décidèrent de placer ostensiblement la famille impériale en captivité… dans son propre palais de Tsarskoïe Selo, au sud de Petrograd. Curieux compromis. Sous les ors de l'Empire, les soldats de la garde révolutionnaire, souvent ivres et insolents, affichaient à l'égard de la famille impériale une hostilité difficile à vivre. En juin, une mauvaise nouvelle arriva de Londres : le gouvernement britannique avait changé d'avis, et refusait désormais la présence sur son territoire du tsar et (surtout) de la tsarine, née allemande. On saura plus tard que c'est le roi George V lui-même, de façon fort peu

1. Surnom donné au tsar après la répression des émeutes ouvrières de janvier 1905.

élégante, qui sacrifia toute solidarité familiale au souci de ne pas mécontenter son opinion publique.

Or, l'agitation révolutionnaire ne se calmait pas, bien au contraire. L'inspirateur et chef de file des bolcheviks, Vladimir Lénine, était rentré d'exil en avril. Les conseils ouvriers (soviets) se multipliaient dans le pays. À la fin du mois de juillet, Alexandre Kerenski, nouveau Premier ministre, annonça au tsar qu'il allait être transféré en province pour des raisons de sécurité. Destination : Tobolsk, une petite ville de Sibérie où l'on assignait à résidence, naguère, les ennemis du régime. Nicolas II, sa famille et une partie de sa Cour y furent installés dans l'ancienne résidence du gouverneur que la garde entoura aussitôt d'une palissade afin de limiter les contacts entre l'ex-souverain et la population. Mais celle-ci pouvait croiser Nicolas II et son entourage à l'église, le dimanche. Cet exil n'était pas un enfer.

C'est là que l'ex-souverain apprit, en même temps que ses gardiens, la nouvelle du coup d'État bolchevique qui renversa le gouvernement Kerenski – et que personne n'aurait pensé à qualifier alors de « grande révolution d'Octobre ». Combien de temps ces hommes sans foi ni loi allaient-ils se maintenir au pouvoir ? À partir de décembre, les rumeurs les plus folles envahirent les rues et les salons de Tobolsk, nourrissant l'espoir d'une prochaine libération des prisonniers par des troupes restées fidèles au régime précédent. Toutes ces rumeurs, volontaires ou non, étaient infondées. Mais Nicolas II n'avait cessé de croire à sa libération prochaine.

C'était donc lui, cet homme grand et mince aux cheveux châtains, qui ne faisait pas ses 50 ans, ce grand gaillard presque serein, au port élégant, au regard doux, l'ex-tsar de toutes les Russies ? Un prisonnier de cette envergure faisait fantasmer les nouveaux maîtres du pays. Au printemps 1918, plusieurs émissaires rivaux se disputèrent la garde de la famille impériale. Dans une grande confusion, non sans hésitations sur le trajet à suivre, les prisonniers furent finalement envoyés à Iekaterinbourg, la capitale de l'Oural, dirigée par un soviet ouvrier et paysan particulièrement vindicatif, lui-même présidé par un certain Chaïa Golochtchekine, ami personnel des deux principaux dirigeants de l'heure, Lénine et Iakov Sverdlov, lequel dirige le jeune État bolchevique. Tout laisse à penser que c'était Sverdlov lui-même, depuis Moscou, qui suivait l'affaire et dirigeait la manœuvre.

Arrivé à Iekaterinbourg le 30 avril, le couple impérial fut enfermé dans la vaste maison de l'ingénieur Ipatiev, qui venait d'en être expulsé. Les quatre grandes-duchesses et le tsarévitch rejoignirent leurs parents à la fin du mois de mai dans cette bâtisse devenue « maison à destination spéciale », accompagnés du médecin du tsar, Evgueni Botkine, et de trois serviteurs : Trupp, le valet de pied de l'empereur, Kharitonov, le cuisinier, et Demidova, la femme de chambre de la tsarine. Soumis à d'incessantes brimades, privés d'intimité, sans aucune nouvelle de l'extérieur, Nicolas II et sa famille vivaient un vrai calvaire. La relative tranquillité dont avaient bénéficié les prisonniers à Tobolsk, où ils pouvaient encore se promener au soleil et se détendre en coupant du bois, n'était plus qu'un souvenir.

La situation politique aussi avait changé. Menacé de partout, incapable de continuer la guerre, le pouvoir révolutionnaire avait concédé le tiers du territoire russe aux Allemands en signant la peu glorieuse « paix de Brest-Litovsk ». Lénine avait institué la dictature du prolétariat, supprimé institutions démocratiques et libertés civiques, érigé la violence en principe de gouvernement : « Fusillez et pendez le maximum d'ennemis de classe, écrivait-il à ses partisans, afin que le peuple, à des centaines de kilomètres à la ronde, voie, tremble, sache et hurle ! »

Le temps s'était accéléré. La « Terreur rouge » était en marche. Mais surtout, la guerre civile entre « rouges » et « blancs » avait commencé. Il n'était plus temps de juger publiquement Nicolas II au cours d'un grand procès révolutionnaire, comme le préconisait Trotski. Il fallait surtout éviter qu'il soit libéré par les armées blanches du général Koltchak – quel humiliant revers ce serait ! Or le général blanc, aidé d'une légion tchécoslovaque[2], reprenait progressivement le contrôle de la Sibérie et s'approchait dangereusement, au son du canon, de... Iekaterinbourg, précisément.

Le 4 juillet, le commissaire Golochtchekine était allé chercher ses ordres à Moscou. Sverdlov lui ordonna de juger les prisonniers devant un tribunal révolutionnaire, pour la forme, puis de les exécuter. De retour à Iekaterinbourg, Golochtchekine se rendit compte qu'il n'aurait pas le temps d'organiser un procès, les armées blanches n'étant plus qu'à quelques journées de marche. Il envoya un télégramme à Moscou pour accélérer le processus. Lénine et Sverdlov donnèrent leur autorisation par un câble arrivé ce 17 juillet 1918, un peu avant 2 heures du matin. Le massacre pouvait commencer.

---

2. Ces légions, composées de volontaires, de déserteurs et d'anciens prisonniers tchèques et slovaques, s'étaient engagées dès 1915 au côté de l'armée russe contre l'Autriche-Hongrie.

Un carnage épouvantable

Devant la maison Ipatiev, un camion aux feux éteints met brusquement son moteur en marche, réveillant tout le voisinage. Il est rare qu'un véhicule pétarade ainsi au milieu de la nuit. À l'intérieur de la maison, soudain, c'est le branle-bas. Le docteur Botkine a reçu l'ordre de réveiller, à l'étage, ses prestigieux patients ainsi que leurs trois domestiques. Habillés en hâte, mal réveillés, ils ont descendu l'escalier. Le tsar au visage fatigué porte dans ses bras son fils Alexis, qui ne fait pas ses 13 ans. Le jeune hémophile, maigre et livide, se remet difficilement d'une hémorragie récente.

Au rez-de-chaussée, leur geôlier en chef, Iakov Iourovski, annonce aux prisonniers qu'ils vont être transférés dans un autre lieu de détention. Le tsar n'est pas surpris : il sait que les armées blanches s'approchent de la ville et que les bolcheviks n'ont pas l'intention de leur abandonner la famille impériale. Iourovski rassemble les onze détenus dans une pièce vide afin, dit-il, de prendre une photo qui sera envoyée à Moscou pour preuve que le tsar et sa famille sont toujours en vie. C'est un mensonge. Si toute la maisonnée est ainsi regroupée devant un simple mur fait de bois, de plâtre et de torchis, ce n'est pas pour que la photo soit sans reflets, mais pour que les balles ne ricochent pas sur la paroi.

Une double porte donnant sur un vestibule s'ouvre à grand fracas. Un groupe d'une douzaine d'hommes armés surgit. Pour la forme, Iourovski sort de sa poche et lit à haute voix un papier établi par les camarades du comité exécutif de l'Oural, qui ordonne l'exécution des prisonniers. Lui-même, armé d'un colt, tire le premier coup de feu en direction du tsar. Puis la fusillade éclate. Meurtrière, terrifiante, interminable. Les grandes-duchesses, notamment, ne meurent pas tout de suite : les bijoux qu'elles ont cousus dans leurs vêtements les protègent. Elles sont achevées à la baïonnette. Le massacre a tourné à la boucherie.

Quand cesse enfin ce monstrueux carnage, les hommes de Iourovski ne perdent pas de temps : les cadavres, enveloppés dans des toiles militaires, sont chargés dans le camion, qui sort de la ville et prend la direction d'une forêt voisine. Il se dirige vers un village appelé Koptiaki, où les agents de la police politique, la Tchéka, ont délimité tout un territoire interdit au public. Le lieu-dit s'appelle « Les Quatre-Frères » en raison de quatre hauts pins, aujourd'hui disparus, encadrant une vieille mine abandonnée. Les tueurs déversent leur macabre cargaison, non sans avoir mutilé sauvagement les corps ainsi charriés, dans un ancien puits dégagé à la hâte et partiellement rempli d'eau.

De retour en ville, alors que le jour est levé depuis longtemps, les conjurés ont une mauvaise surprise : toute la population est au courant ! De la fusillade, du nombre des victimes, de leur qualité, et même de l'endroit où on a transporté les corps ! Pour une mission qui devait rester secrète, c'est raté. Furieux, le commissaire Golochtchekine et Piotr Ermakov, son adjoint, ordonnent au commando de retourner dans la mine désaffectée, sous les arbres, d'y récupérer les cadavres et d'aller les cacher plus loin dans la forêt.

Le lendemain, une équipe va donc retirer du puits de mine les corps mutilés et trempés, les charge dans un camion à l'aide d'une corde, et part à la recherche d'un nouveau lieu de sépulture en s'enfonçant dans les bois de plusieurs kilomètres. Mais le camion s'embourbe malencontreusement près d'une fondrière. Le commando Iourovski décide d'enterrer les cadavres à cet endroit improvisé, non sans les découper à la hache et les arroser d'acide pour les rendre définitivement méconnaissables. Quand ils quittent les lieux, il reste deux corps à cacher, celui du tsarévitch et celui d'une de ses sœurs, peut-être Maria, peut-être Anastasia : ils sont emportés et ensevelis un peu plus loin après qu'on a tenté de les brûler à l'essence.

Cette fois, les ordres de Moscou sont enfin accomplis. Le même jour, à Alapaïevsk, dans le sud de l'Oural, d'autres tchékistes assassinent froidement la grande-duchesse Élisabeth, sœur de l'impératrice, ainsi que le grand-duc Serge, frère de Nicolas II, et les princes Jean, Constantin et Igor, ses neveux.

Comme l'avait souhaité Lénine, il ne reste plus rien du tsar et de la famille impériale.

Le début des mystères

Le 17 juillet, seule la nouvelle de la mort de Nicolas II est câblée à Moscou par le présidium du soviet de l'Oural. Le texte du télégramme précise simplement que « la famille Romanov a été transférée d'Iekaterinbourg vers un lieu plus sûr ». Iakov Sverdlov annonce la nouvelle l'après-midi même aux membres du gouvernement : le tsar a été fusillé. Sans plus de commentaires. Le lendemain, le Bureau de presse communiste, voix officielle de la Révolution, confirme que le tsar a été exécuté, et sa famille « transférée dans un lieu sûr ». Il n'en faut pas plus pour que naissent les rumeurs les plus fantaisistes, notamment celle-ci, évidemment invérifiable : pour quelque obscure raison diplomatique, Lénine et Sverdlov auraient décidé de laisser partir l'impératrice, née Alix de Hesse-Darmstadt, et ses filles, proches parentes de l'empereur d'Allemagne Guillaume II. Info ou intox ?

Le jour même, à Iekaterinbourg, le communiste Golochtchekine confirme la version officielle de l'événement lors d'un meeting ouvrier. Mais déjà la progression des armées blanches venues de l'Est interrompt la réunion. Les tirs de mitrailleuse se rapprochent. La ville est en ébullition. Le 25 juillet, la bataille est remportée par les contre-révolutionnaires, qui mettent en fuite les bolcheviks. Et qui s'interrogent, très vite, sur la disparition du tsar et de sa famille. La ville n'a pas retrouvé son calme que le nouveau commandant de la place désigne une commission d'enquête. Celle-ci se met au travail dans les pires conditions – lieux piétinés, témoins peu fiables, méthode empirique – et se trouve bientôt doublée par des enquêteurs civils et plusieurs détectives arrivés de Moscou pour le compte d'on ne sait quels aristocrates liés à la famille impériale !

La conviction se dégage alors que la famille du tsar n'a aucunement été « transférée dans un lieu sûr », mais qu'elle a été, elle aussi, passée par les armes. Les morceaux d'étoffe et de dentelles, les bijoux épars, les fausses dents, les effets et les débris retrouvés dans le puits de mine près de Koptiaki appartiennent bien aux membres de la famille impériale. La première synthèse réalisée par les très actifs services secrets britanniques est suffisamment explicite pour que, le 31 août, le roi George V informe sa tante Victoria, sœur de la tsarine, de l'assassinat de Nicolas II et de toute sa famille.

Pourtant, quinze jours plus tard, c'est le consul britannique à Iekaterinbourg, Thomas Preston, qui, dans un télégramme envoyé au Foreign Office, émet les plus grands doutes sur le sort funeste de la famille impériale. Cette cacophonie est si troublante que Londres dépêche sur place un de ses meilleurs diplomates, sir Charles Eliot, consul général en Sibérie, pour élucider le mystère. Eliot rencontre longuement le juge enquêteur, Ivan Sergueev, et rédige un rapport de quinze pages, minutieux et mesuré, où il se garde de trancher. Il y mentionne, pour la première fois, la présence suspecte d'un train aux vitres opaques qui aurait mystérieusement quitté la gare de Iekaterinbourg le 17 juillet, sans plus de précisions.

Au fil de l'année 1918, la situation militaire est instable et force à travailler dans l'urgence. Les bolcheviks n'ont pas renoncé à reprendre Iekaterinbourg. L'un des principaux magistrats ayant traité l'affaire, Alexandre Namiotkine, est enlevé et sommairement abattu par des soldats rouges. Le juge Sergueev lui-même est brusquement dessaisi du dossier avant de disparaître, lui aussi, en janvier 1919. Il est remplacé par Nicolas Sokolov, un magistrat monarchiste, qui reprend l'enquête de zéro.

Sokolov, à son tour, rassemble et compare indices et témoignages. Il constate que les avis de ses prédécesseurs sont désespérément contradictoires. Les synthèses des magistrats, les rapports des militaires, les dépêches des diplomates, les articles des journalistes rivalisent de témoignages atroces et de spéculations politiques, mais tout ce qui s'écrit, à l'époque, confirme qu'aucune preuve formelle ne peut étayer l'une ou l'autre thèse. D'autant qu'on n'a toujours pas retrouvé le moindre cadavre.

Comment mener une enquête sérieuse dans un tel contexte ? Quand la ville est reprise par les communistes, en juillet 1919, nombre d'enquêteurs quittent l'Oural en catastrophe. Sokolov lui-même s'est enfui juste à temps. Il parvient à quitter la Russie *via* la Sibérie, en emportant son épais dossier en sept volumes et une caisse d'objets hétéroclites. Avant de mourir en novembre 1924, à Paris, Sokolov aura le temps de publier chez l'éditeur Payot un livre reconstituant toute l'affaire, intitulé *Enquête judiciaire sur l'assassinat de la famille impériale russe*, qui sera traduit en russe et en anglais. Le titre même de l'ouvrage résume l'intime conviction de son auteur…

Cet ouvrage est la principale source d'information sur cette incroyable histoire. Il contient assurément de solides éléments de preuve, notamment un télégramme envoyé du bureau de poste de Iekaterinbourg le 17 juillet 1918 à 21 heures par le président du soviet régional Alexandre Bieloborodov :

> DIRE À SVERDLOV QUE FAMILLE A SUBI MÊME SORT QUE SON CHEF – OFFICIELLEMENT FAMILLE MOURRA PENDANT ÉVACUATION.

Il contient aussi le témoignage complet d'un des gardes de la maison Ipatiev, l'ouvrier Pavel Medvedev, qui raconte en détail le réveil des prisonniers, leur descente de l'escalier, les gardes armés de revolvers, la fusillade générale, le sang sur le plancher, le chargement des corps dans le camion, etc. Trois autres témoignages recueillis par Sokolov confirment, avec des variantes mineures, ce récit – dont l'un, assez complet, lui aussi, vient de la sœur d'un des tchékistes ayant participé au carnage.

Difficile, après cela, de contester la version de l'assassinat collectif de la famille du tsar. Or, c'est justement l'analyse minutieuse et contradictoire du dossier originel de Nicolas Sokolov, retrouvé en 1976 par deux journalistes britanniques, Anthony Summers et Tom Mangold, qui va relancer les spéculations les plus folles sur ce qu'il est advenu des onze prisonniers de Iekaterinbourg. Les deux auteurs ont pointé les témoignages étranges, les détails invraisemblables, les comptes rendus incohérents des recherches effectuées à la mine des « Quatre-Frères » – où l'hypothèse d'une élimination des onze corps à l'essence et à l'acide n'est citée que pour être aussitôt réfutée. Leur conclusion est simple : le juge Sokolov, dans son livre, aurait tiré des conclusions beaucoup plus péremptoires que les sept volumes de son dossier complet ne le laissaient envisager…

Rumeurs, usurpateurs, affabulateurs

La rumeur est une spécialité russe. Certes, dans tous les royaumes, sous toutes les latitudes, la disparition du souverain – ou du dauphin – a toujours suscité mystères et fantasmes. Mais dans l'immense Russie, la distance gonfle la moindre suspicion, propagée sur des milliers de kilomètres par des voyageurs, des colporteurs ou des chasseurs que personne ne vient contredire, et pour cause : comment vérifier sérieusement une information dans les forêts de Sibérie, au fin fond de l'Ukraine ou dans le Grand Nord ?

Tous les Russes ont appris à l'école qu'en 1591, après l'assassinat de Dimitri, fils d'Ivan le Terrible, les faux « Dimitri » ont proliféré dans toute la sainte Russie. L'un d'entre eux, Grigori Otrepiev, mi-moine, mi-aventurier, finira même par être proclamé tsar sous le nom de Dimitri II en 1605 ! Tous connaissent aussi l'épopée du cosaque Emelian Pougatchev, qui prétendit être le tsar

Pierre III dix ans après l'assassinat de celui-ci dans des circonstances obscures et faillit conquérir toute la Russie à la tête d'une armée de révoltés venus de partout, avant d'être vaincu et exécuté.

La disparition brutale et confuse de la famille impériale à Iekaterinbourg, elle aussi, donna des idées à nombre d'usurpateurs, à commencer par un faux « Alexis » à Omsk, en juin 1919, un adolescent audacieux qui eut la malchance de croiser la route de Pierre Gilliard, l'ancien précepteur français du tsarévitch, lequel dénonça la supercherie. La même année, on signala une femme se faisant passer pour l'impératrice – à laquelle, paraît-il, elle ressemblait étrangement – réfugiée dans un couvent au cœur de la Russie. Confondue, elle fut jetée en prison. On signalera ainsi divers « Nicolas II » en Crimée, à Vladivostok et jusqu'au Japon !

Il n'est pas toujours facile de démasquer un affabulateur dans un pays si grand, alors que les photos et les journaux sont rares, que la radio et la télévision n'existent pas, que les moyens de transmission sont sommaires, que l'on ne connaît évidemment ni l'informatique ni les tests ADN ! Quelques autres « Alexis » apparaîtront, qui ne seront pas crus. D'autres grandes-duchesses, aussi, sans plus de succès. Une femme répondant au nom de Marga Boodts, installée en Italie, prétendit longtemps être la fille aînée du tsar, Olga. Sans convaincre les historiens.

Une exception, pourtant, concerne la grande-duchesse Anastasia, benjamine des quatre filles du tsar, incarnée par un étonnant personnage qui continue, un siècle plus tard, de diviser les spécialistes.

Vraie ou fausse Anastasia ?

Le 17 février 1920, à 21 heures, la police de Berlin repêche du canal Lanwehr une jeune femme d'une vingtaine d'années ayant tenté, à l'évidence, de se donner la mort. Choquée, l'inconnue refuse de parler pendant six semaines. Elle est envoyée à l'hôpital psychiatrique de Dalldorf, où elle va rester deux ans, le plus souvent alitée, et sans répondre aux interrogatoires. Jusqu'à ce qu'une de ses camarades de chambrée, qui a vécu naguère en Russie, déclare à qui veut l'entendre que la patiente est une des filles du tsar.

Malade, amaigrie, confinée dans le silence et sans cesse cachée derrière des foulards, la jeune femme est hébergée par le baron Arthur von Kleist, ancien chef de la police à la frontière polono-russe, auquel elle finit par se confier : oui, elle est bien la grande-duchesse Anastasia ! Elle n'a été que blessée lors du massacre dans la maison Ipatiev, d'où elle s'est échappée *in extremis* ; un soldat l'a emmenée loin du drame, par la route, jusqu'en Roumanie, où son sauveur lui a fait un enfant avant de mourir dans un combat de rue à Bucarest. C'est de là qu'elle est partie pour Berlin, seule et désespérée…

Délire ? Imposture ? Le médecin qui l'examine confirme que sa patiente a une cicatrice à la tête provenant d'une mauvaise blessure ; il note que, parfois, la malade parle russe dans son sommeil. Le choc de la nouvelle attire alors vers sa demeure des milliers de curieux aux motivations diverses qui vont faire de sa vie un enfer. Tandis qu'elle est transférée d'hôpital en hôpital, la nouvelle est commentée dans quelques cours royales où d'importants personnages apparentés à la famille de feu Nicolas II dépêchent tel ou tel émissaire auprès de la mystérieuse jeune femme. Certains jugent troublante sa ressemblance avec Anastasia, qui n'est pourtant pas évidente sur les photos ; d'autres déclarent que cette pauvre amnésique à moitié folle n'a rien à voir avec la fille du tsar ; d'autres enfin dénoncent une dangereuse usurpatrice qui convoite l'héritage des Romanov...

Invitée aux États-Unis en 1928 par sa présumée cousine germaine Xenia Gueorguievna, elle devient une attraction traquée par les journalistes, cernée par des avocats véreux, poursuivie par les émissaires de ses aristocratiques détracteurs. Un premier livre paraît sur elle, dont on tire un film à succès. Un procès est intenté par certains parents du tsar, qui guignent un éventuel héritage – le fameux et mythique trésor que Nicolas II aurait déposé dans plusieurs banques européennes ! Mais le manque d'intérêt manifesté par la présumée Anastasia pour sa propre cause – jamais elle n'entreprit elle-même la moindre démarche pour se faire reconnaître – et son caractère plutôt renfermé ne lui auront pas permis, décidément, de vivre en paix.

De retour en Allemagne sous le nom d'Anna Anderson, un simple nom d'emprunt, elle vécut longtemps dans une modeste maison de la Forêt-Noire où elle se barricada, de scandale en scandale et de procès en procès, jusqu'à ce qu'un professeur d'histoire nommé John Manahan l'emmène vivre avec lui à Charlottesville, en Virginie. Elle est alors âgée de 67 ans. Même sa mort, en 1984, sera l'occasion d'une dernière polémique : pourquoi a-t-elle été incinérée avant que l'on tente de comparer son ADN à celui des restes de la famille impériale ? Peine perdue : un morceau d'intestin prélevé avant son décès, lors d'une opération chirurgicale, donnera un résultat négatif...

Pendant plus d'un demi-siècle, la mystérieuse Anna Anderson provoqua des disputes familiales, des crises politiques, des polémiques d'historiens, des enquêtes judiciaires et des manipulations d'escroc sans que jamais personne ne parvienne à prouver qu'elle était bien la grande-duchesse Anastasia… ou qu'elle ne l'était pas !

En octobre 1928, une grande partie de la famille impériale rejeta cette hypothèse avec violence, notamment quatre de ses tantes, les deux sœurs de Nicolas II et les deux sœurs de la tsarine, après que la plus jeune des quatre, la grande-duchesse Olga, eut rencontré personnellement la jeune femme… et nié farouchement qu'elle ressemblât à sa nièce ! Mais trois autres parents proches, qui l'avaient bien connue avant la Révolution, affirmèrent avec force qu'Anna Anderson était bel et bien Anastasia : le grand-duc André, son oncle, ancien aide de camp du tsar ; la princesse Xenia Gueorguievna, sa cousine ; et le prince Sigismond de Prusse, son cousin germain. Ce dernier fut d'autant plus convaincu par sa présumée parente qu'il se livra à quelques tests décisifs auprès d'elle – c'est lui qui raconte – sous forme de questions précises sur leur enfance commune auxquelles nulle usurpatrice, fût-elle géniale, n'aurait pu répondre !

Des pilleurs de tombe à l'ADN

Rarement un événement historique aura suscité autant de polémiques, de fantasmes et d'incertitudes sur une aussi longue période. Soixante ans après les faits, à la fin des années 1970, personne ne peut affirmer à coup sûr que le tsar et sa famille ont bien été exécutés à Iekaterinbourg, au cœur de l'Oural, le 17 juillet 1918. La clé du mystère, c'est l'absence des corps. Pas de cadavre, pas de crime ! Presque tous les acteurs et les témoins directs de ce drame sont décédés. Notamment les deux tchékistes qui auraient pu raconter le déménagement des corps dans la forêt de Koptiaki, Iakov Iourovski et Piotr Ermakov : ils sont morts, eux aussi, l'un en 1938, l'autre en 1952.

Or, en 1979, le policier Gueili Riabov, qui travaille pour le MVD (ministère de l'Intérieur), met la main, dans les archives du KGB, sur une longue note confidentielle où Iourovski explique, en 1920, où et comment il a procédé à l'enfouissement définitif des corps après les avoir récupérés à la mine des « Quatre-Frères ». En duo avec un historien local, Alexandre Avdonine, Riabov parvient à localiser l'endroit, appelé « la Fosse-aux-Troncs », non loin de Koptiaki. Sans aucune compétence historique, sans prendre la moindre précaution scientifique, les deux pilleurs de tombe déterrent trois crânes des restes de la famille impériale, dont un qu'ils attribuent approximativement au tsar. Une pièce pareille, nul doute qu'ils en tireront un bon prix à Moscou ! Peine perdue. Au bout d'un an, Riabov et son comparse vont enterrer leur macabre butin – rangé dans une caisse en bois – là où ils l'avaient trouvé. Sans révéler leur secret à personne, de peur de finir en prison !

En 1985, Mikhaïl Gorbatchev arrive à la tête de l'URSS. Il prône bientôt la glasnost, cette invitation à la transparence qui pousse des centaines d'historiens et de journalistes à revisiter le passé sulfureux de l'Union soviétique. Riabov raconte alors son aventure dans les *Nouvelles de Moscou*, puis dans le mensuel *Rodina*. La fameuse note de Iourovski paraît dans le magazine *Ogoniok*. Des témoignages partiels rédigés dans les années

1920, le plus souvent invérifiables, sortent des tiroirs où ils avaient été cachés en attendant des jours meilleurs. De tous ces éléments, il ressort que le tsar et sa famille ont certainement été massacrés dans la maison Ipatiev, et que les corps sont quelque part dans la forêt près du lieu-dit « la Fosse-aux-Troncs ». Encore va-t-il falloir le prouver !

En juillet 1991, le nouveau président de la Russie, Boris Eltsine, accepte que l'on procède à des fouilles à l'endroit établi par la note de Iourovski. Son geste n'est pas fortuit. En 1977, c'est lui, Boris Eltsine, Premier secrétaire du Parti communiste pour la région de Sverdlovsk – le nouveau nom de Iekaterinbourg –, qui a rasé, sur ordre du Politburo, la maison Ipatiev. Eltsine n'a pas la conscience tranquille, même s'il est des ordres venus du Kremlin qu'un Premier secrétaire de région, à l'époque, ne discutait pas…

Une brigade d'ouvriers dirigée par une archéologue, Liudmila Koriakova, se concentre alors sur le lieu présumé, plus précisément sur un monticule surnommé *Porosionkov Log* (« la Tanière du porcelet »). Elle en exhume à coups de pelle, sans beaucoup de ménagement, d'abondants restes humains – près de mille ossements ou morceaux d'os – qui, reconstitués à la morgue de Sverdlovsk, composent neuf squelettes. La comparaison minutieuse des crânes et des nombreuses photos des Romanov permet d'identifier le tsar, l'impératrice et trois de leurs quatre filles. Il est à peu près acquis que les quatre autres corps appartiennent à la femme de chambre Demidova, au médecin Botkine, au valet Trupp et au cuisinier Kharitonov.

Des funérailles solennelles

Fin de l'histoire ? Certes non ! D'abord, il reste deux corps à retrouver, dont celui du tsarévitch. Ensuite, trop de questions restent sans réponse. Dans la chaotique Russie postgorbatchévienne, l'heure est à toutes les frénésies historiques, la société civile s'est tue trop longtemps, on exige des preuves, des vérifications, des études plus poussées, des contre-expertises ! En 1992, le biologiste Pavel Ivanov emporte en Europe des échantillons d'os soigneusement sélectionnés afin de pratiquer de nouvelles analyses au Centre d'études criminelles d'Aldermaston, en Grande-Bretagne.

Un nouvel outil de recherche existe, désormais, qui s'appelle l'ADN, et qui permet d'établir des comparaisons génétiques performantes et difficilement contestables. Par exemple, de confirmer les liens héréditaires entre un père, une mère et leurs enfants. Un laboratoire britannique sollicite le duc d'Édimbourg, mari de la reine Élisabeth, qui se prête au jeu : sa grand-mère Victoria étant la sœur aînée de l'impératrice Alexandra, il est aisé d'établir une parenté entre le fringant prince consort britannique et les cadavres en décomposition retrouvés à « la Fosse-aux-Troncs ».

Au mois d'avril 1994, le quotidien *Izvestia* rapporte que l'identification des corps grâce à l'ADN rend désormais possible leur enterrement officiel. Une commission gouvernementale se réunit et donne son feu vert pour l'organisation de funérailles nationales… auxquelles s'oppose fermement le patriarche orthodoxe Alexis II, pas convaincu par les analyses ADN. Le président Boris

Eltsine, qui ne veut pas contrarier le chef religieux, ordonne qu'on procède à de nouvelles enquêtes...

Mais ces tergiversations favorisent le business local, les fausses reliques, les révélations bidon et les convoitises d'entrepreneurs pas toujours honnêtes : plusieurs souscriptions destinées à construire un centre de pèlerinage à Iekaterinbourg ou un monastère dans la forêt de Koptiaki se terminent en procès lamentables. Eltsine, dont la santé se dégrade, veut en finir. Au printemps 1998, la commission gouvernementale estime que le temps est venu, quatre-vingts ans après la tragédie, d'ensevelir solennellement et religieusement les corps retrouvés et identifiés.

Le 17 juillet 1998, une cérémonie extraordinaire – et surréaliste – a lieu à Saint-Pétersbourg, dans la cathédrale Pierre-et-Paul, qui réunit le président russe et quelques membres de la maison impériale spécialement rentrés d'exil pour des funérailles nationales qui font sensation dans toute l'Europe. Le patriarche Alexis, qui n'a pas changé d'avis, refuse de les présider. Il se soumettra aux oukases du Kremlin lorsque Vladimir Poutine aura remplacé Boris Eltsine deux ans plus tard et, le 14 août 2000, il procédera, à grand renfort de cantiques anciens et de vapeurs d'encens, à la canonisation de l'empereur, de sa femme et de ses trois filles identifiées.

Pouvait-on en rester là ? Le nouveau président de la Russie ordonne de poursuivre les recherches. En 2007, les enquêteurs retrouvent enfin les deux corps manquants, en très mauvais état : le plus petit squelette est sans doute celui d'Alexis, mais les anthropologues convoqués à cet étonnant ballet mortuaire – le professeur russe Sergueï Abramov et son collègue américain William Maples – hésiteront, pour identifier la seconde série d'ossements, entre Maria et Anastasia. C'est que l'ADN ne résout pas toutes les énigmes : il ne permet pas de trancher à 100 %, par exemple, entre les deux sœurs présumées !

En 2012, les passions se sont apaisées. La quasi-totalité des bourreaux, des victimes, des témoins et des usurpateurs présumés sont morts. Une cathédrale « Sur-le-Sang » a été édifiée à Iekaterinbourg, à l'emplacement de la maison Ipatiev, et un monastère à bulbes dédié aux Saints-Martyrs, construit à l'ancienne dans la forêt de Koptiaki, permet aux pèlerins de vénérer un monument à la mémoire de Nicolas II et de la tsarine, et un autre en hommage à leurs enfants martyrs.

De rebondissement en rebondissement

Pourtant, l'affaire continue de rebondir, régulièrement, sous la plume de tel ou tel auteur utilisant à l'envi l'extraordinaire matériau fait de centaines de témoignages incertains, de fausses preuves, de rapports inexacts et de récits fantaisistes qui constituent, sur le sujet, un immense monceau d'archives dont la fiabilité, hélas ! est toute relative. Deux livres récents, parmi bien d'autres, méritent néanmoins d'être examinés de près.

Le premier, paru chez Fayard en 1982, s'intitule *Moi, Alexis, arrière-petit-fils du tsar*. Il est signé de « S.A.R. le prince Alexis d'Anjou, duc de Durazzo », qui se dit le petit-fils de la grande-duchesse Maria, fille de l'empereur Nicolas II. Il s'appuie sur toutes les incohérences historiques et les imprécisions scientifiques pour étayer la thèse de la survie des grandes-duchesses, notamment de Maria, laquelle se serait enfuie par Kiev et la Roumanie sous une fausse identité – comtesse Czapska – avant d'épouser un « prince Dolgorouki » et dont la fille, Olga, serait donc la mère de l'auteur.

Si ce récit, fort bien documenté, est à verser dans la catégorie des élucubrations et fantasmes, c'est d'abord qu'il est signé d'un homme nommé Alexis Brimeyer, connu pour être un mythomane, champion en faux papiers, documents détournés et trucages photographiques, capable de faire passer une banale photo de deux dames en vacances à Antibes en 1958, pour un cliché secret représentant deux des filles de Nicolas II en exil ! Dans son souci de crédibilité, l'auteur mêle à son « épopée » un si grand nombre de personnalités européennes qu'il est absolument inimaginable qu'ils aient tous, collectivement ou individuellement, gardé à vie un secret aussi lourd.

Le second livre, paru aux éditions Tallandier en 2012, s'intitule *La Vérité sur la tragédie des Romanov* et s'efforce de démontrer, lui aussi, que le tsar et sa famille ne sont absolument pas morts le 17 juillet 1918. Il est signé du professeur Marc Ferro, historien respecté, spécialiste de l'histoire de l'URSS, qui développe une thèse n'ayant fait l'objet, jusqu'alors, que de spéculations fragiles : selon lui, la famille impériale aurait été échangée par les bolcheviks contre le révolutionnaire Karl Liebknecht, cette année-là, lors d'une tractation secrète avec l'empereur Guillaume II. Sur cette base, Ferro s'efforce de relier entre elles toutes les incohérences du dossier, et s'enflamme : c'est le premier échange Est-Ouest de l'histoire !

Or, l'examen minutieux de la thèse de Marc Ferro n'emporte aucunement l'adhésion. D'abord, il s'appuie essentiellement sur des documents déjà passés au crible par les journalistes Summers et Mangold, qui posent plus d'interrogations nouvelles qu'ils ne fournissent d'explications aux énigmes – parfois troublantes, il est vrai – de cette histoire mouvementée. Ensuite, il bute sur la question que tout le monde se pose : si le tsar, sa femme, ses filles et son fils avaient miraculeusement échappé au massacre en juillet 1918, comment se fait-il qu'aucun membre de cette famille aux ramifications nombreuses ne se soit jamais présenté dans une ambassade quelconque, en soixante ans, pour reprendre contact avec le monde réel ?

Le professeur Ferro, à son tour, avance des clefs de compréhension : le traumatisme d'une aventure particulièrement violente, la peur d'être de nouveau capturés par les communistes, les manigances de tel ou tel parent princier voulant les écarter de l'héritage de l'ex-tsar, entre autres. Mais toutes ces hypothèses ne suffisent pas à expliquer un aussi incompréhensible silence collectif. Quand il est paru, du reste, le livre de Marc Ferro n'a suscité aucune réaction ni émotion dans aucune capitale européenne, tant les spécialistes du dossier ont été déçus par sa démonstration, qui n'a convaincu personne.

Saura-t-on un jour toute la vérité sur le massacre de la maison Ipatiev ? Jamais, sans doute. Les circonstances de ce drame ont été trop chahutées, dans un contexte d'une confusion extrême, à une époque où le mensonge nourrissait l'histoire, pour qu'on puisse aujourd'hui reprendre l'enquête de zéro. Le temps a passé sur les témoignages, les secrets de famille, les régimes politiques, les enquêtes et les archives, balisé par un nombre incalculable de livres consacrés à l'affaire depuis près d'un siècle.

Or, il se trouvera toujours un descendant autoproclamé des présumés survivants, un historien désireux de prouver telle ou telle thèse ou un producteur fasciné par une histoire aussi romanesque, pour reprendre, une fois de plus, le fil de cette énigme exceptionnelle.

4

Trotski, ce chien enragé…

Comment Staline a éliminé le plus dangereux de ses rivaux

« La révolution n'est pas un dîner de gala. »

Mao Tsé-toung

24 mai 1940. Avenue Viena à Coyoacán, au Mexique. Une grande maison entourée d'un jardin où poussent feuillus et agaves, au milieu de nulle part. Un ruisseau, souvent à sec, borde la propriété, ainsi qu'une route poussiéreuse et quelques masures de brique. Un haut mur protège le domaine. Pour y pénétrer, il faut franchir une solide porte en fer qui ne s'ouvre que si l'on montre patte blanche. À quelques mètres, la police a fait construire une casemate en dur, équipée d'une meurtrière. Il y a toujours quelques gardes qui veillent.

C'est ici que vivent Léon Trotski et sa femme Natalia. À l'intérieur de la maison, les pièces sont meublées sobrement. Dans la salle à manger, une longue table de bois blanc et, juste à côté, un grand secrétariat aux murs couverts de livres. Le bureau du vieux révolutionnaire est attenant : une autre table de bois banc, des casiers à livres, des dossiers, un téléphone. Trotski a plus de 60 ans, mais il continue de rédiger des articles, de préparer des livres, de lire la presse, de prendre des notes. Onze ans après son départ forcé d'URSS, il n'a toujours pas abandonné la lutte politique.

À 4 heures du matin, cette nuit-là, quatre automobiles convergent vers la maison. Au total, une vingtaine d'hommes armés de revolvers et de mitraillettes, commandés par un gradé portant grosse moustache et lunettes noires. Le commando sait ce qu'il doit faire. Il désarme promptement les policiers de la guérite, coupe les fils du téléphone et fonce vers la porte que le garde, un jeune Américain probablement complice, ouvre aussitôt. Un groupe de tueurs s'approche de la maison et tire à l'aveugle, pendant deux minutes, dans un bruit infernal, vers le salon et la chambre à coucher. Ils lancent à l'intérieur deux grenades incendiaires avant de se replier, de quitter le domaine et de se fondre dans la nuit.

Dans la maison, le plâtre des murs et des milliers d'éclats de verre jonchent les deux pièces. Les bombes incendiaires ont mis le feu aux draps de la chambre. Une âcre odeur de poudre empêche de respirer normalement. Choquées, sonnées, éberluées, deux personnes se relèvent lentement de l'espace où elles ont glissé entre leurs deux lits. À leur propre stupéfaction, elles n'ont rien. Seul leur petit-fils Seva, dans la pièce voisine, se plaint d'une égratignure au gros orteil. Mais l'incroyable s'est produit : Trotski et sa femme, Natalia Ivanovna, ont miraculeusement échappé à la mort.

Le plus surprenant, dans cette affaire, est que les deux survivants savent pertinemment qui a cherché à les éliminer. Les tueurs et leur chef de pacotille n'étaient que des exécutants. Le vrai commanditaire de cet assassinat raté siège à 10 000 kilomètres de Coyoacán. Il s'appelle Joseph Staline. De son bureau du Kremlin, à Moscou, il dirige l'Union soviétique et, partant, le mouvement communiste international. Des dizaines de millions de communistes sont prêts à lui obéir aveuglément à travers le monde. Y compris au Mexique.

La vindicte de Staline

Lev Davidovitch Bronstein est né en 1879 dans le sud de l'Ukraine où Catherine II, naguère, encouragea les juifs, nombreux dans la région, à devenir propriétaires terriens. Engagé très tôt dans le mouvement révolutionnaire, il s'y distingue par son exceptionnel talent d'orateur et de polémiste. Son premier pseudonyme est Pero, ce qui veut dire « Plume ». Quand il rencontre Lénine à Londres pour la première fois, en 1903, celui-ci l'engage comme journaliste au journal *Iskra* (« L'Étincelle »), l'ancêtre de la *Pravda* (« La Vérité »). À cette époque, Staline n'est encore qu'un jeune voyou tout juste renvoyé de son séminaire en Géorgie, au fond du Caucase, où il braque des banques pour financer sa bande d'anarchistes locaux.

Lénine et Trotski partagent la même analyse : dans un pays arriéré comme la Russie, la révolution devra faire l'économie de sa phase bourgeoise ; ce sera à la classe ouvrière de projeter directement le pays du féodalisme au socialisme, sans passer par le stade capitaliste. Souvent agacé par le caractère autoritaire de Lénine, parfois en désaccord avec lui, Trotski l'accompagne néanmoins dans l'aventure d'octobre 1917, jusqu'à devenir son frère d'armes et son principal adjoint. C'est lui qui négocie avec les Allemands la paix de Brest-Litovsk en 1918, lui encore qui fonde l'Armée rouge à la tête de laquelle il sauve la révolution de justesse lors de la guerre civile en 1919-21, durant laquelle son cynisme, son art du commandement et son extrême brutalité font merveille.

Mais déjà se profile la succession de Lénine, victime d'une attaque cérébrale, et qui s'enfonce dans la maladie. Derrière les divergences qui peuvent opposer les dirigeants historiques de ce qui va devenir l'URSS, une violente lutte pour le pouvoir s'annonce. Staline, qui n'était pas le mieux placé pour l'emporter, devient secrétaire général du parti bolchevique en 1922 et engage une longue bataille contre tous les autres : Zinoviev, Kamenev, Boukharine et, bien sûr, Trotski. À Moscou, le trotskisme devient un courant, puis une hérésie, puis un crime. Ses affidés seront bientôt passibles de mort ou de déportation.

Si Staline engage un combat acharné contre Trotski, c'est d'abord parce que celui qui est encore commissaire à la Guerre dans le gouvernement soviétique est le seul, par-delà les alliances qui se font et se défont entre les anciens compagnons du défunt, à pouvoir constituer une force politique capable de reprendre le flambeau de la révolution. Mais c'est aussi parce que Trotski apparaît dans l'opinion comme le seul *alter ego* du leader d'Octobre, celui qui entretenait avec lui une complicité dont Staline ne saurait se prévaloir. Même s'il est contesté sur le plan politique et parfois critiqué sur le plan humain, Trotski incarne l'histoire de la révolution. Pas Staline.

Trotski se bat sur le terrain des idées. Il croit en la révolution mondiale – il a toujours été persuadé que les ouvriers allemands suivraient l'exemple de leurs camarades russes –, alors que Staline, qui s'appuie sur la bureaucratie russe, a fait le choix du « socialisme dans un seul pays ». Trotski est un rêveur, un idéaliste, un passionné. Staline est un pragmatique, un calculateur, un cynique. Dix ans plus tard, dans ses *Mémoires*, Trotski se rappellera les avertissements des autres dirigeants engagés dans la course au pouvoir tel Lev Kamenev :

> Vous pensez que Staline réfléchit maintenant à la façon de répondre à vos critiques? Vous vous trompez. Il se demande comment vous détruire [...] d'abord moralement, ensuite physiquement si c'est possible. Vous calomnier, monter une provocation, fabriquer un complot militaire, organiser un attentat!

Même analyse chez Grigori Zinoviev :

> Vous croyez que Staline n'a pas réfléchi à votre suppression physique? Il y a pensé maintes fois! [...] La haine qu'il nous porte s'explique par le fait que nous savons trop de choses sur lui!

Kamenev et Zinoviev avaient raison. Eux-mêmes seront condamnés à mort au cours de procès entièrement fabriqués par Staline, à Moscou, le 25 août 1936. Il ne fait aucun doute que Trotski eût subi le même sort, à cette date, s'il n'avait pas quitté l'URSS depuis longtemps. D'ailleurs, sa femme et lui n'ont-ils pas été victimes d'un curieux accident, en 1924, à Kislovodsk, dans le Caucase? Une partie de chasse en montagne, un retour tardif dans la vallée sur une plate-forme ferroviaire qui déraille et se renverse brutalement, dans un profond fossé, en arrivant à la gare : plus de peur que de mal! Le hasard, certainement.

L'opposition réduite à néant

En décembre 1925, la lutte est encore feutrée. Staline a tout misé sur le XIVe Congrès pour établir son pouvoir sur tout le pays. À l'époque, le Parti communiste est composé de 750 000 membres, dont environ 8 000 constituent une esquisse d'opposition que Staline a bien l'intention de réduire à néant. Déjà les prises de parole de Trotski ou de ses amis dans les cellules ouvrières sont systématiquement interrompues par des commandos de « gros bras » qui perturbent les débats et menacent les sympathisants des pires représailles. Pour la première fois, des rangs entiers de délégués au Congrès scandent « Staline ! Sta-line ! » à chaque fois que Trotski ou l'un de ses soutiens prend la parole.

À la base, les choses sont réglées : il n'y a que des coups à prendre en s'opposant directement ou indirectement à Staline. Et puis, n'est-ce pas au secrétaire général que la plupart des délégués, plus jeunes, doivent leur poste ? Les vieux de la vieille sont bientôt noyés sous cette nouvelle génération sans passé. Du sommet à la base du Parti, le rapport de force bascule en faveur du Géorgien. Les Trotski, Zinoviev, Kamenev et autres opposants avérés[1] sont accusés d'« activité fractionnelle » et de « scissionnisme ». En 1926, ils sont tous exclus des instances dirigeantes de ce Parti qu'ils ont fondé. Seule la veuve de Lénine, Nadejda Kroupskaïa, qui a aussi choisi l'opposition, échappe à la répression. Mais les plus grandes figures

1. Parmi les victimes de cette folle répression figurent des militants de longue date comme Grigori Sokolnikov, Gueorgui Piatakov, Grigori Evdokimov, Evgueni Preobrajenski, etc.

d'Octobre sont critiquées, exclues, accusées de trahison. Des bolcheviks connus, parmi les plus fidèles, sont jetés en prison. À Moscou, quelques jours avant les fêtes du dixième anniversaire de la Révolution, un inconnu tire deux coups de revolver sur la voiture de Trotski. Le 15 novembre, les lecteurs de la *Pravda* apprennent que Trotski et Zinoviev ont été exclus du Parti. Leur vieux camarade et ancien ministre Adolf Joffé, malade, se tire une balle dans la tête.

Quand s'ouvre le XVe Congrès du Parti, le 2 décembre 1927, les 1669 délégués font une immense ovation à Staline, qui n'a plus aucun opposant dans la salle. Ni, du reste, dans le pays. Les derniers fidèles de Zinoviev, à Leningrad ont été emprisonnés ou physiquement éliminés. Les rares personnages ayant sauvé leur poste – Alexandra Kollontaï, nommée ambassadrice en Norvège, ou Nikolaï Krestinski, ambassadeur à Berlin – ont officiellement renié leur passé. Quant à Trotski, le 17 janvier 1928, il est cueilli à l'aube, chez lui, par un détachement d'agents de la police secrète, la GPU, qui le jettent dans un train en partance pour le Kazakhstan…

Alma Ata, à l'époque, est un gros village kazakh perdu dans la steppe, à 250 kilomètres de la gare la plus proche, et à 4000 kilomètres de Moscou. Les plus proches amis de Trotski – ils s'appellent Smilga, Serebriakov, Smirnov, Rakovski, Preobrajenski – sont respectivement assignés à résidence à Semipalatinsk, Kyzylorda, Astrakhan ou Barnaoul, loin de tout. Quelques militants courageux et anonymes viennent s'installer à Alma Ata pour aider leur chef – ils finiront presque tous fusillés ou déportés.

Avec les moyens du bord, Trotski continue de s'opposer publiquement au maître du Kremlin, notamment par des articles ou des brochures clandestines. Le 20 janvier

1929, excédé, Staline le fait condamner pour « activités révolutionnaires » et ordonne à la GPU de le faire expulser du pays. Contre son gré, Trotski est conduit en train jusqu'à Odessa où il est embarqué de force dans un bateau vide en partance pour Istanbul. Clin d'œil du destin : le navire a pour nom l'*Illitch*, le patronyme de Lénine !

De nouveau l'exil

À Istanbul, le banni est accueilli par le consul d'URSS. Curieuse situation : si les officiels soviétiques qu'il rencontre obéissent évidemment au Kremlin, à commencer par les agents de la police politique, la plupart ne peuvent s'empêcher d'être fascinés, plus ou moins ouvertement, par celui qui fut un des deux acteurs principaux de la Révolution. Un fonctionnaire se met en quatre pour aider Trotski, sa femme Natalia et son fils Lev à s'installer dans une petite villa de location sur l'île de Prinkipo (Büyükada), un paradis pour touristes fortunés au bord de la mer de Marmara.

Sur son île enchanteresse, Trotski ne profite pas de la plage. Il reste en contact avec la presse internationale, qui lui demande souvent de réagir à l'actualité, et avec ses éditeurs qui lui assurent de quoi vivre correctement. Son autobiographie en trois volumes, sous le titre *Ma vie*, est un succès dans un grand nombre de pays, tout comme le sera son *Histoire de la Révolution* en quatre tomes. Seule la réalisation du *Bulletin de l'opposition*, dont il est le principal rédacteur, lui coûte plus qu'elle ne lui rapporte. Faut-il préciser que toute cette production littéraire, dûment colligée par la GPU, agace prodigieusement le Kremlin ?

À Moscou, Staline et ses séides augmentent la pression : le trotskisme, voilà l'ennemi ! La censure traque tout ce qui peut rappeler le révolutionnaire en exil. Les historiens et les éditeurs sont priés de réécrire tous les livres d'histoire, y compris les Mémoires des vieux bolcheviks, pour en expurger ou y salir le nom de Trotski. Maxime Gorki lui-même est fermement invité à « rectifier » la page de ses *Souvenirs sur Lénine* où il évoque le fondateur de l'Armée rouge. Des centaines de livres sont réédités, des milliers d'autres sont envoyés au pilon, des centaines de photos officielles sont retouchées : un long calvaire commence pour l'intelligentsia soviétique.

De son refuge turc, Trotski se défend comme il peut. Quand Staline le déchoit de sa nationalité soviétique, en février 1932, il réplique en publiant une *Lettre ouverte au Comité central exécutif des Soviets*, où il invite notamment ses anciens camarades à « se rappeler l'ultime et insistante recommandation de Lénine : éliminer Staline[2] » ! C'est le dernier texte de Trotski qui réussit encore, tant bien que mal, à franchir la frontière de l'URSS. Chaque exemplaire de cette brochure trouvé par la GPU et rapporté au Kremlin plonge Staline dans une rage froide – et vaut à son malheureux détenteur, bien sûr, d'être exécuté sur-le-champ.

En 1933, le gouvernement français présidé par Édouard Daladier, sollicité par le traducteur des livres de Trotski, accorde à celui-ci l'asile politique. Sous les horions conjugués de la presse de droite et de *L'Humanité*, l'ancien compagnon de Lénine débarque à Marseille le 24 juillet 1933. Des amis français ont loué à Saint-Palais, près de

2. Allusion au « testament » de Lénine, qui est évidemment introuvable en URSS.

Royan, la villa « Les Embruns », où le couple vit *incognito* pendant quelques mois. Seuls quelques amis et connaissances rendent visite au chef révolutionnaire – dont un jeune aventurier français récemment engagé dans la mouvance antifasciste, un certain André Malraux.

Léon et Natalia se rapprochent de Paris. Mais à Barbizon, leur présence fait scandale. À Paris aussi. Dans l'Isère également. Le Parti communiste français ne cesse de s'indigner de la présence en France d'un personnage aussi peu fréquentable. Au lendemain du 6 février 1934, le ministre de l'Intérieur Albert Sarraut lui fait savoir qu'il doit quitter le territoire. Mais pour aller où ? Un gouvernement de gauche arrive opportunément au pouvoir en Norvège : en juin 1935, le couple Trotski embarque pour Oslo. Le climat politique y sera toujours moins menaçant qu'en France républicaine !

La lutte tourne au cauchemar

En sécurité dans le village de Weksal, près de Hønefoss, où il est hébergé par un député socialiste, Trotski se remet à l'écriture et achève un nouveau livre intitulé *La Révolution trahie.* Cet ouvrage est destiné à accompagner un projet politique d'importance : constituer une IVe Internationale, la IIIe ayant abandonné, selon lui, toute velléité marxiste-révolutionnaire. Trotski est convaincu qu'un mouvement ouvrier mondial d'inspiration bolchevique peut encore renverser la situation en Europe et, tout particulièrement, en URSS.

L'annonce de ce projet par le *Sozialistische Arbeiterpartei* allemand, quelques mois plus tôt, a fait souffler un vent de panique dans les couloirs du Kremlin. Il est plus que temps de se débarrasser, une bonne fois pour toutes, de Trotski et de tout ce qu'il rappelle, évoque, inspire. Dans leur refuge norvégien, Léon et Natalia sont mystérieusement suivis, un soir, en voiture. Une autre fois, leur maison est visitée par de jeunes « fascistes » locaux. Faits divers sans importance ou signes prémonitoires que quelque chose se trame ? En mai 1935, le fils cadet de Trotski, Sergueï, âgé de 27 ans, disparaît, sans doute pour toujours, dans les caves de la police moscovite…

Le 15 août 1936, le couple Trotski apprend par la radio qu'on prépare à Moscou le procès d'un redoutable « centre trotskiste-zinoviéviste » coupable d'activités terroristes. Parmi les accusés figurent Zinoviev, Kamenev, mais aussi Smirnov, Evdokimov, Mratchkovski et quelques autres trotskistes notoires. Très vite, chacun comprend qu'il s'agit d'une parodie de justice, destinée à éliminer physiquement tous les opposants quels qu'ils soient. Avec angoisse et colère, Trotski suit les attendus, les chefs d'accusation, les pièces à charge. Il décrypte aussitôt, lui, les mensonges, les trucages, les faux, les montages. Il découvre les « aveux » de ses « comparses » auxquels lui-même, l'« allié de la Gestapo », aurait fait passer des « directives » pour multiplier les « attentats » contre le régime !

Les procès de Moscou sont un terrible supplice pour celui qui voit disparaître un à un ses derniers amis, non sans les avoir entendus s'accuser des crimes les plus invraisemblables – qui le flétrissent systématiquement, lui, l'inspirateur de tous ces actes odieux ! Dans sa retraite scandinave, Trotski ne s'accorde aucun repos. Il lit journaux, comptes rendus et courriers divers en les annotant fébrilement de ses multiples crayons rouges, bleus, noirs. Il rédige, dénonce, enquête, vérifie, dément, démontre : il envoie télégramme sur télégramme, téléphone aux journaux, dénonce l'ignominie de ces procédés monstrueux. En vain. À Moscou, le procureur Vychinski requiert ce que Staline lui a soufflé :

— J'exige, camarades juges, que ces chiens enragés soient fusillés du premier au dernier !

Trotski lui-même et son fils Léon Sedov, alors à Paris, sont condamnés à la peine de mort par contumace. Tous les journaux communistes du monde reprennent ces folles accusations et exigent qu'on débusque le renégat Trotski de la tanière où il ne cache. Le gouvernement soviétique, par la voix de son ambassadeur Iakoubovitch, fait pression sur la Norvège qu'il menace des pires représailles économiques. Terrifié, le Premier ministre norvégien ordonne de transférer Trotski dans un village nommé Sundby, isolé près d'un fjord, sans contact avec l'extérieur.

L'étau se resserre autour du prétendu chef de tous les complots révélés par les procès de Moscou qui expliquent, au passage, pourquoi l'URSS a tant de problèmes économiques : de l'échec du plan quinquennal au moindre déraillement de train en Sibérie, c'est la faute aux milliers de « saboteurs » payés par Trotski ! Un deuxième procès, en janvier 1937, va décapiter un mystérieux « centre antisoviétique trotskiste » animé par les Piatakov, Radek, Sokolnikov, Serebriakov et autres anciens révolutionnaires. Ils seront fusillés, eux aussi, après avoir « avoué » les crimes les plus insensés, vaincus par la terreur ou brisés sous la torture.

Parfois, dans un dernier réflexe, l'un d'entre eux s'accuse d'un acte si précis qu'on peut en vérifier les données… et constater sans peine qu'il s'agit d'un faux. Un moyen inattendu, désespéré, de faire comprendre au monde entier, et à Trotski en particulier, qu'il ne faut pas les croire. Ainsi Iouri Piatakov, ancien vice-ministre de l'Industrie, s'accuse-t-il solennellement de s'être rendu clandestinement en avion à Oslo pour y recevoir les directives terroristes de Trotski, qui lui aurait raconté ses pourparlers avec Rudolf Hess, le bras droit de Hitler ! Il sera facile de vérifier que tout cela n'est qu'une fable absurde. Une façon, pour Piatakov, de mourir debout.

Sous le soleil de Mexico

Pendant ce temps, à l'autre bout du monde, des amis inconnus s'emploient à tirer Trotski de l'embarras où il se trouve, et convainquent le président mexicain Lázaro Cárdenas d'accorder l'asile au grand ennemi de Staline. Recroquevillés dans leur fjord, Léon et Natalia tombent des nues quand on leur parle du Mexique. Mais ils n'ont pas le choix. Ils vont s'embarquer sur le pétrolier *Ruth*, dont ils sont les seuls passagers, pour une traversée de dix-huit jours. Le 9 janvier 1937, décontenancés par le climat des tropiques et la chaleur de l'accueil que leur ont ménagé leurs partisans inconnus, Trotski et sa femme foulent pour la première fois, à Tampico, le sol du Mexique.

Qu'il est loin, le Kremlin ! Qu'ils paraissent irréels, vus d'Amérique, ces procès terrifiants qui déciment par centaines les derniers opposants à Staline ! Les bienfaiteurs de Trotski s'appellent Antonio Hidalgo, un publiciste, et Diego Rivera, un peintre de fresques. C'est dans la jolie maison bleue de ce dernier, dans la banlieue de Mexico, au milieu des palmiers et des cactus, que Léon et Natalia tentent de se reposer, la mort dans l'âme, après tant d'accablantes nouvelles. Parmi celles-ci, la certitude que leur second fils, Sergueï Sedov, arrêté en 1935, a été fusillé pour « sabotage » du côté de Krasnoïarsk, en Sibérie centrale. Mais était-il possible que cette vague de boue, de haine et de mort épargnât les fils de Trotski ?

Surprise : les procès de Moscou ont soulevé beaucoup d'incrédulité et d'indignation aux États-Unis, où les intellectuels de tous bords sont particulièrement sensibles aux violations de la liberté partout dans le monde. Et notamment dans ce pays qu'ils ont tant de mal à comprendre, la Russie soviétique ! À New York, un comité se constitue pour faire la vérité sur ces procès et, en toute impartialité, examiner les accusations visant Léon Trotski. Comme celui-ci ne peut se rendre aux États-Unis, la commission d'enquête, présidée par John Dewey, une personnalité hors de tout soupçon, vient tenir une session « préliminaire » d'une semaine au Mexique en avril 1937.

Les Américains ne se mobilisent pas à la légère. La commission travaille d'arrache-pied, sous la protection étroite de la police mexicaine. Invités à venir témoigner, les responsables des partis communistes du Mexique et des États-Unis s'abstiennent, tout comme l'ambassadeur soviétique Oleg Troïanovski. Ces absences volontaires jouent en faveur de Trotski, considéré par les Américains, non sans raison, comme un des principaux dirigeants bolcheviques ayant fomenté la révolution d'Octobre : que le même Trotski soit violemment accusé d'être le fossoyeur machiavélique de ladite révolution bolchevique est tout simplement incompréhensible.

Les travaux de cette commission sont comme une éclaircie dans la tempête traversée par le vieux révolutionnaire en exil. L'éthique de vérité et l'intégrité intellectuelle qui président à cette enquête sont à l'exact opposé du mensonge éhonté et de la bassesse mortifère qui prévalent à Moscou. Les juristes, journalistes et enseignants qui composent la commission Dewey ont beau détester, pour la plupart, la simple idée de révolution marxiste, ils n'hésitent pas à proclamer Trotski *not guilty* (« non coupable ») et à qualifier d'« imposture » les procès de Moscou. C'est grâce à Dewey, à sa commission d'enquête et au livre de six cents pages, *L'Affaire Trotsky*, qui rend publics tous ces échanges que la presse occidentale, jusqu'alors très réservée, commence à admettre la vraie nature du régime de Staline[3]. Enfin !

L'étau se resserre

Léon et Natalia en oublieraient presque la menace qui pèse sur eux. Hélas ! les événements d'Espagne, très suivis au Mexique, les rappellent à la triste réalité. Au cœur de la guerre civile espagnole, la police politique de Staline supprime, sans scrupules, nombre de « trotskistes » accusés de tous les maux : l'ingénieur Marc Rein, le philosophe Camillo Berneri, l'ancien ministre Andres Nin et l'ancien secrétaire de Trotski, le jeune Erwin Wolf, tombent sous les balles de la GPU – qui s'appelle désormais le NKVD.

Le 4 septembre 1937, c'est au tour d'Ignace Reiss d'être assassiné, à Lausanne, par des envoyés spéciaux de Staline. De son vrai nom Ignacy Poretski, ce

3. En juin 1937, précisément, l'écrivain André Gide revient sur son livre *Retour de l'URSS* paru en 1936 : il publie *Retouches à mon retour de l'URSS* qui est, cette fois, un véritable réquisitoire contre le stalinisme, et qui lui vaut d'être traité de « fasciste » par presque toute la gauche française.

communiste polonais qui fut un des responsables de la police secrète soviétique hors frontières a rompu avec Moscou, renvoyant à Staline sa principale décoration, l'ordre du Drapeau rouge, en annonçant son ralliement à la IVe Internationale ! Sur l'ordre exprès de l'officier du NKVD Mikhaïl Spiegelglass, plusieurs agents parisiens des « services », coordonnés par le tueur monégasque Roland Abbiate, l'ont repéré dans son refuge suisse et, ce soir-là, sur la route de Lausanne à Chamblandes, ont abattu froidement le « traître » Reiss de quinze balles de revolver, ne lui laissant aucune chance. L'enquête de la police suisse révélera que le dénommé Abbiate était allé faire un voyage de reconnaissance au Mexique en mars 1937, sous une identité américaine, et qu'il avait été repéré dans le quartier où le couple Trotski venait d'emménager…

Or, voilà qu'à la mi-février 1938, la pire nouvelle fond sur Léon et Natalia : Lev Sedov[4], leur fils aîné, celui qui diffusait dans toute l'Europe le *Bulletin de l'opposition*, meurt à Paris, à 27 ans, dans des circonstances suspectes. Le jeune homme aurait succombé à une appendicite mal soignée, dans une clinique tenue par des Russes blancs où il aurait été amené par un mystérieux ami nommé Mordka Zborowski. On apprendra plus tard que ce Zborowski, agent du NKVD, avait déjà organisé la surveillance de Lev Sedov à Paris, dans son petit appartement de la rue Lacretelle, au début de l'année 1936, et qu'il avait failli réussir son enlèvement à Mulhouse, un an plus tard. Tout laisse à penser que le malheureux jeune homme, tout comme son frère Sergueï trois ans plus tôt, a payé le fait d'être le fils de son père.

4. Il a choisi de prendre le nom de sa mère, Natalia Sedova.

La mort de Lev Sedov atteint Trotski au moral. Mais la folie meurtrière qui émane du Kremlin et qui décime les rangs de ses derniers partisans – ainsi que des dizaines de milliers de militants anonymes accusés de tout et de rien sans la moindre raison – empêche le vieil exilé de prendre du recul, et encore plus sa retraite. Par la seule volonté d'un dictateur paranoïaque, la plus grande révolution de l'histoire s'écoule en un invraisemblable flot de sang. Un troisième « procès de Moscou » se termine, le 13 mars 1938, par l'hallucinante extermination des derniers acteurs et témoins de la révolution d'Octobre, dont Boukharine et Rykov, qualifiés de « droitiers », c'est-à-dire d'« ennemis de classe ». Puis c'est au tour des anciens dirigeants du Komintern – allemands, polonais, hongrois, finlandais – de tomber sous les balles des tueurs dépêchés par le NKVD à travers l'Europe.

Comment Trotski ne serait-il pas hanté, la nuit, par le sort de ses militants qui ont disparu par milliers, en URSS, au cours de l'année 1936, et dont il est sans nouvelles – les Poznansky, Kossior, Iakovine ? Ceux-là n'ont pas été appelés à comparaître dans des procès truqués, ils ont été emmenés dans les camps sibériens situés au-delà du cercle polaire, autour de Vorkouta. Le vieux leader ne saura jamais comment ont fini tous ces révolutionnaires : on apprendra beaucoup plus tard, grâce à Maria Joffé, la veuve du ministre Adolf Joffé, une des rares survivantes de cet enfer, que leur calvaire s'est achevé à la fin de l'hiver 1938 sous les tirs meurtriers d'une mitrailleuse spécialement préparée pour cet usage par le commandant du camp, un dénommé Katchkétine.

La dernière traque

Sans se ménager, Trotski n'a de cesse que de dénoncer, enquêter, révéler, informer. Sa capacité de travail fait l'admiration de ses hôtes. Dans la foulée de son gros ouvrage *Les Crimes de Staline,* il publie encore un livre intitulé *Leur morale et la nôtre.* A-t-il peur de la mort ? Il a 60 ans. Il est « fatigué », dit-il, de tant et tant de drames, de crimes et d'horreurs. Il est devenu fataliste. Peut-être tel ou tel assassin à la solde de Staline finira-t-il par l'atteindre, en effet ! Comment pourrait-il en douter lorsqu'il apprend, à la mi-juillet 1938, que son ancien secrétaire, Rudolf Klement, a été enlevé à son domicile parisien et que l'on a retrouvé son cadavre décapité dans la Seine ? D'après le témoignage de sa femme, le vieux lutteur se considère désormais comme « le dernier combattant d'une légion anéantie ».

Certes, le couple d'exilés prend des précautions. Mais Trotski reçoit beaucoup, et ne peut fouiller tous ses visiteurs. Il a des amis, mais ceux-ci ont des conjoints, ou des amis d'amis, sur lesquels on ne sait pas grand-chose. Pis encore : voilà que l'ex-compagnon de Lénine, vieux baroudeur de la révolution, intellectuel de réputation mondiale, tombe amoureux de la femme de son hôte ! La peintre Frida Kahlo, qui est aussi la jeune et belle épouse de Diego Rivera, cède à ses avances, provoquant l'éloignement de Natalia, furieuse, et la terreur des secrétaires qui mesurent le danger que fait courir à leur patron une situation aussi scabreuse ! Au bout d'un mois, Trotski et Frida décident de rompre, au soulagement général : qui sait quelle aurait été la réaction de Rivera s'il avait appris la trahison de son hôte ?

En mars 1939, le couple Trotski déménage et s'installe dans la maison de l'avenue Viena, à Coyoacán, où Léon se met à élever des poules et des lapins. Parmi les amis que fréquentent Léon et Natalia – laquelle a pardonné à son grand homme – figure une jeune militante américaine, Sylvia Ageloff, dont la sœur Ruth a été l'une des secrétaires de la commission Dewey. Lors d'un voyage à Paris, en juillet 1938, Sylvia a fait la connaissance d'un certain Jacques Mornard, fils d'un diplomate belge, dont elle est tombée amoureuse. Elle n'imagine évidemment pas que cette rencontre a été soigneusement organisée par deux militantes communistes américaines, que son beau ténébreux est un agent soviétique du nom de Ramón Mercader, et que la propre mère de son nouveau compagnon, Caridad, vit avec une vieille connaissance des services secrets, Nahum Eitingon, grand ponte du NKVD[5] !

À la fin de cette année 1938, précisément, les attaques contre l'inspirateur de la IVe Internationale se multiplient dans la presse internationale, notamment syndicale, à la suite de la création officielle de l'organisation rivale du Komintern. Plusieurs individus suspects sont repérés par la police de Mexico. Les plus connus sont George Mink, un chauffeur de taxi américain, Georges Fournial, un instituteur français, ou Enrique Martínez, un communiste vénézuélien – mais saura-t-on jamais combien d'agents communistes directement ou indirectement liés au NKVD ont séjourné alors, sous des prétextes divers, dans la région de Mexico ?

5. Il faudra attendre les années 1990 et la publication des Mémoires du maître espion Pavel Soudoplatov, auquel Staline a personnellement confié la mission d'« en finir avec Trotski » en 1938, pour reconstituer la trame du double complot qui se profile.

Et ce qui devait arriver…

Été 1940. Deux mois ont passé depuis la terrifiante tentative d'attentat menée par le commando motorisé auquel Léon et Natalia ont échappé par miracle. L'enquête de la police mexicaine s'est orientée vers le peintre communiste David Siqueiros, un vétéran de la guerre d'Espagne, dont la Packard noire est connue à Mexico, et qui a curieusement disparu de la circulation. Par ailleurs, la police a donné des ordres pour renforcer la sécurité de la maison : on a muré certaines fenêtres, construit une nouvelle tour de guet, ajouté plusieurs postes de garde. Mais on n'a pas convaincu le vieux révolutionnaire d'être plus prudent dans ses contacts avec l'extérieur.

Ainsi, le 20 août, après le déjeuner, Trotski accepte de recevoir dans son bureau un homme qui lui a demandé de relire un projet d'article. C'est Jacques Mornard, le compagnon de la sympathique Sylvia Ageloff, avec laquelle il loge depuis quelques semaines à l'hôtel Montejo, au centre de Mexico. L'homme a désormais un passeport au nom de Frank Jacson – ce qui n'est pas rare dans ces milieux interlopes où l'on fuit toujours la justice de quelque part. Il a un vague travail de journaliste. Il est venu plusieurs fois à la maison de Coyoacán, participant à quelques conversations politiques. Il a même prêté sa voiture, une Buick, à des familiers, notamment aux journalistes français Alfred et Marguerite Rosmer, vieux amis de Léon et Natalia, eux-mêmes liés d'amitié à la gentille Sylvia.

Les Rosmer se méfient un peu de lui. Natalia aussi. Trotski, non. Il fait entrer le visiteur dans son bureau, sans s'étonner qu'il ait gardé son chapeau sur la tête et son imperméable au bras pour discuter d'un article de presse. Quelques minutes plus tard, un cri épouvantable retentit. Jacson a violemment frappé Trotski, par-derrière, avec un piolet de montagne qu'il cachait sous son imper. Il lui a fracassé la boîte crânienne. Le cerveau est atteint. Dans un réflexe désespéré, Trotski lui a mordu la main avant de s'effondrer sur le sol. Les policiers de garde se précipitent, ceinturent le meurtrier. Une ambulance de la Croix-Verte emporte le blessé à l'hôpital, où l'on convoque plusieurs chirurgiens, dont un grand spécialiste américain. En vain. Il expire le 21 août, un peu avant 20 heures.

Le meurtrier, Ramón Mercader, *alias* Jacques Mornard, *alias* Frank Jacson, expliquera son geste par de vagues raisons personnelles qui ne convaincront personne. Il sera condamné à vingt ans de prison. Relâché en 1960, il partira pour Cuba et disparaîtra dans la nature. Jusqu'à ce qu'on le retrouve quelques années plus tard à Moscou… décoré de la médaille de Héros de l'Union soviétique, et bénéficiant d'une pension de général du KGB.

5

Hitler-Staline : l'invraisemblable alliance

Pourquoi le chef du communisme mondial a choisi de pactiser avec le diable

« Que les hommes tirent peu de profit des leçons de l'histoire est la leçon la plus importante que l'histoire nous enseigne. »

Aldous Huxley

Berlin, le 12 janvier 1939. Les invités du Führer qui franchissent le portail colossal et traversent la cour d'honneur de la nouvelle chancellerie du Reich, entre la Voßtraße et la Wilhemstraße, sont impressionnés par la majesté des lieux. Aucun d'entre eux ne les a jamais visités, et pour cause : quelques mois plus tôt, le bâtiment n'était encore qu'un immense chantier. Les quatre mille ouvriers qui ont travaillé ici jour et nuit ont accompli un exploit. La façade principale, la salle des Mosaïques et, plus encore, la *Marmorgalerie*, deux fois plus longue que la galerie des Glaces de Versailles, obéissent parfaitement à l'objectif qu'avait fixé Hitler à son architecte Albert Speer : impressionner ses hôtes !

Ce jour-là, pour la cérémonie des vœux du corps diplomatique, tout ce que Berlin compte d'ambassadeurs, de consuls généraux, d'officiers supérieurs et de hauts fonctionnaires étrangers se presse, en grand uniforme, autour de Joachim von Ribbentrop, le ministre des Affaires étrangères, et d'Ernst von Weizsäcker, son secrétaire d'État. Les chefs de délégation ont présenté leurs vœux au Führer, très détendu dans sa tunique grise et son pantalon noir. Autour du monumental buffet chargé d'anguilles de la Baltique et d'oies truffées à la prussienne, on aperçoit l'ambassadeur de France, Robert Coulondre, récemment arrivé de Moscou pour succéder à son confrère André François-Poncet. Sa tenue d'apparat n'a rien à envier à celle de son homologue Nevile Henderson, représentant Sa Majesté le roi d'Angleterre George VI, qui reprend justement son poste après une longue maladie. On reconnaît aussi, derrière ses grosses lunettes d'écaille, l'ambassadeur italien, le baron Bernardo Attolico. On distingue de même Józef Lipski, le représentant de la Pologne, le vicomte Jacques Davignon, ambassadeur de Belgique, et, bien sûr, le nonce apostolique, monseigneur Orsenigo, reconnaissable à sa soutane filetée et à sa croix pectorale.

Les conversations vont bon train, on sirote du vin de Moselle, le buffet se dégarnit peu à peu. Soudain, un murmure parcourt l'assistance. Une scène insolite attire tous les regards. Dans un recoin du salon, le chancelier Hitler est en grande conversation avec l'ambassadeur soviétique Alexeï Merekalov, représentant personnel de Joseph Staline. Le dialogue entre les deux hommes, filtré par un interprète, semble s'éterniser. Il s'achève enfin sur une poignée de main chaleureuse, prolongée, avant que le Führer ne quitte la salle. L'épisode a fait sensation. Toute la journée, les correspondants diplomatiques, relayés par les agences de presse du monde entier, vont commenter cet événement inattendu…

Les meilleurs ennemis du monde

Inattendu, en effet. En ce début d'année 1939, on ne peut pas dire que les relations soient cordiales entre l'Allemagne et l'Union soviétique. Certes, les deux pays avaient réussi à effacer leurs nombreux contentieux au printemps 1922, à Rapallo, en marge de la conférence internationale de Gênes. Le tout jeune État soviétique et le gouvernement de Weimar – que tout opposait sur le terrain idéologique – avaient impérativement besoin, l'un et l'autre, de briser l'isolement diplomatique auquel la Révolution bolchevique et la défaite militaire du Reich les avaient respectivement condamnés en 1917 et en 1918. C'est ainsi que l'URSS permit à la Reichswehr de contourner les interdits du traité de Versailles en l'autorisant à s'entraîner sur son territoire.

Cette coopération inédite ne résista pas à la terreur paranoïaque que Staline instaura en URSS sous le regard inquiet d'un Occident incrédule, et à la déstabilisante victoire électorale d'Adolf Hitler en Allemagne en 1933. C'est en vain que Staline envoya à Berlin son conseiller personnel David Kandelaki pour suggérer au docteur Schacht, conseiller personnel du nouveau chancelier, une relation qui dépasse les seuls contrats commerciaux et débouche, pourquoi pas, sur une entente politique. C'est logiquement avec l'Angleterre et la France, en 1935, que le Kremlin préféra faire affaire : les spectaculaires voyages à Moscou des Premiers ministres Anthony Eden et Pierre Laval ont clôturé cette séquence en 1935, dans un esprit de résistance commune à la montée du nazisme.

En 1936, la guerre d'Espagne oppose brutalement Berlin et Moscou dans leur soutien appuyé aux belligérants – les nationalistes sont aidés par l'Allemagne, les républicains sont armés par l'URSS. L'année suivante, le pacte anti-Komintern signé par l'Allemagne, le Japon et l'Italie mussolinienne enfonce encore un coin entre l'URSS, berceau du mouvement communiste international, et l'Allemagne, fer de lance de la lutte contre les bolcheviks. Et quand les grandes puissances du moment se réunissent en catastrophe pour sauver la paix du monde à Munich, en septembre 1938, l'URSS n'est pas invitée. Explication piteuse donnée par lord Halifax, chef de la diplomatie britannique, à l'ambassadeur soviétique Ivan Maïski, évidemment furieux :

— Les chefs des gouvernements allemand et italien n'auraient pas voulu, étant donné les circonstances, siéger en conférence avec des représentants soviétiques !

Comment Staline pourrait-il avoir la moindre sympathie pour Hitler quand les dirigeants nazis considèrent les Slaves comme des « sous-hommes » *(Untermenschen)* incapables de se gouverner seuls ? De même, lorsque les nouveaux maîtres de l'Allemagne développent leur concept d'« espace vital » (*Lebensraum*), comment l'hôte du Kremlin pourrait-il ignorer que c'est vers l'Est qu'ils portent leurs regards (vers la Roumanie pour son pétrole, vers l'Ukraine pour son blé, et au-delà) ? Enfin, comment les deux pays pourraient-ils balayer la profonde antinomie et l'hostilité viscérale qui opposent leurs dirigeants, leurs militants, et même leurs populations sur le plan idéologique ? Pour les Soviétiques et leurs épigones, l'ennemi absolu, le fléau majeur, c'est désormais le fascisme ! Partout en Europe, les partis communistes qui se réclament de Moscou n'en finissent pas d'accuser leurs propres gouvernements – notamment en France – de pactiser avec la « peste brune ». Partout où il y a des communistes, l'« antifascisme » est devenu la norme.

De leur côté, les propagandistes nazis n'en finissent pas de se présenter, à l'intérieur comme à l'extérieur du Reich, comme le plus solide rempart contre le communisme soviétique. Sous le prétexte de lutter contre le bolchevisme, Hitler a commencé son règne en menant une guerre éclair, dans son propre pays, contre les socialistes et les communistes. En mars 1933, il a imputé l'incendie du Reichstag aux communistes allemands pour mieux les éliminer. Dans ses discours, quand le Führer parle des dirigeants de l'URSS, il les traite de « porcs bolcheviques » !

Le coup de force tchécoslovaque

Dans ce contexte, comment expliquer l'amabilité dont Hitler a fait preuve, le 12 janvier, à l'égard de l'ambassadeur Merekalov ? Journalistes et experts observent que les diplomates allemands se sont mis à cajoler aussi leurs interlocuteurs polonais et hongrois. Pourquoi cette soudaine bienveillance du Führer à l'égard de ses voisins orientaux ? S'agit-il de rassurer Staline sur ses intentions belliqueuses à l'Est ? La réponse ne va pas tarder. Dans le fracas des panzers nazis lancés sur Prague, elle est donnée le 15 mars 1939, quand l'Allemagne occupe soudain, en quelques heures, ce qui restait de la Tchécoslovaquie depuis que Hitler l'avait déjà amputée des Sudètes en 1938.

Du côté occidental, c'est la consternation. Les accords de Munich viennent de voler en éclats. Les deux ambassadeurs Handerson et Coulondre sont rappelés respectivement à Londres et à Paris « pour consultation ». Dans le rapport qu'il adresse à son ministre, le diplomate français souligne « les marques spécifiques des entreprises d'Adolf Hitler : le cynisme et la perfidie dans la conception, le secret dans la préparation, la brutalité dans l'exécution ». Mais l'indignation franco-anglaise s'accompagne, en coulisse, d'un lâche soulagement : si Hitler avait lancé quelques sourires appuyés en direction de l'URSS, c'était bien pour atténuer le choc de l'invasion de Prague, et non pour conclure une quelconque alliance contre nature…

Dès le 21 mars, l'Angleterre et la France réagissent à ce coup de force en proposant à l'URSS de garantir, dans une déclaration commune, les frontières de la prochaine proie convoitée par Hitler : la Pologne. C'est d'autant plus urgent que le Führer vient de dénoncer le pacte de non-agression qu'il a lui-même signé avec ce pays en 1934. Il paraît loin, le temps où le colonel Beck, l'orgueilleux chef de la diplomatie polonaise, était reçu à bras ouverts à Berchtesgaden, la résidence bavaroise de Hitler, quelques jours avant la fameuse réception du 12 janvier 1939 ! En trois semaines, la France et la Grande-Bretagne garantissent alors la souveraineté de l'État polonais par un pacte de défense commune. Ils accordent, dans le même temps, des garanties à la Roumanie et à la Grèce. Mais l'URSS, invitée à signer ces différents accords, ne donne pas suite.

Est-ce parce que la demande britannique ressemble à un ultimatum un peu confus, comme l'affirme l'ambassadeur Ivan Maïski dans ses Mémoires ? Est-ce parce que les garanties ainsi accordées aux pays limitrophes de l'URSS dispensent celle-ci de tout autre accord contraignant ? Ou bien ce refus vise-t-il à donner des gages aux Allemands ? Depuis janvier, l'URSS et l'Allemagne discutent discrètement d'un nouvel accord économique. Hitler a même envoyé à Moscou un négociateur spécial, le haut diplomate Karl Schnurre. Cela n'affole pas les experts. Chacun sait que le Reich ne produit que 25 % de ses besoins en pétrole et qu'en cas de guerre, les États-Unis lui couperaient l'approvisionnement. L'Allemagne a besoin d'énergie, de caoutchouc naturel, de métaux pour fabriquer de l'acier, etc. *Business is business* ! Déjà, quatre ans plus tôt, l'accord commercial obtenu par le conseiller David Kandelari avait permis à Hitler d'exporter en Russie du matériel industriel et militaire allemand en échange de blé, d'huile et de matières premières introuvables en Allemagne. À l'Est, rien de nouveau !

Les Français et les Anglais ignorent qu'au cours de ces négociations commerciales, les Soviétiques multiplient les appels du pied pour engager un rapprochement politique. Hitler se méfie, mais il n'écarte aucune hypothèse. Il sait bien qu'il ne pourra pas lancer ses *Panzerdivisionen* en même temps vers l'Ouest et vers l'Est. Surtout, il n'a que mépris pour les régimes en place à Paris et à Londres. Il est fasciné, en revanche, par la détermination dont Staline a fait preuve lors des grandes purges de 1936-1937. Dans un discours prononcé le 10 mars 1939, il laisse entendre que l'URSS trouverait auprès du Reich un partenaire autrement plus fiable que le couple franco-britannique. Message reçu : le même jour, devant le XVIIIe Congrès du Parti, Staline regrette que les Français et les Anglais aient abandonné l'idée d'une politique de « sécurité collective » face à Hitler, et critique leur manque de réaction, leur attitude de « non-ingérence » et leur « optimisme naïf » face aux récents débordements du Führer et à la menace nazie planant sur l'Europe.

Quand chacun se méfie de tous

À Paris, où personne n'a jamais imaginé voler au secours de la Tchécoslovaquie, le coup de Prague a confirmé les dirigeants dans l'idée que la guerre était inévitable. La question étant de savoir si la France est, ou non, dans le collimateur de Hitler. Après tout, elle est considérée, dans *Mein Kampf*, comme l'ennemi numéro 1 du Reich ! L'ambassadeur Robert Coulondre se rappelle l'étonnante entrevue que Hitler lui a accordée le 21 novembre, dans sa demeure alpestre de Berchtesgaden. Entre deux phrases rassurantes sur l'« absence de tout conflit entre l'Allemagne et la France », le Führer avait confié à son hôte :

— Si j'ai renoncé à reprendre l'Alsace et la Lorraine, c'est que cela coûterait trop de sang allemand !

Il n'a pas dit « trop de sang », mais « trop de sang allemand ». L'ambassadeur français s'est juré de ne jamais oublier ce propos révélateur. Si la guerre est devenue inévitable, l'intérêt de la France est d'en détourner le cours vers l'autre ennemi juré du Reich : l'URSS ! Cette stratégie manque sans doute d'élégance, mais elle n'a rien d'absurde. Quand Coulondre a rencontré le ministre Ribbentrop, celui-ci lui a répété que « la politique allemande était avant tout antibolchevique ». Quand il a parlé avec Göring, Hess, Goebbels, Rosenberg et autres barons du nazisme, tous ont voué aux gémonies Staline et le bolchevisme !

Au Kremlin, on n'ignore rien des arrière-pensées françaises. Depuis la fin de l'automne 1938, l'agent soviétique Donald MacLean (un des espions du fameux « réseau de Cambridge » avec Philby et Burgess) est en poste à Paris comme troisième secrétaire à l'ambassade de Grande-Bretagne : les rapports secrets qu'il envoie à Moscou confirment l'inavouable espoir des gouvernements français et anglais de détourner vers l'Est les visées expansionnistes du Führer, et leur réticence à soutenir l'URSS dans cette hypothèse guerrière. Le maître espion confirme d'autres synthèses venues de Londres, celles-là, qui n'écartent pas, malgré les circonstances, l'hypothèse d'un rapprochement entre le Premier britannique, Chamberlain, et l'Allemagne hitlérienne.

Il faut ajouter que le chef du gouvernement de Londres, qui rentra naguère du sommet de Munich convaincu d'avoir forcé Hitler à faire la paix, est entouré d'une coterie de grands bourgeois ultra-conservateurs et très antisoviétiques qui aiment se retrouver au château de Cliveden, chez l'influente et richissime lady Astor, à refaire le monde en jouant au golf ou en buvant du champagne français. Lord Halifax, ancien vice-roi des Indes devenu un piètre ministre des Affaires étrangères, est du nombre. Comme Joseph Kennedy, le très populaire ambassadeur des États-Unis, ami personnel de Roosevelt. Tous ces distingués personnages sont persuadés qu'il faut craindre Staline comme la peste alors que l'on doit pouvoir s'entendre, malgré tout, avec Hitler, qui reste, somme toute, un *gentleman*. En le laissant libre, s'il le faut, de s'étendre vers l'est et le sud-est de l'Europe…

Il est un homme qui enrage contre cette disposition d'esprit. Winston Churchill, qui fut ministre pendant trente ans, n'est plus rien à cette époque – c'est le déclenchement catastrophique de la guerre qui le fera succéder à Chamberlain le 10 mai 1940 –, mais il n'a pas perdu sa faconde légendaire. On se rappelle sa fameuse apostrophe adressée au chef du gouvernement après les accords de Munich :

— Vous aviez le choix entre la guerre et le déshonneur : vous avez choisi le déshonneur, et vous aurez la guerre !

On pourrait multiplier les critiques acerbes exprimées par Churchill à l'encontre du Premier ministre, comme celle que rapporte l'ambassadeur soviétique Maïski dans ses Mémoires :

— Ce crétin de Chamberlain croit qu'on peut seller et monter un tigre comme Hitler !

Vers un pacte anglo-franco-russe ?

Il est vrai que l'affaire tchécoslovaque a jeté un certain froid sur les soirées mondaines données chez lady Astor. D'autant que ce tragique épisode a été suivi par la brutale annexion du port de Memel par Hitler le 22 mars, et de l'invasion de l'Albanie par l'armée de Mussolini le 7 avril. Qui peut encore douter des intentions expansionnistes du chancelier allemand? Arthur Neville Chamberlain lui-même a dû condamner devant le parti conservateur – après quelques désolantes hésitations – la politique agressive du Reich, et promettre de voler, si besoin, au secours de la Pologne.

Cette fois, Londres, Paris et Moscou semblent condamnés à s'entendre sur une stratégie commune pour contrer les ambitions territoriales de Hitler. Même si le gouvernement Chamberlain traîne manifestement des pieds, même si Staline est d'une méfiance ostentatoire, même si des maladresses diplomatiques sont commises par les uns ou par les autres, un processus se met en branle qui fait penser que la France et l'Angleterre finiront par s'entendre avec l'URSS pour constituer une sorte de « front antihitlérien » à la fois politique et militaire. On sait que le président américain Franklin D. Roosevelt, qui s'inquiète des bruits de bottes en Europe, fait pression sur son allié britannique pour que les démocraties fassent barrage à Hitler – quitte à pactiser avec Staline.

Le 17 avril 1939, c'est Moscou, à son tour, qui propose la conclusion d'un pacte tripartite d'assistance mutuelle assorti d'une convention militaire et de garanties d'indépendance à tous les États limitrophes, de la Baltique à la mer Noire. Personne ne croit vraiment, dans l'entourage de Staline, que des « garanties » puissent dissuader Hitler d'attaquer un nouveau pays, à plus forte raison d'empêcher une guerre mondiale, mais c'est à partir de l'affirmation de ces garanties que l'on peut construire un vrai système d'assistance mutuelle. Le ministre des Affaires étrangères, Maxime Litvinov, s'engage dans ce projet et convoque une conférence gouvernementale à Moscou. Ses deux ambassadeurs à Londres et à Paris, Ivan Maïski et Iakov Souritz, rapportent tous les deux le manque d'empressement de leurs interlocuteurs anglais et français...

Mais le 3 mai, une nouvelle fait l'effet d'une bombe dans toutes les chancelleries : le ministre Litvinov a été limogé ! Staline l'a remplacé par son propre bras droit, Viatcheslav Molotov, qui n'est pas un spécialiste de politique étrangère. Certes, Staline a habitué les observateurs du monde entier à des remaniements multiples, brutaux, parfois assassins, y compris dans son proche entourage. Mais quelle explication diplomatique donner à ce coup de théâtre ?

Un visionnaire au Figaro

Le 7 mai 1939, dans *Le Figaro*, un article retient l'attention. Il est intitulé : « Une partie serrée se joue entre Hitler et Staline ». Son auteur est l'ancien révolutionnaire Boris Souvarine, qui fut l'un des fondateurs du Parti communiste français en 1920 et qui abandonna définitivement la cause marxiste-léniniste en 1929. Auteur d'une formidable biographie critique de Staline parue en 1935, Souvarine est devenu l'un des meilleurs analystes du monde communiste. Il fait régulièrement profiter les lecteurs du *Figaro* de ses conclusions qui rompent souvent avec la bienveillance dont font preuve, vis-à-vis du maître du Kremlin, les journalistes de l'époque. Et pas seulement les chroniqueurs communistes…

C'est encore le cas cette fois-ci. À contre-courant, Souvarine est le seul journaliste français qui explique que le limogeage du ministre des Affaires étrangères Maxime Litvinov, connu pour ses positions antinazies, est le signe annonciateur d'une future alliance entre Hitler et Staline. Son article fait scandale. Il bat en brèche la position du Quai d'Orsay qui ne jure que par une future entente entre la France, l'Angleterre et l'URSS. Le ministre Georges Bonnet, furieux, demande la tête de Souvarine à la direction du *Figaro*. Le journaliste est convoqué dans le bureau du directeur du journal, Pierre Brisson, où il est vivement critiqué par le chroniqueur diplomatique Wladimir d'Ormesson :

— Nous ne pouvons pas donner l'impression de tirer dans les jambes de nos négociateurs !

À Berlin, Robert Coulondre est embarrassé. Il racontera dans ses Mémoires qu'un de ses agents « aussi beau qu'intelligent » (*sic*), le capitaine Stellin, adjoint à l'attaché de l'Air, a obtenu d'un général allemand « éprouvant pour lui une sorte d'inclination sentimentale » (*sic*) l'assurance que le Führer serait prêt à s'entendre avec la Russie et qu'on pourrait bien assister à un « quatrième partage de la Pologne ». Simple rumeur ? Désinformation ? Ses contacts à l'ambassade d'URSS démentent « catégoriquement » une telle hypothèse.

À Paris, Souvarine est congédié du *Figaro*. L'ancien collaborateur de Lénine et de Trotski ira donc écrire ailleurs. Sans rien changer à son analyse, que l'on peut résumer ainsi : depuis qu'il a compris, en 1934, que le régime de Hitler allait durer un bon moment, Staline n'a eu de cesse que de se rapprocher de l'Allemagne, dans l'intention d'éloigner tout risque de guerre – à laquelle son régime ne survivrait pas. L'obsession du dictateur, qui prône la construction du « socialisme dans un seul pays », est de laisser les pays « impérialistes » se faire la guerre entre eux, afin de « tirer les marrons du feu » ensuite. Pour cela, il doit gagner du temps en transformant ses accords commerciaux avec l'Allemagne en un véritable pacte de non-agression. Et en faisant fi, non sans cynisme, des clivages idéologiques !

Souvarine, après la guerre, ira encore plus loin dans son raisonnement. Si Staline n'eut aucun scrupule à s'allier à Hitler, écrira-t-il, c'est qu'il éprouvait depuis longtemps une sorte de fascination pour ce dictateur qui lui ressemblait tant et qui n'avait pas hésité, pour asseoir son pouvoir, à éliminer physiquement, lui aussi, son opposition de gauche et son opposition de droite lors de la Nuit des longs couteaux. Staline était également fasciné par l'antisémitisme militant de l'auteur de *Mein Kampf*. Souvarine est formel : limoger le « juif » Litvinov (dont le vrai nom est Wallach-Finkelstein), en ce mois de mai 1939, c'était aussi une façon de donner un gage à son futur allié !

Mensonges, calculs et arrière-pensées

À partir de la fin du mois de mai 1939, un étonnant ballet diplomatique se met en place où les négociateurs de tout poil vont rivaliser de mensonges, de surenchères et de faux-semblants. Ainsi, de véritables conversations se déroulent – enfin – entre Français, Anglais et Soviétiques. Mais si les premiers désirent réellement aboutir à une triple alliance, les dirigeants britanniques sont surtout convaincus qu'il faut « éviter d'irriter le Führer », tandis que les Soviétiques se méfient toujours autant du pusillanime Chamberlain et de son entourage. Lesquels soupçonnent le Kremlin, non sans raison, de vouloir absorber au passage les pays Baltes et la Finlande !

Le 20 mai, à Moscou, le nouveau patron de la diplomatie soviétique reçoit l'ambassadeur allemand Friedrich-Werner von der Schulenburg dans son bureau de la rue Spiridonovka, et lui déclare qu'il est temps de donner une « base politique » à leurs relations. On sait, dans la capitale russe, que les dirigeants du Reich y sont prêts. Hitler a demandé aux généraux Keitel (chef de son état-major) et von Brauchitsch (patron de l'armée de terre) un rapport sur ce qu'il adviendrait en cas de conflit mondial. Les deux militaires sont formels : oui, l'Allemagne a toutes les chances de gagner la guerre… sauf si elle doit aussi se battre contre l'URSS !

Le 30 mai, l'ambassadeur Schulenburg fait savoir à l'entourage de Staline que le Reich est prêt à des

« négociations définitives » avec l'URSS. Dès le lendemain, dans un grand discours, Molotov critique les propositions anglo-françaises et se félicite des relations commerciales – il ne parle pas de négociations politiques ou militaires – que son pays développe avec l'Allemagne. Le 15 juin, à Berlin, le chargé d'affaires soviétique Gueorgui Astakhov explique tranquillement à un diplomate bulgare ayant ses entrées à la Wilhemstraße – c'est ainsi que se transmettent les messages informels – quelles seraient les conditions mises par le Kremlin à un éventuel accord avec le Reich, à commencer, bien sûr, par l'abandon des conversations franco-anglo-russes…

La situation est cocasse ! Depuis le 14 juin, un envoyé spécial du gouvernement Chamberlain, le haut diplomate William Strang, négocie au ministère des Affaires étrangères, à Moscou, la rédaction du pacte tripartite franco-anglo-russe, tandis que les attachés commerciaux et militaires du Reich et du Kremlin travaillent dans des bureaux voisins, dans le plus grand secret, à rapprocher les points de vue allemand et soviétique ! Faut-il croire l'ambassadeur Maïski quand il affirme, dans ses Mémoires, que si lord Halifax, à ce moment précis, avait accepté de prendre un avion pour Moscou afin d'y clôturer spectaculairement la négociation tripartite, Staline et Molotov auraient sans doute changé leurs plans et donné leur aval, obligeant ainsi Hitler à renoncer à déclencher la guerre mondiale ? Rien n'est moins sûr, en vérité.

Le 26 juillet, à Moscou, un premier accord avec l'Allemagne est finalisé, qui stipule que « les divergences idéologiques ne devraient pas constituer un obstacle à un rapprochement germano-soviétique ». Le surlendemain, Molotov donne le feu vert à son chargé d'affaires à Berlin, Gueorgui Astakhov, pour jeter les bases d'une vraie détente politique avec le IIIe Reich. Le diplomate soviétique fait un test : il se plaint auprès du gouvernement allemand des trop nombreuses critiques de la presse berlinoise à l'égard du régime soviétique. Les critiques cessent aussitôt, le test est positif. Il confirme ce que le ministre Ribbentrop déclarera le 3 août, chez lui, au même Astakhov :

> Il n'y a pas de problème entre la Baltique et la mer Noire qui ne puisse être résolu entre nous… Ni nous ni l'Italie n'avons quelque chose en commun avec l'Occident capitaliste… Il nous semble peu naturel qu'un État socialiste puisse se tenir au côté des démocraties occidentales…

Une lenteur toute britannique

Un événement s'est produit, pendant cette période, qui va peser sur l'avenir. De discours en vociférations, le Führer n'a jamais caché qu'il voulait récupérer la « ville libre » de Dantzig, dans le nord de la Pologne, mais il hésite encore sur la méthode et, surtout, sur le calendrier. Les Polonais, aux premières loges, voient bien que se prépare une sorte de coup de force – c'est Goebbels qui pilote l'opération – encadré par la population germanophone qui « exige » le rattachement de la ville au Reich. À la mi-juin, la manœuvre s'affine, tandis que la tension monte à Dantzig.

Le 1er juillet, à Paris, le ministre français Georges Bonnet remet à l'ambassadeur d'Allemagne, le comte von Welczek, une note avertissant le Reich qu'en cas d'annexion brutale de Dantzig, la France « porterait immédiatement assistance à la Pologne ». La note est doublée d'une lettre aussi comminatoire le 21 juillet. À la surprise de Hitler, le gouvernement britannique lui fait passer le même avertissement. Goebbels est prié de ranger son plan dans un tiroir, les incidents se font plus rares dans la ville convoitée : Hitler renonce à son putsch. Mais ce qui redore le blason des diplomaties française et anglaise les conforte aussi dans l'idée qu'après tout, il leur suffit d'être un peu ferme pour que le Führer recule. Funeste naïveté !

Le 5 août, une mission franco-britannique doit partir pour Moscou afin de négocier une convention militaire – inséparable, selon les dires de Molotov, du futur traité politique. Quelle n'est pas la surprise des délégués français d'être invités par leurs collègues du Foreign Office à embarquer sur le *City of Exeter*, un cargo britannique datant d'avant la Première Guerre mondiale et filant à 13 nœuds ! Le navire mettra six jours pour traverser la mer Baltique et gagner Leningrad. De quoi faire enrager les diplomates soviétiques qui les attendent et qui notent que la délégation – insulte supplémentaire – est composée d'une brochette de militaires sans grande envergure, ayant à leur tête l'amiral Reginald Plunkett Drax, que l'on dit à moitié sénile, et qui n'est en aucun cas à la hauteur de cette mission. C'est Chamberlain qui a choisi Drax. La délégation française est dirigée par le vieux général d'armée Joseph Doumenc, un ami du Premier ministre Daladier, qui peste de devoir tuer le temps en jouant au bridge avec un volubile major-général britannique, ancien attaché militaire à Paris, qui fut l'ami du maréchal Foch ! *Last but not least* : Doumenc découvre avec effroi, sur le bateau, que Drax n'a aucun mandat écrit, et que la délégation sera donc chargée de simples conversations préliminaires…

À peine les négociateurs en uniforme sont-ils enfin installés dans leurs hôtels moscovites que, le 14 août, le maréchal Vorochilov, président de la délégation militaire soviétique, les met dans l'embarras : le Kremlin propose, dans le cadre de la future entente tripartite, que la Pologne et la Roumanie acceptent, en cas de besoin, le passage et le stationnement de l'Armée rouge sur leur territoire. Décontenancés, Drax et Doumenc expliquent qu'ils doivent en référer à leurs gouvernements respectifs. Comme si l'heure était encore aux atermoiements, consultations, avancées et reculs diplomatiques ! Pour le Kremlin, il n'y a plus le moindre doute : les Britanniques, et peut-être aussi les Français, font tout pour saboter le projet de pacte tripartite.

Quand l'histoire s'accélère

Est-ce à ce moment que tout bascule ? Staline, Molotov et Vorochilov savent que Hitler entend envahir la Pologne avant l'automne. Ils n'ont plus d'autre choix que de pactiser avec lui s'ils veulent éviter que l'URSS soit entraînée dans un conflit auquel elle a tout à perdre. Le 14 août au soir, Hitler explique dans une dépêche envoyée au Kremlin que l'Allemagne et l'URSS ont des intérêts communs « face à leurs ennemis, les démocraties capitalistes occidentales ». Le lendemain, le ministre Molotov invite son collègue allemand Ribbentrop à venir à Moscou conclure un pacte de non-agression entre l'URSS et l'Allemagne. L'invitation est acceptée, il n'y a plus qu'à en bloquer la date.

Staline hésite-t-il encore ? Il propose d'attendre le 26 ou le 27 août pour accueillir Ribbentrop à Moscou. À

Berlin, Hitler s'énerve : « Pourquoi si tard ? » Le Führer a secrètement fixé au 24 août le déclenchement des hostilités contre la Pologne[1]. Ses cuirassés *Graf Spee* et *Deutschland* sont déjà en route pour la Baltique, tandis que vingt et un sous-marins U-boot sont déployés en mer du Nord. Les équipes de faux militaires polonais chargés par Himmler de provoquer un incident armé près du poste-frontière de Gleiwitz (Gliwice) sont déjà en place. Le 20 août, Hitler rédige lui-même un télégramme à Staline pour lui demander comme une faveur de recevoir son ministre le 22 ou le 23 août. Surprise : le 21 au matin, un télégramme signé Joseph Staline l'informe que Ribbentrop sera volontiers accueilli à Moscou le 23 août…

C'est aussi le 21 août que Londres et Paris décident enfin de répondre positivement à la question posée par Vorochilov sur le passage des troupes soviétiques par la Pologne et la Roumanie. Confinés dans leurs chambres d'hôtel, les négociateurs anglais et français n'y croyaient plus ! Il n'y a plus une minute à perdre : tous les services secrets d'Europe, depuis la veille, rapportent que le Reich a commencé à concentrer ses troupes le long de la frontière polonaise. Dans la nuit du 21 au 22 août, la convention militaire franco-anglo-soviétique est prête à être signée…

Trop tard ! Le 22 août, Ribbentrop débarque à Moscou avec une délégation de trente-cinq personnes répartie dans deux avions Condor venus de Königsberg. La croix gammée flotte sur l'aéroport, et la fanfare de l'Armée rouge joue le *Horst Wessel Lied*. Seuls quelques spécialistes savent que ce chant martial des SA devenu l'hymne

---

1. La date sera ensuite reportée au 1er septembre.

du parti nazi est un ancien chant… communiste ! Quand l'ambassadeur français Coulondre apprend la nouvelle, elle lui fait « l'effet d'une gifle ». L'histoire s'accélère d'un coup. Accueillis le soir même au Kremlin par Staline et Molotov, Ribbentrop et son ambassadeur Schulenburg sont invités à signer plusieurs documents. L'interprète Pavlov et le conseiller Hilger traduisent les échanges. Un peu après minuit, on va chercher en catastrophe le photographe officiel de la délégation allemande, Heinrich Hoffmann, qui visite alors la place Rouge, pour qu'il immortalise ce moment historique : Staline tenant à la main une coupe de champagne de Crimée et portant un toast « à la santé de monsieur le chancelier d'Allemagne » ! Lequel, à Berlin, ne peut cacher son excitation : il a enfin les mains libres à l'Ouest…

Mystères, secrets et polémiques

Pourquoi Staline a-t-il soudain avancé la venue de Ribbentrop à Moscou et précipité cet incroyable rendez-vous ? L'écrivain russe Viktor Alexandrov, dans un livre célèbre, a raconté en détail une opération de désinformation baptisée *Meistersinger* (« Maître chanteur »), montée dans le plus grand secret par Hitler et Reinhard Heydrich, le chef des services secrets du parti nazi : même le ministre Ribbentrop, l'amiral Canaris et Rudolf Hess n'ont rien su de cet enregistrement fabriqué à Berlin et contenant un dialogue entre Chamberlain et Hitler (les deux hommes ont bien parlé ensemble au moment de Munich), où un collaborateur de Heydrich a rajouté, grâce à un acteur aux dons d'imitateur, Timothy Puchl, quelques phrases insultantes pour Staline ! Transmis au

NKVD par des voies détournées, le document sonore serait arrivé sur le bureau de Staline le 21 août, déclenchant la colère du dictateur à l'encontre de la perfide Albion. La plupart des historiens contestent cet épisode, dont toutes les preuves, d'après Alexandrov, auraient été détruites pendant la guerre…

Ce n'est pas le moindre mystère qui plane encore sur la signature de ce pacte stupéfiant, immédiatement applicable et valable pour une durée de dix ans – il sera violé par Hitler, comme on sait, le 21 juin 1941. Des polémiques n'ont cessé d'opposer, jusqu'à nos jours, ceux qui dénoncent le machiavélisme de Staline et ceux qui justifient sa stratégie. Ceux qui affirment que le maître du Kremlin rêvait depuis longtemps de s'acoquiner avec le dictateur nazi, et ceux qui estiment que le Géorgien n'avait pas d'autre choix s'il voulait gagner du temps avant l'inéluctable affrontement avec les armées du Reich.

Un long silence a également entouré le triple protocole secret qui a été signé en complément du document principal et qui prévoit, en quelques coups de crayon, la division de l'Europe centrale en deux zones d'influence, et notamment le partage de la malheureuse Pologne. Et aussi, inavouable codicille, l'échange de prisonniers allemands et polonais entre la Gestapo et le NKVD qui va provoquer le drame de Katyn (*cf. chapitre* 6). L'URSS ne reconnaîtra l'existence de ces protocoles secrets qu'en 1989, quand Mikhaïl Gorbatchev aura appelé à remplir les « taches blanches » de l'histoire soviétique !

Faut-il ajouter que le pacte Molotov-Ribbentrop, comme on va désormais l'appeler, provoque, dès qu'il est connu, une crise violente au sein même des partis communistes occidentaux, devenus en quelques heures les alliés de Hitler ? À Paris, le dernier numéro du journal

L'Humanité, que le gouvernement français interdira dès le 26 août, s'efforce d'expliquer que ce pacte de non-agression entre l'URSS et l'Allemagne « concourt à consolider la paix ». Alors que c'est bien cette invraisemblable alliance – là-dessus, tous les historiens sont d'accord – qui va déclencher, le 1er septembre 1939, la Seconde Guerre mondiale.

6

Katyn, le mensonge du siècle

Comment Staline a nié jusqu'au bout l'un de ses plus grands crimes

« Mentez, mentez, il en restera toujours quelque chose ! »

Talleyrand

Moscou, 15 avril 1943. Il est tout juste 7 heures (heure locale). La voix métallique du speaker de la radio est familière à tous les Soviétiques qui écoutent, au réveil, le journal parlé du matin. Les nouvelles du jour portent sur la guerre qui fait rage du côté de Kharkov, en Ukraine, où l'armée allemande tente de prendre sa revanche sur la terrible bataille qu'elle vient de perdre, deux mois plus tôt, à Stalingrad. Soudain, une information s'en prend à la propagande nazie :

> Depuis deux ou trois jours, les spécialistes de la calomnie de Goebbels diffusent de viles inventions prétendant que les autorités de l'URSS auraient procédé à une exécution massive d'officiers polonais dans la région de Smolensk au printemps de 1940. En lançant ces calomnies monstrueuses, les canailles germano-fascistes n'ont pas reculé devant les mensonges les plus bas et les plus

éhontés dans leur tentative de masquer des crimes sanglants commis, comme il est maintenant devenu évident, par les gangsters hitlériens eux-mêmes…

La nouvelle sera diffusée sur ondes courtes en anglais, français, allemand et italien. Elle répond à un long bulletin diffusé le 13 avril sur Radio-Berlin, également sur ondes courtes, qui accuse « les bolcheviks » d'avoir exécuté secrètement dix mille officiers polonais dans un bois appelé Kozie Góry, à 10 kilomètres à l'ouest de Smolensk. Ces officiers, surpris par l'entrée des troupes soviétiques en Pologne le 17 septembre 1939, auraient été parqués dans un camp à Kozielsk, près d'Orel, puis amenés en wagons à bestiaux jusqu'à Smolensk et, de là, transportés en camion jusqu'à Kozie Góry, près d'un village appelé Katyn, où ils auraient tous été assassinés d'une balle dans la nuque, puis enterrés, empilés en couches, dans des fosses.

Une nation touchée au cœur

La nouvelle fait rapidement le tour du monde. Elle provoque un véritable électrochoc en Pologne, ce pays qui a été rayé de la carte par les Allemands et les Russes en septembre 1939 en vertu du pacte germano-soviétique signé un mois plus tôt entre les ministres Ribbentrop et Molotov, et qui est entièrement occupé par les nazis depuis que Hitler s'est retourné contre l'URSS en juin 1941. Elle résonne tragiquement partout où des soldats polonais continuent de se battre : à Londres, où le gouvernement en exil du général Władysław Sikorski représente l'État polonais depuis l'automne 1939 et entretient avec le Kremlin des relations très difficiles;

mais aussi en Afrique où combat, sous les ordres du général Władysław Anders, une armée composée d'officiers et de soldats polonais détenus en URSS et libérés après l'attaque allemande de juin 1941.

Tous les Polonais savent qu'après le formidable renversement d'alliance qu'implique alors l'invasion allemande, Staline passa aussitôt – bien malgré lui – des accords avec les représentants polonais en exil, dénonça les clauses secrètes du pacte germano-soviétique de l'été 1939 et libéra tous les Polonais faits prisonniers lors de l'invasion soviétique du 17 septembre 1939. Tous… sauf environ quinze mille officiers dont on a perdu la trace depuis leur transfert en URSS, et dont le Kremlin n'a jamais donné de nouvelles malgré les innombrables et insistantes demandes officielles des autorités polonaises.

Ces quinze mille officiers disparus représentent l'élite du pays. Les officiers de carrière, dans la Pologne de l'entre-deux-guerres, sont des hommes d'une haute stature intellectuelle et morale. Quant aux officiers réservistes, ils sont souvent professeurs, médecins, ingénieurs, juristes ou responsables religieux, aussi cultivés que patriotes. Ils font tous partie d'une génération qui a vu la Pologne ressusciter en 1918 après avoir disparu de la carte de l'Europe pendant tout le XIXe siècle. La découverte de milliers de corps d'officiers polonais exécutés dans une forêt inconnue à mi-chemin entre Varsovie et Moscou glace le sang de tout un peuple.

Mais faut-il croire Radio-Berlin, la radio de l'ennemi ? Faut-il tomber dans le piège de Joseph Goebbels, dont la propagande vise évidemment à dresser les Polonais contre leurs nouveaux alliés soviétiques ? Peut-on apporter le moindre crédit aux informations véhiculées par ces mêmes Allemands qui, le 18 avril, commencent à éliminer méthodiquement, avec une effarante cruauté, le ghetto juif de Varsovie ? C'est en s'appuyant sur cette méfiance bien compréhensible, sur la haine inextinguible des Polonais envers l'occupant nazi, et aussi sur l'impérieuse nécessité d'aider l'Armée rouge à refouler l'envahisseur allemand, que les dirigeants de l'URSS vont nier être les auteurs de l'effroyable crime de Katyn. Jusqu'en 1945, et bien au-delà.

Une macabre découverte

Quelques mois plus tôt, en janvier 1943, un paysan du hameau de Glouchtchenka près de Gnezdovo, à l'ouest de Smolensk, était tombé sur un article du journal *Novyi Put'* – un périodique édité en langue russe par l'occupant allemand – consacré à la création d'une armée polonaise en URSS regroupant des officiers polonais libérés des camps sibériens où ils se morfondaient depuis 1939. Le brave Ivan Krivozertsov confie alors à un traducteur de la *Geheime Polizei* de Gnezdovo qu'on a abattu un grand nombre de ces officiers dans un bois voisin, à Kozie Góry. Quelques jours plus tard, Ivan est convoqué par la police allemande et emmené avec un sous-officier, le traducteur et deux villageois. L'un d'eux affirme connaître l'endroit où, dit-il, « des Polonais sont déjà venus creuser ». L'été précédent, des cheminots desservant la ligne Varsovie-Smolensk ont discrètement fouillé ce bois où ils ont planté deux petites croix. Au cours de l'hiver, un officier allemand avait d'ailleurs observé, à cet endroit, un loup emportant des ossements humains…

Les croix sont encore là, dans une clairière. En regardant bien, on distingue les bords d'une grande fosse, légèrement affaissés. Des troncs d'arbre et de jeunes pins masquent le sol. La brigade improvisée se met à creuser à son tour. À profondeur d'homme, la terre argileuse et sablonneuse devient étrangement noire. Une odeur se dégage, pestilentielle. Un premier cadavre est trouvé. Il est en manteau et en bottes, comme les autres corps entassés au fond de cette tombe géante. De retour au poste de police, Ivan et ses deux compagnons signent une déposition avant de rentrer chez eux. Ils ne devront parler de cette affaire à personne.

À partir du 29 mars, encadrés par une patrouille dépendant du 537e régiment allemand de transmissions, une cinquantaine de prisonniers russes commencent à déblayer une grande partie du charnier, tandis qu'une enquête est menée dans les villages alentour. Les morts sont bien des officiers. Ils sont tous chaussés de hautes bottes de cuir et portent souvent des décorations – pour la plupart, la médaille du mérite militaire polonais. Ils ont tous été tués d'une balle dans la tête avant d'être enterrés là, empilés les uns sur les autres. Les balles qu'on ramasse alentour sont de fabrication allemande.

Le 9 avril, un rapport parvient sur le bureau de Goebbels, à Berlin, racontant par le menu cette macabre découverte. Le ministre de la Propagande du Reich voit immédiatement le profit qu'il peut tirer d'une pareille information, et donne son feu vert pour que Radio Berlin publie son fameux bulletin du 13 avril, provoquant le choc qu'on a décrit plus haut. Et le doute, aussi, sur les véritables auteurs de ce crime monstrueux. Et surtout, dans toute la Pologne, la volonté irrépressible d'en savoir davantage.

Les chefs de la propagande allemande convoquent alors un choix de personnalités polonaises de haut niveau

– dont certaines sont secrètement liées à la Résistance, mais qu'importe – pour leur raconter la découverte de Katyn et leur proposer de constituer une délégation qui ira vérifier ces informations sur place. Par ailleurs, quelques jours plus tard, une délégation de la Croix-Rouge polonaise (CRP) part, à son tour, pour Smolensk. Elle compte dix personnes, dont quelques médecins, un journaliste et un prêtre de Cracovie. Elle a évidemment la bénédiction de l'occupant, ce qui risque de susciter à son endroit une défiance regrettable. Qui pourra croire, dans ces conditions suspectes, que ses rapports n'ont pas été dictés ou censurés par les nazis ?

Pour conjurer le risque d'une telle manipulation, le gouvernement polonais en exil décide de saisir le Comité international de la Croix-Rouge (CICR), à Genève. Mais Goebbels, qui l'apprend aussitôt, ordonne à la Croix-Rouge allemande de saisir, lui aussi, le CICR. Les demandes polonaise et allemande sont traitées le même jour, ce qui provoque la suspicion du Kremlin, prompt à dénoncer une action concertée destinée à nuire à l'URSS. La *Pravda*, dûment chapitrée, titre sur « les collaborateurs polonais de Hitler ».

L'indignation de Staline est si vive qu'elle en devient, elle aussi, suspecte. D'abord, abrité derrière ce motif, le gouvernement soviétique s'oppose violemment à la constitution d'une commission internationale d'enquête par le CICR, dont les responsables, bien sûr, sont tenus de respecter ce veto. Ensuite, Staline prévient Churchill et Roosevelt qu'il ne peut tolérer des « contacts » et des « accords » entre Hitler et le gouvernement polonais en exil : il rompra donc les relations polono-soviétiques dès le 26 avril. Les États en guerre contre Hitler, non sans inquiétude, voient exploser leur alliance. Staline prépare ainsi le terrain pour sa future mainmise sur la Pologne, mais personne n'en a encore conscience. Pour l'heure, les Polonais de tout poil sont fermement invités par les Américains et les Anglais à se calmer : ce n'est vraiment pas le moment de mécontenter Staline avec ces accusations, d'ailleurs fort discutables, concernant des crimes déjà anciens ! « Quoi que vous fassiez, écrit Churchill à Sikorski, ces hommes ne ressusciteront pas ! » À partir de cette date, les Polonais se heurteront à la volonté systématique des alliés, notamment américains, d'occulter sciemment le dossier de Katyn.

Trois commissions d'enquête

La première délégation de personnalités polonaises, constituée avec l'aval de la propagande hitlérienne et encadrée par des soldats allemands, a été amenée le 10 avril à Smolensk, puis transportée à Katyn, où deux fosses avaient déjà été ouvertes et deux cent cinquante cadavres extirpés de leur tombeau pour examen. Dix-sept ont été identifiés, dont le général Smorawiński, un chef militaire très connu. Il n'y a aucun doute, il s'agit bien des officiers dont on cherche désespérément la trace depuis près de deux ans. Ces officiers que le chef d'escadron Józef Czapski, lui-même sorti du camp de Starobielsk par miracle, a recherchés en Russie de décembre 1941 à février 1942 pour le compte du général Anders. Sans succès, et pour cause.

La délégation de la Croix-Rouge polonaise (CRP), quant à elle, rend un premier rapport dès le 16 avril et laisse sur place quelques-uns de ses membres les plus qualifiés pour examiner les corps qui continuent d'être déterrés. Le 28 avril, ils seront rejoints par quatre spécialistes médico-légistes de Cracovie, dont le professeur Wodziński, directeur de l'Institut de médecine légale de cette ville. Ces experts, que leur compétence rend difficilement manipulables, formeront la commission technique de la Croix-Rouge polonaise, laquelle travaillera sur place jusqu'au 3 juin, en toute indépendance. Par prudence, elle restera même à l'écart d'une commission internationale de médecins légistes composée de grands professeurs de toutes les universités d'Europe – comme le docteur Naville, de l'université de Genève, ressortissant d'un pays neutre – qui tireront les mêmes conclusions de leur visite des charniers de Katyn entre le 28 et le 30 avril.

La propagande allemande a monté un véritable bureau de relations publiques sur le site de Katyn, où les délégations se succèdent : scientifiques, politiques, enseignants, etc. Les agents de la Gestapo vont jusqu'à libérer de leurs camps de détention des officiers polonais, évidemment bouleversés par ce qu'ils découvrent, et aussi quatre officiers anglo-saxons prisonniers en Allemagne qui raconteront plus tard leur surprenante visite guidée. Ont aussi été acheminés jusqu'à Katyn des journalistes étrangers, notamment scandinaves, accrédités auprès du gouvernement de Berlin. D'autres groupes de correspondants de presse feront ce voyage, toujours encadrés par des professionnels de la propagande – ce qui ne veut pas dire que leurs reportages sont inexacts ou tronqués, car l'intérêt des Allemands, pour cette fois, est que ces envoyés spéciaux racontent exactement ce qu'ils ont vu !

Les trois groupes d'enquêteurs – la commission internationale des médecins, la commission technique polonaise et la commission allemande – sont arrivés à des conclusions semblables. Certains rapports sont d'une précision méticuleuse sur les conditions dans lesquelles chaque officier a été exécuté. Les malheureux, acheminés par camion, avaient les mains liées dans le dos lorsqu'ils ont été assassinés d'une balle dans la nuque. Certains ont été abattus en position debout au bord de la fosse, d'autres en position couchée, empilés au fond du trou. Certains ont probablement résisté, car des cadavres portent des blessures de baïonnette, d'autres ont eu la tête enfouie dans un sac. L'origine allemande des balles utilisées dans cette sordide opération est vite éclaircie : ces balles, fabriquées dans les années 1920-1926 par la firme Gustav Genschow de Durlach, près de Karlsruhe, ont été massivement exportées en URSS avant la guerre…

On ne peut qu'être frappé par l'accord des uns et des autres sur la date du crime. D'abord, tous les papiers, lettres et écrits personnels trouvés dans les manteaux sont antérieurs au 6 mai 1940. Ensuite, selon un expert des eaux et forêts, la plantation des jeunes pousses de conifères prélevées sur les fosses remonte, à coup sûr, au printemps 1940. Enfin, un délégué de la Croix-Rouge polonaise établit que les corps d'une des fosses étaient enterrés dans l'ordre exact des convois d'officiers évacués du camp du Kozielsk en avril et mai 1940. Ces considérations de dates ne sont pas anecdotiques : affirmer que les tombes ont été creusées, remplies et recouvertes au printemps 1940, c'est-à-dire *avant* l'invasion allemande, c'est pointer le vrai coupable de ce crime abominable.

Le NKVD reprend tout de zéro

Au début de l'été 1943 s'engage une des plus grandes batailles de la Seconde Guerre mondiale. Près de quatre millions de soldats s'affrontent, justement sur ce vaste territoire russe où l'armée allemande recule – village après village, hameau après hameau, ferme après ferme. Dans les derniers jours d'août, la région de Smolensk est reconquise par l'Armée rouge. Dès que l'occupant nazi s'est retiré, les agents du NKVD (commissariat aux Affaires intérieures, ancêtre du KGB) prennent pied dans les villes et quadrillent les campagnes. Dès le 26 septembre, des agents en civil investissent le site de Katyn. Leur mission consiste à préparer le terrain à une « commission soviétique d'enquête sur les circonstances de l'exécution des officiers polonais *par les agresseurs germano-fascistes* ». Le seul intitulé de cette commission dit assez bien dans quel sens ses membres vont orienter l'enquête !

Il faut quatre longs mois au NKVD pour mettre en ordre le site avant la visite de la commission d'enquête déléguée par Moscou. Celle-ci s'active du 16 au 23 janvier 1944 dans le plus grand secret – ni les représentants des alliés, ni les soldats polonais de la division Berling qui participent à la bataille au côté des Russes, ni même les communistes polonais de Moscou ne sont invités à participer à cette nouvelle expertise. Les fosses sont définitivement refermées le 30 janvier. À partir de cette date, la version soviétique du drame de Katyn ne va plus changer. Ces milliers d'officiers martyrs ont été exécutés par les nazis, point final.

La thèse soviétique est simple, voire simpliste. Lors de l'invasion allemande et de la retraite précipitée de l'Armée rouge en juin 1941, les Russes n'ont pas pu évacuer les officiers polonais qu'ils avaient répartis dans les trois camps de prisonniers de Kozielsk, Starobielsk et Ostachkov. Les malheureux ont donc été capturés par l'armée du Reich quand celle-ci a conquis la région de

Smolensk à la fin de l'été 1941, avant d'être assassinés dans la forêt de Katyn. CQFD ! La commission russe en profite pour englober dans son macabre décompte les prisonniers polonais de Starobielsk et d'Ostachkov : elle fait état de « 11 000 cadavres », alors que les commissions présentes à Katyn au printemps 1943 en avaient compté 4 143. La manipulation est grossière : elle vise à dissuader les Polonais d'enquêter sur le sort des prisonniers des deux autres camps, que personne n'a jamais retrouvés, et dont le sort ne fut pas moins dramatique que ceux de Katyn. On apprendra plus tard que les militaires polonais prisonniers à Starobielsk (4 000) et Ostachkov (6 500) ont été exécutés, eux aussi – quand ils n'ont pas été embarqués avec leurs gardiens sur des péniches coulées en mer Blanche.

En sus de ce chiffre trompeur, le rapport que la commission russe remet le 24 janvier 1944 est truffé d'invraisemblances. Le président de la commission, le vieil académicien Nikolaï Bourdenko, lui-même médecin réputé, n'a fait que mettre en forme les conclusions préparées par le NKVD – il s'en ouvrira à un ami avant de mourir, en 1946. Avait-il le choix ? En Russie, à l'époque, refuser d'obéir équivaut à un suicide. Le texte qu'il a signé stipule que le massacre a eu lieu « entre août et septembre 1941 ». Un des journalistes étrangers amenés à Katyn par le NKVD s'étonne : mais tous ces cadavres ne sont-ils pas vêtus de manteaux d'hiver ? Sans rien changer aux « témoignages » portant sur la date du drame, la commission rectifie aussitôt : le massacre a eu lieu « entre août et décembre 1941 ».

Mais qu'importent les trucages, les mensonges et les efforts minutieux du NKVD pour établir une version crédible du crime de Katyn ! Le rapport de la commission soviétique est devenu la version officielle de l'URSS, et il n'est pas question, désormais, de la contester. À l'Est, cela va de soi. À l'Ouest, le silence est plus surprenant, mais les dirigeants occidentaux ont trop peur de voir Staline saboter la fondation de la future Organisation des Nations unies (Onu). Pour Roosevelt et Churchill comme pour beaucoup d'élites européennes, rien ne doit compromettre les chances d'une gestion internationale des conflits qui interdise à jamais une guerre comme celle qui vient de ravager la planète. Et pour que ce rêve devienne réalité, il est essentiel que l'URSS participe à sa réalisation. À tout prix.

Le quitte ou double de Nuremberg

Le 18 novembre 1945 s'ouvre à Berlin la séance inaugurale d'un formidable procès inédit qui va se tenir à Nuremberg, comme en sont convenus à Londres, le 8 août, les quatre puissances alliées : États-Unis, Royaume-Uni, France, URSS. Les vainqueurs de la guerre ont décidé de juger les principaux responsables du IIIe Reich, qui sont accusés de complot, de crime contre la paix, mais aussi de crimes de guerre et de crimes contre l'humanité. Ils seront jugés par un tribunal militaire international présidé par quatre juges. L'URSS a désigné, pour sa part, le général-major Iona Nikitchenko. Que ce « juriste » ait été un des juges des procès de Moscou entre 1936 et 1938 crée un certain malaise, mais aucun représentant occidental n'est en position de réfuter le choix de l'allié soviétique.

Chaque partie ayant à désigner son procureur, l'URSS désigne le lieutenant-général Roman Roudenko, ancien responsable d'un camp de concentration du NKVD pendant la guerre, qui contribua en juin 1945 à enlever, à juger et à jeter en prison seize représentants connus de la résistance polonaise non communiste. On comprend qu'il soit détesté par les Polonais. Ce stalinien émérite deviendra d'ailleurs l'inamovible procureur général de l'Union soviétique jusqu'en 1981. C'est lui qui crée la surprise dès la lecture de l'acte d'accusation : parmi les crimes que l'URSS entend officiellement reprocher aux Allemands figure… le massacre de Katyn !

Le pari est audacieux. Les services secrets soviétiques savent qu'en Occident, nombre de spécialistes, de diplomates et de militaires sont convaincus de la culpabilité du NKVD dans la disparition des officiers polonais. Mais ils ont constaté aussi la volonté des dirigeants occidentaux de ne pas contrarier l'URSS, leur puissante alliée sans laquelle Hitler n'aurait jamais été vaincu. Ainsi, jusqu'à sa mort en avril 1945, le président Roosevelt a interdit de diffuser toute information concernant le crime de Katyn, allant jusqu'à muter au bout du monde un ambassadeur qui voulait publier un texte sur le sujet, et à ordonner de détruire un rapport *ad hoc* commandé par son propre secrétaire à la Défense !

Staline entend profiter de trois circonstances favorables : d'abord, les Américains et les Britanniques sont prêts à sacrifier le dossier Katyn sur l'autel de l'unité des vainqueurs du nazisme ; ensuite, l'URSS jouit d'une image extérieure exceptionnellement positive depuis la victoire de 1945 ; enfin, une immense charge émotionnelle entoure les autres sujets abordés à Nuremberg, à commencer par l'extermination des juifs d'Europe. C'est donc le moment idéal pour faire entériner une fois pour toutes, par le truchement de ce procès extraordinaire, la thèse de la responsabilité allemande dans le crime de

Katyn. Le verdict de Nuremberg deviendra ainsi, pour toujours, le jugement de l'histoire.

Personne n'ose alors dénoncer publiquement la manœuvre soviétique, qui s'appuie sur l'article 21 du statut du tribunal, accepté à Londres par les quatre pays vainqueurs : le procès de Nuremberg étant hors normes, l'accusation *ne devra pas s'embarrasser de preuves formelles* pour condamner les nazis ; les rapports et documents émis par les gouvernements alliés suffiront ! Le 14 février 1946, forts de cet étonnant principe juridique, les accusateurs soviétiques produisent comme « preuve authentique », sous la cote URSS-54, le fameux rapport de la commission Bourdenko de janvier 1944, dont les inventions, invraisemblances et contradictions flagrantes eussent été mises en lumière par n'importe quelle procédure contradictoire classique ! Les juges américains, anglais et français s'enfoncent alors dans un silence gêné, admettant par omission, pour ne pas défier Staline et compromettre la suite du procès, que « onze mille officiers polonais ont été assassinés à l'automne 1941, à Katyn, par le 537e régiment allemand de transmissions ». Ce qui est une énormité historique.

Pourtant, le 8 mars 1946, un des avocats allemands – le docteur Stahmer, défenseur de Hermann Göring – obtient *in extremis* que la procédure ne se limite pas à l'enregistrement du seul et unique document soviétique, mais permette l'audition de quelques témoins. Colère du procureur Roudenko et de son adjoint, le colonel Iouri Pokrovski, qui menacent de bloquer toute la procédure. Pressions, invectives, scrupules, menaces. Après quatre mois d'un bras de fer inégal, l'avocat allemand sera finalement autorisé, du bout des lèvres, à produire trois officiers ayant été en poste à Katyn à l'époque et accusés, pour cela, d'être les auteurs du crime. Il n'est pas question, en revanche, qu'ils citent un quelconque membre des diverses commissions officielles ayant enquêté à Katyn au printemps 1943, toutes contestées par la partie soviétique. Celle-ci, en revanche, cite à comparaître le docteur Marko Antonov Markov, membre de la commission internationale des médecins légistes, qui avait cosigné en mai 1943 le rapport accusant clairement le NKVD, mais qui, cette fois, se rétracte ! Peu de gens savent alors que le témoin, éminent professeur à l'université de Sofia, a été brutalement jeté en prison comme « ennemi du peuple » par le nouveau régime communiste, et qu'il a été extirpé de sa cellule, précisément, pour témoigner à Nuremberg…

Le 1er juillet 1946, pourtant, le tribunal est troublé par le témoignage précis et difficilement réfutable des officiers allemands – notamment celui du colonel Friedrich Ahrens, commandant le régiment incriminé – et refuse de conclure à leur culpabilité. Après deux jours de débats au cours desquels Roudenko ne fait que souligner farouchement le caractère « incontestable » du document produit par l'URSS, la cour finit par renoncer à ce chef d'accusation problématique et par le retirer, tout simplement, des actes du procès : le crime de Katyn ne figurera donc pas dans la sentence rendue à Nuremberg le 1er octobre ! Or les passions déclenchées par ce verdict historique, notamment à propos de l'Holocauste, font vite oublier cet épisode, qui n'a évidemment pas la même charge émotionnelle que les révélations sur la « Solution finale ». Seuls quelques Polonais considèrent que justice n'a pas été faite : si le massacre de Katyn ne peut finalement pas être imputé aux Allemands, alors qui peut bien en être l'auteur, sinon le NKVD ?

Un tabou d'un demi-siècle

Le dossier Katyn sombre dans l'oubli. La guerre froide, qui s'intensifie, multiplie les sujets de friction entre les deux « grands », à commencer par la guerre de Corée. Pourtant, le 18 septembre 1951, à Washington, à l'initiative de quelques députés américains qui n'acceptent pas que l'affaire soit ainsi enterrée, la Chambre des représentants institue une commission spéciale sur le sujet. Sept parlementaires se lancent dans une longue enquête, dont les résultats seront consignés dans un rapport de deux mille trois cents pages, et ne laisseront aucune place au doute : c'est bien le NKVD qui a exécuté les officiers polonais de Katyn au printemps 1940. Pour seule réponse, à Varsovie, le journal *Trybuna Ludu*, organe du PC polonais, publie... toujours le même rapport de la commission soviétique de 1944, assorti d'une « condamnation des provocations cyniques des impérialistes américains à propos de Katyn » !

Le dossier reste un gros point de friction entre la population polonaise et son voisin russe. Après le « rapport secret » de Khrouchtchev en 1956, une rumeur court dans l'émigration polonaise, de Chicago à Paris, selon laquelle le nouveau patron de l'URSS et le nouveau chef du PC polonais, Władysław Gomułka, auraient envisagé de faire officiellement reporter la responsabilité du crime de Katyn sur la personne de Staline et sur son redoutable ministre Lavrenti Beria, qui dirigeait le NKVD en 1940 et qui fut opportunément exécuté après la mort du dictateur. Sans suite. On ne saura probablement jamais lequel, de Khrouchtchev ou de Gomułka, a dissuadé l'autre, ni pour quelles raisons.

Une génération chasse l'autre. Dans les années 1970, le souvenir des morts de Katyn s'estompe, y compris en Pologne, où le gouvernement communiste veille à ne jamais évoquer le sujet – qui ne figure ni dans les manuels d'histoire ni dans la *Grande Encyclopédie polonaise*. Il faudra attendre les événements de 1980, qui coïncident avec le quarantième anniversaire du massacre, pour que le syndicat Solidarność réclame, à plusieurs reprises, que la vérité soit faite. En vain. Le 31 juillet 1981, un monument funéraire aux morts de Katyn – une croix de plusieurs tonnes – est installé clandestinement dans le grand cimetière militaire Powazki de Varsovie : il est aussitôt retiré, nuitamment, par la police politique. Au printemps 1985, la grande croix de granit réapparaît avec une inscription à peine lisible rendant hommage « aux soldats polonais *victimes du fascisme hitlérien* reposant en terre de Katyn ». Des mains inconnues y ajouteront une croix peinte en blanc masquant, comme par hasard, le mot « hitlérien » !

Gorbatchev et les « taches blanches » de l'histoire

En cette même année 1985, Mikhaïl Gorbatchev, 54 ans, devient chef du Parti communiste de l'Union soviétique. Le nouveau maître du Kremlin bouscule les habitudes : il lance la perestroïka et la glasnost, il libère la culture et séduit les intellectuels qu'il invite, en février 1987, à « voir l'histoire telle qu'elle est ». Ce mot d'ordre inédit contrarie beaucoup de vieux communistes, en URSS et en Europe, qui n'ont cessé de défendre les thèses officielles de la propagande soviétique et se retrouvent en porte-à-faux. En ce même mois de février 1987, un grand intellectuel français comme Claude Lanzmann, dans la revue *Les Temps modernes*, parle encore doctement, à propos de Katyn, d'un crime « imputé » à Staline « par la propagande nazie »!

Le 2 novembre 1987, au Kremlin, lors des fêtes du soixante-dixième anniversaire de la grande révolution d'Octobre, Gorbatchev lâche la bonde. Dans son discours, il affirme que « l'histoire ne doit pas comporter de *taches blanches* ni de noms oubliés ». Dans la salle pleine d'invités de marque, un homme se réjouit : le général Jaruzelski, qui dirige la Pologne depuis sa remise au pas en 1981, a plaidé plusieurs fois auprès de Gorbatchev pour que soit réexaminé le dossier Katyn, obstacle incontournable à tout rapprochement des deux pays. Cinq mois plus tôt, les deux dirigeants ont décidé de créer une commission mixte d'historiens polonais et soviétiques chargés d'étudier les sujets qui fâchent.

En URSS, les « taches blanches » de l'histoire ne résistent pas longtemps à la pression des écrivains, journalistes, historiens, cinéastes et éditeurs qui s'emparent avec avidité du « testament » de Lénine en 1924, de la condamnation de Trotski en 1929, de la famine provoquée en Ukraine en 1931, des procès de Moscou en 1936, du « rapport secret » de Khrouchtchev en 1956 et de tous les sujets brûlants qui, trois ans plus tôt, risquaient d'expédier au goulag les irresponsables qui auraient imaginé les traiter!

Lorsqu'une visite de Gorbatchev en Pologne est programmée pour le mois de juillet 1988, une vague d'espoir soulève les Polonais : l'homme de la glasnost, dont la popularité est au zénith à Varsovie, peut-il venir saluer les dirigeants et le peuple polonais sans rétablir enfin la vérité sur la principale pomme de discorde entre les deux pays? Wojciech

Jaruzelski, le général aux lunettes noires, qui l'accueille le 13 juillet n'est-il pas lui-même un officier polonais attaché à rétablir la vérité sur la mort de ses confrères ?

Ce jour-là, la déception est immense. À Varsovie, Gorbatchev ne dit pas un mot sur Katyn. Il préfère attendre que la fameuse commission mixte d'historiens rende ses conclusions. Mais les mois passent, et la partie soviétique de ladite commission tergiverse toujours. Le 1er janvier 1989, elle annonce même « un réexamen ultérieur approfondi » de la question. Que le pouvoir communiste polonais avoue enfin, le 7 mars, que « tout indique que le massacre a été perpétré par le NKVD » n'y fait rien : à Moscou, seule une minorité de réformateurs est prête à franchir le pas – comme la rédaction des *Nouvelles de Moscou*, qui brisera timidement le tabou en août 1989.

Le 13 avril 1990, enfin, l'agence soviétique Tass publie un communiqué officiel où la « regrettable tragédie de Katyn » est qualifiée de « grave crime de la période stalinienne ». Cette déclaration est une sorte de cadeau au général Jaruzelski, qui entreprend ce jour-là une importante visite en URSS et qui a prévu d'aller se recueillir sur le site de Katyn. Encore faudra-t-il attendre la dissolution du Parti communiste soviétique et la disparition de l'URSS pour que cette dramatique affaire retrouve définitivement sa place dans l'histoire de l'Europe. Le 23 décembre 1991, au Kremlin, Gorbatchev – qui a prévu de démissionner le lendemain – remet à Boris Eltsine, président de la Russie, en même temps que le code nucléaire et quelques autres secrets d'État, un carton scellé contenant le dossier Katyn :

— Tu sais les complications internationales qu'entraînera le contenu de ce dossier. Maintenant, Boris, c'est à toi de décider !

Ces documents secrets seront expertisés par la Cour constitutionnelle de Russie, dans le cadre du procès criminel intenté par l'État russe à l'ancien PC soviétique. Le 14 octobre 1992, Boris Eltsine adresse officiellement au président de la Pologne, Lech Wałęsa, ces documents d'archives prouvant que le massacre de Katyn fut bien décidé à Moscou, sur proposition du NKVD, au plus haut niveau du pouvoir soviétique. Dans la liasse de papiers classés « ultrasecrets » figure, datée du 5 mars 1940, la décision du Politburo du PCUS concernant, entre autres, le sort des quatorze mille sept cents officiers emprisonnés à Kozielsk, Starobielsk et Ostachkov. Outre la signature de Beria, et en l'absence de Kalinine et Kaganovitch, qui l'approuveront plus tard, il est contresigné par Staline, Vorochilov, Molotov et Mikoïan[1]. Il ne présente aucune ambiguïté :

> Étant donné que tous ces individus sont des ennemis acharnés et irréductibles du pouvoir soviétique, le NKVD de l'URSS considère qu'il est nécessaire [...] de leur appliquer le châtiment suprême : la peine de mort par fusillade.

Quelques semaines plus tard, visitant à son tour le site de Katyn, où il déposera une couronne de fleurs, Boris Eltsine s'adressera aux Polonais :

— Pardonnez-nous... si vous le pouvez.

---

1. En mars 1940, Mikhaïl Kalinine est président du présidium du Soviet suprême de l'URSS ; Lazare Kaganovitch, membre du Politburo du PCUS ; Kliment Vorochilov, membre du Politburo et maréchal de l'armée soviétique ; Viatcheslav Molotov, chef du gouvernement de l'URSS ; Anastase Mikoïan, membre du Politburo du PCUS.

7

De Gaulle au Kremlin

Comment Staline a reçu à Moscou le chef de la France libre

> « J'eus l'impression d'avoir devant moi le champion rusé et implacable d'une Russie recrue de souffrance et de tyrannie, mais brûlant d'ambition nationale. »
>
> Charles de Gaulle, *Mémoires de guerre*

Moscou, 2 décembre 1944. La guerre n'est pas terminée. Depuis la victoire de Stalingrad, près de douze millions de soldats soviétiques achèvent de reconquérir les grands espaces de la Russie, de l'Ukraine et de la Biélorussie. Le sort de la guerre ne fait plus de doute, mais les Allemands résistent encore. Sur le front occidental, ils reculent pied à pied depuis le débarquement de Normandie, et s'apprêtent à lancer leur dernière offensive dans les Ardennes. Le gouvernement américain a engagé onze millions de GI dans ce conflit titanesque. À l'horizon, deux superpuissances décideront du sort de l'Allemagne, mais aussi de l'avenir de l'Europe : les États-Unis, associés à leur allié britannique, et l'URSS...

Dans son bureau du Kremlin, alors que la nuit est depuis longtemps tombée sur Moscou, Joseph Staline attend un invité de marque : le général de Gaulle, chef du gouvernement provisoire de la République française, installé à Paris depuis la libération de la ville le 25 août 1944. Mais que pèse donc ce militaire hautain et obstiné qui, certes, a sauvé l'honneur de son pays après la débâcle de mai 1940, qui a incarné la Résistance française sous la botte nazie, mais dont seulement cent cinquante mille compatriotes ont participé, *in extremis*, à la fin des combats ?

Des relations très anciennes

À la prestigieuse faculté des Relations internationales de l'université Lomonossov de Moscou, les futurs diplomates soviétiques apprennent que la France a toujours eu besoin de la Russie pour résister aux menaces expansionnistes de son voisin allemand. C'est l'absence d'une alliance franco-russe, affirment les historiens soviétiques, qui a provoqué l'humiliante défaite de Napoléon III en 1870. C'est la vigilance russe qui a dissuadé Bismarck d'attaquer la France en 1875 et 1887. C'est la pression de l'armée russe sur celle de Guillaume II qui a permis aux Français de remporter la victoire de la Marne en 1914, puis celle de Verdun en 1916.

Les mêmes historiens soviétiques expliquent qu'après la révolution d'Octobre, la France a eu bien tort de s'opposer, comme tous les pays capitalistes, à la Russie des Soviets, car elle s'est privée ainsi d'un allié décisif face aux pressions de l'Allemagne revancharde. L'un des rares dirigeants français à l'avoir compris, le ministre Louis Barthou, est mort en 1934 – « assassiné par les hitlériens », précise-t-on à Moscou, où l'on prend parfois quelques libertés avec l'exactitude historique[1]. De fait, Barthou avait entamé un rapprochement avec l'URSS de Staline qui devait déboucher sur le spectaculaire voyage à Moscou de son successeur Pierre Laval, à la mi-mai 1935, assorti de la signature d'un important traité franco-soviétique d'assistance mutuelle.

Las ! La France du Front populaire s'est de nouveau éloignée de son puissant allié de l'Est pour signer avec l'Allemagne nazie et l'Italie fasciste les peu glorieux « accords de Munich » en septembre 1938. La thèse soviétique est que la France, devenue l'obligée d'une Angleterre farouchement hostile à toute alliance avec l'URSS, a indirectement provoqué les accords Molotov-Ribbentrop d'août 1939 (*cf. chapitre 5*) et s'est retrouvée tragiquement isolée quand Hitler l'a brutalement attaquée en mai 1940.

Un homme partage cette analyse. C'est le général de Gaulle, que sa culture ne prédispose pourtant pas, loin de là, à s'entendre avec la « patrie du communisme ». Mais pour lui, sur le plan géopolitique, l'Union soviétique n'est jamais que l'héritière de la Russie éternelle, cet immense pays avec lequel la France a intérêt à s'entendre, en effet, si elle veut pouvoir contenir les velléités expansionnistes de l'Allemagne.

De Gaulle a une connaissance très particulière de la Russie. En octobre 1916, alors qu'il n'était qu'un jeune capitaine, il fut retenu prisonnier par les Allemands au fort IX d'Ingolstadt, en Bavière, en même temps que plusieurs officiers russes, également prisonniers, dont un

1. Ministre des Affaires étrangères, Louis Barthou perdit la vie le 9 octobre 1934 dans un attentat commis à Marseille lors de la visite du roi Alexandre de Yougoslavie par un terroriste macédonien, Vlado Tchernozemski, proche des oustachis croates.

capitaine de son âge appelé Mikhaïl Toukhatchevski. Un temps, il partagea la chambre de ce fils d'aristocrate intelligent et cultivé – il était francophone et violoniste – qui l'a initié à la grandeur de la Russie et à l'âme slave. De Gaulle suivit, de loin, la carrière de son ami russe, passé dans le camp bolchevique après la révolution de 1917. Il l'eut même pour adversaire lors de la guerre soviéto-polonaise de 1920 : de Gaulle était un des officiers de la Mission militaire française envoyée à Varsovie pour y parfaire l'instruction des cadres de l'armée polonaise en guerre contre ceux qu'il appelait encore les « bolchevistes ».

On croit savoir que de Gaulle a revu Toukhatchevski à Paris, en octobre 1936, au restaurant Larue, rue Royale, lors d'un dîner des anciens prisonniers d'Ingolstadt. Le Soviétique, venu en grand uniforme, félicita le Français pour son livre *Vers l'armée de métier* qu'il venait de faire traduire en URSS ! Un an plus tôt, Staline l'avait promu maréchal. Qui pouvait alors imaginer que le même Staline allait le faire juger, condamner et exécuter en juin 1937 ? On n'a aucun témoignage sur la réaction qu'eut le colonel de Gaulle à cette nouvelle, mais on sait « l'horreur » qu'il éprouvait alors pour « ce régime »[2].

La parenthèse Molotov-Ribbentrop

18 juin 1940. Sur les premiers pas de la France libre, les manuels soviétiques sont silencieux, puisqu'à l'époque,

2. Il s'en ouvre dans une lettre à sa mère, mais n'évoquera jamais en public la mémoire de son ami russe. Ce n'est qu'en 1966, lors d'une visite officielle à Moscou, que de Gaulle demandera discrètement à rencontrer les deux sœurs de Toukhatchevski, Elena et Olga – en vain.

en vertu du pacte germano-soviétique, l'URSS est l'alliée de Hitler. Chef de cabinet du général de Gaulle, Gaston Palewski a bien rencontré l'ambassadeur soviétique à Londres, Ivan Maïski, dans ses bureaux de Kensington Palace Gardens, mais celui-ci ne s'en est pas vanté. En France même, le Parti communiste est violemment hostile à ce « général au service des Britanniques » dont les efforts sont, heureusement, « énergiquement contrecarrés par le gouvernement Pétain » : c'est dans ces termes que le dirigeant communiste Jacques Duclos mentionne de Gaulle dans un rapport envoyé le 11 juillet 1940 au secrétaire général de l'Internationale communiste (Komintern), le Bulgare Gueorgui Dimitrov. Ce que Duclos ignore, c'est que l'écrivain communiste Jean-Richard Bloch, qui réside à Moscou, adresse au même Dimitrov une note fort différente, pleine d'admiration pour ce général quasiment inconnu qui a « électrisé la France » par son appel du 18 juin, et qui inspire « même aux communistes » qui écoutent Radio Londres « une secrète tendresse » et éveille en eux une « lueur d'espérance ».

Du côté gaulliste, rien. De juin 1940 à juin 1941, pas un mot sur le Parti communiste et le pacte germano-soviétique ! De Gaulle se présente comme « un Français libre, qui croit en Dieu et en l'avenir de sa Patrie » (*sic*). Le 24 juillet 1940, dans une lettre à ceux qui le rejoignent, il écrit : « La force militaire que je constitue ne fait pas de politique ! » Ce militaire, qu'ont rejoint à Londres des militants de gauche et des patriotes de droite, n'entend professer aucune préférence idéologique, contrairement aux premiers groupes de résistants qui, en France, baignent dans la politique : le Mouvement de libération nationale (MLN) d'Henri Fresnay, futur mouvement Combat, qui sera un des piliers de la Résistance, rejette aussi bien, à haute voix, toute domination hitlérienne que toute menace communiste. De Gaulle, lui, se présente comme un chef de guerre dégagé des clivages politiciens qui ont tant affaibli, pense-t-il, son malheureux pays.

Mais cet apolitisme affiché ne tiendra pas la distance : l'entrée en guerre de l'Union soviétique va complètement changer la donne et conférer au conflit mondial un enjeu idéologique majeur. On le comprendra le 18 septembre 1941, quand de Gaulle, pour la première fois, expliquera à la radio que « les démocraties devront refaire le monde sur les bases sacrées de la liberté humaine, de la souveraineté des peuples et de la coopération entre les nations ».

L'espoir vient de l'Est

Le 22 juin 1941, l'attaque allemande contre l'URSS remet celle-ci, bien malgré elle, au centre du jeu politique mondial. Le pacte Molotov-Ribbentrop est passé aux oubliettes de l'histoire. Churchill a promptement salué, sans réserve, ce nouvel allié dans la lutte contre le nazisme. La puissance industrielle, militaire et démographique de l'URSS, tout comme le souvenir des déboires de Napoléon en 1812, a redonné espoir à tous les ennemis de l'Allemagne hitlérienne. L'entrée en guerre de l'Union soviétique est une bénédiction pour le général de Gaulle, qui n'était soutenu, jusqu'alors, que par un gouvernement britannique méfiant, tatillon et souvent pusillanime : le chef de la France libre rêve de s'appuyer sur ce puissant allié pour équilibrer une tutelle devenue pesante.

Mais cette transformation du conflit relance le débat parmi les militaires et hauts fonctionnaires qui entourent de Gaulle : n'y a-t-il pas désormais un dangereux risque de collusion avec l'idéologie incarnée par l'URSS, c'est-à-dire le marxisme-léninisme ? En l'absence du général, en tournée au Proche-Orient, ses deux hommes de confiance, le juriste René Cassin et le diplomate Maurice Dejean, balaient l'objection dans une note datée du 23 juin :

> La question n'est pas de savoir si le bolchevisme l'emportera sur le national-socialisme, mais si la Russie l'emportera sur l'Allemagne ! [...] Dans la situation tragique où elle se trouve, la France doit s'allier tous les concours. Quiconque lutte contre l'Allemagne combat en même temps pour la libération de la France...

Le lendemain, du Caire, le général de Gaulle ratifie cette démarche en télégraphiant à Londres pour assurer l'ambassadeur Ivan Maïski de l'engagement de la France libre aux côtés de l'URSS. Il précise dans un télégramme à Cassin et Dejean :

> Sans discuter actuellement les vices et même les crimes du régime soviétique, nous sommes très franchement avec les Russes puisqu'ils combattent les Allemands ! Les avions, les chars et les soldats allemands que les Russes détruiront ne seront plus là pour nous empêcher de libérer la France !

Le 30 juin, Pétain rompt ses relations diplomatiques avec l'URSS. L'ambassadeur Alexandre Bogomolov quitte Vichy pour Moscou. Le général de Gaulle entend profiter de cette rupture pour établir, lui, des relations diplomatiques avec Moscou. Il a chargé Dejean de faire passer cette proposition, à Londres, auprès de l'ambassadeur Maïski. Ne faut-il pas réaliser l'union de tous ceux qui veulent en découdre avec l'Allemagne, toute idéologie mise à part ? L'Amérique de Roosevelt n'aide-t-elle pas l'URSS depuis qu'elle a Hitler dans le collimateur ? À Paris, la presse collaborationniste moque cette alliance contre nature entre les « bolcheviks » et les « bourgeois gaullistes ».

Une reconnaissance acrobatique

Ankara, le 10 août 1941. L'ambassadeur soviétique en Turquie, Sergueï Vinogradov, reçoit la visite d'un certain Géraud Jouve, représentant local du général de Gaulle, alors en tournée au Proche-Orient. L'homme lui demande, tout de go, la faveur d'envoyer à Moscou deux ou trois représentants permanents de la France libre. D'abord surpris et méfiant, Vinogradov en réfère à Moscou et se montre ouvert, assurant à son visiteur que tout ce qui renforce la coalition antihitlérienne est « bienvenu » ! Le 20 août, dans ses bureaux londoniens, Maïski informe Dejean : son gouvernement est prêt à reconnaître la France libre « dès lors qu'elle est reconnue par le gouvernement britannique ». La décision, pour Moscou, n'est pas anodine : les Anglais ont bel et bien reconnu le tout nouveau Comité national français (CNF), organe directeur de la France libre, véritable amorce de futur gouvernement, mais sans lui conférer de compétence proprement étatique ou diplomatique…

On attend le retour du général à Londres pour officialiser cette reconnaissance par un échange de lettres en bonne et due forme. Le 26 septembre 1941, Maïski reçoit de Gaulle. Non seulement l'URSS est prête à établir des relations officielles avec le CNF, mais elle reconnaît le général de Gaulle comme « le chef de tous les Français libres ». En échange, celui-ci promet « de continuer la lutte jusqu'à la victoire finale, par tous les moyens disponibles ». De Gaulle est d'autant plus satisfait que Maïski a souligné dans sa lettre « la ferme résolution du gouvernement soviétique d'assurer la pleine et entière restauration de l'indépendance et de la grandeur de la France lorsqu['ils auront] ensemble remporté la victoire sur l'ennemi commun ».

L'ambassadeur Maïski a gardé de cette rencontre un souvenir précis. Quand il a abordé l'idée, chère au Kremlin, de l'ouverture d'un second front à l'ouest de l'Allemagne, de Gaulle s'y est montré favorable, sans réserve, « n'était la mauvaise volonté britannique ». Et le général de s'emporter aussitôt contre ces fichus Anglais, qui « n'étaient jamais prêts pour la guerre », qui « n'aimaient pas prendre de risques », etc. Même quand il accusait lui-même les Britanniques de faire le jeu de Hitler, en août 1939, Maïski n'était pas aussi virulent…

Mais qu'importent les atermoiements britanniques ? La reconnaissance russe est, pour le CNF, un succès extraordinaire. Le lendemain, non sans une certaine forfanterie, Maurice Dejean annonce triomphalement, sur les ondes de Radio Londres, que les Forces françaises libres sont désormais adossées « aux deux empires les plus puissants du monde, qui constituent un bloc de six cents millions d'hommes » !

Le 14 novembre, l'ambassadeur Bogomolov, qui représente désormais l'URSS auprès des gouvernements alliés réfugiés à Londres, reçoit le diplomate Roger Garreau, désigné par de Gaulle pour le représenter bientôt à Moscou. Garreau était ambassadeur en Thaïlande en mai 1940 lorsqu'il quitta cette charge plutôt tranquille pour rejoindre le général à Londres. La mission lui convient : il a été en poste en URSS dans sa jeunesse, au début des années 1920. Malheureusement pour lui, à l'automne 1941, les chars hitlériens menacent la capitale russe : c'est à Kouïbychev, derrière la chaîne montagneuse de l'Oural, là où se sont repliés les services du ministère des Affaires étrangères (MID) et les ambassades accréditées, qu'il ira s'installer, en mars 1942, avec ses deux collaborateurs, l'historien alsacien Raymond Schmittlein et le général Ernest Petit, ancien condisciple du général de Gaulle à Saint-Cyr, attaché militaire. Garreau espérait profiter de ses anciens contacts à Moscou pour influencer les résistants français affiliés au Parti communiste : depuis Kouïbychev, à 3000 kilomètres à l'est de la capitale, ce sera plus difficile !

Le discours du général plaît aux Soviétiques. Le 8 octobre 1941 (à la BBC), puis le 7 novembre (devant l'Association de la presse étrangère à Londres), puis le 15 novembre (à l'Albert Hall, devant les expatriés français), de Gaulle vante l'engagement de Staline pour « la liberté », ainsi que « l'héroïque » résistance dont font preuve « nos alliés russes ». Le 20 janvier 1942, toujours à la BBC, il souligne la solidarité entre la France et l'URSS et la nécessité de l'alliance franco-russe « à chaque tournant de l'histoire ».

L'escadrille Normandie-Niemen

Dès le déclenchement du plan Barbarossa, en juin 1941, de Gaulle a l'idée d'envoyer des soldats français combattre sur le front est. Il a confié une mission secrète au général Petit, son attaché militaire auprès du gouvernement soviétique : trouver un moyen d'engager des forces françaises auprès de l'allié russe. Des soldats français combattant sous l'uniforme soviétique ? L'idée paraît insensée, mais le général sait, lui, que la fraternité des armes est le ciment le plus sûr pour rapprocher les États et créer une véritable alliance militaire entre lui et l'URSS. Cependant quel contingent envoyer sur place, pour quoi faire et par quels moyens ?

La rupture diplomatique entre Vichy et Moscou étant consommée, l'ambassadeur français Gaston Bergery a fait ses valises, contraint de quitter l'URSS avec tout son personnel et de gagner Vichy. Un incident se produit à l'escale d'Istanbul : l'attaché de l'air de l'ambassade, le lieutenant-colonel Luguet, fausse compagnie à la délégation et file, *incognito*, rejoindre le général de Gaulle à Londres. Là, il est « débriefé » par Albert Mirlesse, un des agents de renseignements des Forces aériennes de la France libre (FAFL) : ancien élève de l'École de guerre, parfaitement russophone, Luguet est une mine de renseignements. Interrogé sur la possibilité d'envoyer des soldats français combattre avec les Soviétiques, il répond par l'affirmative.

Ainsi est née l'idée d'envoyer une escadrille de chasse sur le front russe. Dès janvier 1942, l'ambassadeur Bogomolov se prononce favorablement sur ce projet inattendu qui se heurte à mille et une difficultés politiques, administratives et militaires : comment intégrer vingt-cinq pilotes français dans une armée de l'air qui en compte des dizaines de milliers ? Churchill ne voit pas d'un bon œil que l'on prélève sur ses dispositifs aériens autant de pilotes français, tandis que certains officiers de la France libre s'opposent farouchement à ce que leurs hommes fraternisent ainsi avec des communistes. Coup du sort : la mission militaire soviétique en poste à Londres, qui a fini par accepter le projet, disparaît tragiquement dans un accident d'hélicoptère. Il faut tout recommencer !

De Gaulle envoie l'agent Mirlesse auprès du général Petit – il lui faudra des semaines pour rallier Moscou, non sans difficultés, *via* Reykjavik, Gibraltar, Le Caire et Téhéran – afin de pousser le projet auprès de l'armée de l'air soviétique, tout en définissant notamment les uniformes, les signes distinctifs des avions et les cartes d'identité des pilotes. L'accord est signé le 26 novembre 1942 à Moscou entre le général Petit et le général Falalieïev. Les avions du « groupe de chasse Normandie », qui s'appellera bientôt « l'escadrille Normandie-Niemen », seront donc des Yak au nez peint en bleu-blanc-rouge ! Ils seront commandés par le commandant Pierre Pouyade, un brillant chef d'escadrille qui a rejoint de Gaulle en février 1943, et qui va emmener ses hommes combattre dans les pires conditions dans le ciel d'Ukraine et de Biélorussie, en appui de la reconquête de ces territoires par l'Armée rouge.

Hélas ! Les divergences et les inimitiés entre l'ambassadeur Garreau, le général Petit et le général Bouscat, nouveau chef d'état-major de l'armée de l'Air de la France libre, empêcheront de renforcer l'escadrille – qui revendique bientôt deux cent soixante-treize victoires ! – et de lui adjoindre, après Stalingrad, un deuxième, voire un troisième régiment de chasse. Les Américains, à leur tour, refusent de dégarnir les forces alliées qu'ils commandent pour fortifier ainsi la lointaine armée de Staline.

Mais ces bisbilles n'enlèvent rien au résultat que visait de Gaulle : des soldats français ont contribué vaillamment à la défaite allemande sur le front russe, ils se sont illustrés avec panache d'Orel à Smolensk, d'Iéna à Orcha, ils sont entrés dans la légende victorieuse contre le fascisme – au point que Staline, plus tard, revendiquera l'idée de cette héroïque collaboration franco-russe !

Peste soit des Anglais !

Londres, le 20 avril 1942. L'ambassadeur Bogomolov reçoit longuement le général de Gaulle. Même si les deux hommes n'ont aucun atome crochu, et même si le Soviétique n'est pas dupe de la volonté du général de desserrer l'étau que maintient sur lui le gouvernement britannique, il a entendu les commentaires enthousiastes et admiratifs tenus par le Français, sur Radio Londres, à propos de la résistance russe. Il est même heureusement surpris, comme l'avait été son collègue Maïski, des propos vindicatifs tenus par de Gaulle sur ses alliés anglo-saxons. Ce jour-là, il entend le général français lui confier qu'il a averti personnellement Churchill :

> Si vous n'aidez pas l'URSS cette année et que l'URSS est battue par l'Allemagne, alors vous périrez ! Et si l'URSS bat l'Allemagne sans votre aide, alors vous périrez aussi !

La crainte explicite que les Soviétiques vainqueurs fassent main basse sur l'Europe fait sourire Bogomolov. Le chef de la France libre ne mâche pas ses mots, ni ne déguise ses pensées. Le Soviétique ne voudra retenir de cet échange que la volonté de la France libre d'ouvrir un second front au plus tôt, ce qui ne peut que plaire à Staline et à ses généraux. Ce second front prendra-t-il la forme d'un débarquement anglo-américain en Normandie, comme le général français voudrait en convaincre les généraux américains Marshall et Eisenhower? En ce printemps 1942, l'idée paraît un peu folle. Mais qui peut prévoir l'avenir? De Gaulle et Bogomolov peuvent-ils imaginer, du reste, qu'ils se retrouveront tous les deux sur le sol français à la fin de l'été 1944, l'un comme chef du gouvernement provisoire, l'autre comme ambassadeur d'Union soviétique?

Au Kremlin, on se félicite naturellement de la position gaulliste, mais on sait aussi que les Anglais tiennent pour quantité négligeable cette poignée de Français qui ne doutent de rien. Fin mai, Staline envoie son bras droit Viatcheslav Molotov à Londres – où il rencontre de Gaulle dans ses bureaux de Hampstead – puis à Washington, afin d'appuyer fortement l'idée d'un débarquement en France. Mais il déchante en apprenant que Churchill a fait triompher auprès des Américains sa préférence pour un débarquement en Afrique du Nord. Inquiet de la réaction de Staline, Churchill fait en personne le voyage de Moscou le 31 juillet. Il est étonné quand Molotov lui propose d'organiser aussitôt un sommet à trois (URSS, Angleterre et… de Gaulle!). Avec sa superbe ordinaire, le chef de la France libre a fait savoir depuis Le Caire qu'il était prêt à s'envoler pour Moscou afin d'envisager, au cours de ce sommet à trois, la participation de soldats français à l'hypothétique débarquement allié. Comme il fallait s'y attendre, Churchill décline la proposition.

Mais la place de la France libre – devenue la « France combattante » le 14 juillet 1942 – dans la stratégie soviétique est désormais établie. Le 8 août, à Moscou, le vice-ministre Vladimir Dekanozov le confirme à Roger Garreau : il faut encourager, organiser et armer la Résistance française, la rendre capable de déclencher une insurrection générale qui obligerait les Anglo-Saxons à l'appuyer, et qui forcerait Hitler à distraire de ce côté une partie des divisions blindées qui foncent, alors, en Russie du Sud, en direction du Caucase.

La Résistance est-elle capable de cet effort ? Certainement pas. Les « partisans » français ne sont encore que des groupuscules épars et bien peu coordonnés. Cela n'empêche pas Garreau de prononcer, d'un ton martial, une allocution enthousiaste sur les ondes de Radio Moscou en langue française :

> Français, Françaises ! Préparez-vous de toute votre âme et de toutes vos forces à la lutte décisive qui approche – j'entends cette fois l'insurrection ouverte dont le signal vous sera donné en temps voulu par le général de Gaulle et le gouvernement de la France combattante en accord avec nos alliés !

Les Soviétiques ne sont pas dupes. Le général de Gaulle est loin de pouvoir remplir ce rôle qui dépasse largement, en cet été 1942, les possibilités de la Résistance. La France n'est pas la Yougoslavie, et de Gaulle n'est pas le maréchal Tito. Le Kremlin décide néanmoins, le 28 septembre, de reconnaître solennellement la France combattante comme représentant « l'ensemble des citoyens et des territoires français ayant refusé de capituler », et d'accorder à son comité directeur la qualité de « représentant des intérêts français auprès du gouvernement de l'URSS ». Ni les Américains, pour qui la France combattante n'est qu'un « mouvement patriotique », ni les Anglais n'ont jamais accordé un tel statut à de Gaulle et à ses compagnons d'armes. Pour le Kremlin, c'est une nouvelle façon de souligner l'exigence soviétique d'un second front occidental. Et, au passage, de diviser les Alliés dans la perspective de l'après-guerre.

Les réticences du Komintern

À Moscou, avec des mots choisis, Garreau plaide auprès du communiste français André Marty, secrétaire de l'Internationale communiste (Komintern), la cause d'un de Gaulle « abandonné par la grande bourgeoisie, mais suivi par le peuple ». Pour sa part, le général Petit explique qu'en France, le mouvement de francs-tireurs s'organise, notamment en Normandie, en Bretagne du Sud et dans le Sud-Ouest, sans parler de tous ceux qui ne se sont pas fait connaître. André Marty est-il convaincu? On saura plus tard, grâce aux archives du Komintern, que non : pour lui, de Gaulle n'est qu'« un représentant typique de l'impérialisme français, un réactionnaire et un ambitieux qui rêve d'établir en France une dictature militaire ».

Sur le sol de France, le colonel Remy, envoyé spécial du général, a entamé des contacts difficiles avec les communistes, représentés par un certain Joseph (Georges Beaufils) et un nommé Jean Jérôme (Michel Feintuch), tous deux agents du Komintern. Dans les archives de cette organisation, une note non signée, datée du 22 avril 1942, explique que « les gaullistes n'ont pas de programme » et que la collaboration entre les partisans du général de Gaulle et le Parti communiste « n'est pas claire ». Au sein du Komintern, on entend bien que cette collaboration aboutisse à ce que les communistes « assurent la direction idéologique » de la Résistance française, et pas l'inverse.

Pourtant, en novembre 1942, après l'occupation par les Allemands de la zone Sud, la direction du Komintern s'inquiète – la bataille de Stalingrad s'annonce très incertaine – et ordonne aux communistes français de « lutter pour la consolidation de toutes les forces nationales » tout en « développant la coopération avec de Gaulle et ses partisans ». Remy saisit cette chance : il signe un accord avec le PCF et invite son dirigeant Jacques Duclos à aller rencontrer de Gaulle à Londres. Depuis Moscou, Dimitrov et Marty appuient cette suggestion, tout en recommandant à Duclos « d'être extraordinairement prudent à tous les points de vue », et de prendre contact, dès son arrivée, avec l'ambassadeur Bogomolov. Finalement, le truculent Duclos enverra l'ancien député Fernand Grenier représenter le Parti communiste français à Londres en janvier 1943, sous la stricte tutelle de l'ambassade soviétique.

Le débarquement en Afrique du Nord, en novembre 1942, a confirmé la profonde divergence entre Churchill, appuyé par les Américains, et de Gaulle, poussé par les Soviétiques. Mais il est clair que le premier pèse plus que le second. Staline est réaliste. Il n'entend pas se brouiller avec les Alliés qui, à ce moment de la guerre, semblent prêts à laisser tomber le général de Gaulle si d'autres alliés français – et, pourquoi pas, le gouvernement de Vichy – leur paraissent plus conformes à leur stratégie.

De Gaulle se méfie aussi du projet d'instituer un protectorat anglo-américain sur les territoires qui seront repris, demain, aux Allemands. Chacun sait, à Londres et à Washington, que le général est farouchement hostile à un tel dispositif. Cette idée de protectorat lui est encore plus insupportable que celle d'un gouvernement français dominé par les « partisans » communistes, porteurs d'une idéologie détestable et dépendant d'une puissance étrangère. Quand de Gaulle se rapprochera des communistes, il faudra garder ce fait en mémoire…

Quand Staline ménage Roosevelt

De Gaulle n'a guère le choix : sa seule chance de ne pas être exclu, tôt ou tard, du grand jeu diplomatique, est d'intensifier l'organisation de la Résistance intérieure et d'en prendre le contrôle. Il a chargé son représentant personnel, le préfet Jean Moulin, de réaliser la coordination, puis l'unification des différents mouvements existants. Sous son commandement, bien sûr, ce qui hérisse les autres chefs de la Résistance. La tâche eût été impossible si l'appui de l'URSS au général de Gaulle n'avait convaincu les communistes français, briefés par le Komintern, de se faire violence afin de s'entendre avec cet allié peu fréquentable.

Février 1943. L'issue de la bataille de Stalingrad redonne confiance à tout le monde. À Moscou, on ne doute plus de la victoire finale. Encore faut-il prendre langue avec les Alliés. Le soutien au général de Gaulle apparaît moins crucial : c'est Roosevelt, désormais, qu'il faut conforter et séduire ! Au Kremlin, on suit avec agacement le bras de fer qui oppose au printemps 1943, à Alger, l'irascible chef de la France combattante et son rival, le général Giraud, tous les deux coprésidents du nouveau Comité français de libération nationale (CFLN), première configuration de ce qui deviendra le gouvernement provisoire de la République française (GPRF). Le 8 juillet, l'ancien ministre Pierre Cot, informateur patenté du Kremlin, rédige un rapport sur le CFLN mettant en garde ses correspondants soviétiques contre la « volonté gaulliste de prendre le pouvoir après la guerre et de mettre en place une dictature militaire » !

Staline n'a aucunement l'intention de se mêler de ces rivalités franco-françaises qui ne font que compromettre l'unité de la Résistance intérieure. Dans cette « bataille pour la légitimité », de Gaulle aurait vite l'avantage s'il ne se heurtait à l'hostilité des Américains, qui veulent avoir les coudées franches lors du Débarquement et des négociations à tenir avec ce qui restera du gouvernement de Vichy. Pendant toute une année, au su et au vu des Soviétiques embarrassés, le principal ennemi du général de Gaulle s'appelle Franklin Roosevelt !

Faut-il vraiment, dans ces conditions, faire venir le général à Moscou ? Le 16 juin 1943, le ministre Molotov télégraphie à l'ambassadeur Bogomolov : l'URSS « donne sa préférence à de Gaulle » – d'abord parce qu'il reste implacable envers l'Allemagne hitlérienne, ensuite parce qu'il s'est clairement exprimé sur les institutions républicaines et démocratiques qu'il entend donner à la France après la victoire. L'horizon se dégage. Le 13 octobre 1943, Bogomolov informe de Gaulle qu'il sera le bienvenu à Moscou, à sa convenance. Enfin !

Malheureusement, les circonstances de la guerre ne lui permettent pas d'honorer rapidement cette invitation. Le général part pour les États-Unis, repasse par Londres, s'installe à Alger, suit le déroulement du débarquement de Normandie, va rencontrer le pape Pie XII à Rome, puis rejoint la terre de France, accompagne la libération de Paris et s'efforce de faire reconnaître le GPRF, qu'il préside, par les Américains, les Anglais et les Soviétiques – ce qui ne se fera, notamment en raison de l'hostilité de Roosevelt, que le 23 octobre 1944…

Une semaine éprouvante

Le 24 novembre 1944, de Gaulle s'envole enfin pour Moscou. Les dernières tractations avec Bogomolov ont été difficiles : ce n'est pas un hasard si un décret amnistiant le leader communiste Maurice Thorez (réfugié à Moscou après avoir déserté au début de la guerre) a été discrètement publié au *Journal officiel* quelques jours avant la délivrance des visas. Le général est accompagné de son ministre des Affaires étrangères Georges Bidault, de son directeur de cabinet Gaston Palewski[3], du général Juin, de l'ambassadeur Maurice Dejean et de quelques fonctionnaires parmi lesquels l'attaché Étienne Burin des Roziers et le futur professeur Jean Laloy, alors interprète débutant. La guerre n'est pas finie, il faut encore contourner le front par Le Caire (où de Gaulle salue le roi Farouk) et Téhéran (où il rencontre le shah d'Iran). À Bakou, capitale de l'Azerbaïdjan soviétique, la délégation est accueillie par le capitaine d'aviation Christian Fouchet, un gaillard qui les mène à un train aux wagons luxueux – c'est l'ancien train du grand-duc Nicolas ! – pour rallier Moscou à petite vitesse, non sans faire halte à Stalingrad pour se recueillir sur le site où la victoire soviétique fit basculer le sort de la guerre.

Le samedi 2 décembre, à midi, la délégation arrive en gare de Koursk, à Moscou. Le ministre Molotov l'accueille sur le quai, entourée d'une imposante escorte de fonctionnaires et de militaires. L'ambassadeur Garreau est là, lui aussi. Une fanfare joue les hymnes nationaux.

---

3. Staline avait d'abord refusé sa présence à Moscou à cause de son nom polonais !

Invité à s'installer dans la très officielle Maison des hôtes de Moscou, de Gaulle refuse : il dormira à l'ambassade de France, même si des travaux la rendent peu confortable. Il est persuadé, à juste titre, que la résidence officielle est « truffée de microphones » !

Le soir même, à 21 heures, le général arrive au Kremlin. Entrée du cortège par la porte Spasskaïa, arrêt devant le bâtiment du Sénat. Ascenseur, long couloir, nombreux gardes de service. Staline le reçoit dans son vaste bureau. Mais l'accueil est glacial. Garreau, qui parle russe, est convaincu que l'affaire de la Maison des hôtes a vexé le maître du Kremlin. Dès le premier entretien, pendant lequel Staline ne cesse de gribouiller des graffitis sur une feuille de papier, la discussion est rude. Quand de Gaulle plaide pour l'annexion à la France de la Sarre et de la Rhénanie, Staline marque son désaccord et s'abrite derrière la nécessité d'en parler avec ses grands alliés anglais et américains. De Gaulle accuse le coup. Il reprend confiance en constatant que ses interlocuteurs sont prêts à signer avec lui un traité d'alliance en bonne et due forme. Après tout, c'est l'objectif principal du voyage ! C'est en se rappelant ce premier contact que le chef de la France libre écrira dans ses *Mémoires de guerre* :

> Staline était possédé de la volonté de puissance. Rompu par une vie de complots à masquer ses traits et son âme, à se passer d'illusions, de pitié, de sincérité, à voir en chaque homme un obstacle ou un danger, tout chez Staline était manœuvre, méfiance et obstination…

Dès le lendemain, de Gaulle a droit à un programme intense : rencontres protocolaires, visite d'une galerie d'art, d'un hôpital, d'une usine, représentation au Bolchoï, etc.

Le Français exige d'y ajouter, le dimanche, une messe à l'église catholique Saint-Louis-des-Français. Invité à découvrir le nouveau métro de Moscou, grande fierté de Staline, il écourte la visite. Le général est soucieux. Il ne se déride qu'en échangeant quelques mots avec la foule qui s'est amassée, silencieuse, pour l'approcher, le toucher. Des anonymes le remercient d'être venu. Des policiers veulent disperser les curieux, mais de Gaulle les arrête d'un geste :

— Laissez-les, je suis heureux de les voir !

Le climat se réchauffe le mardi 5 décembre, quand les Français constatent qu'il n'y a aucun désaccord entre les deux parties sur le projet de traité. Mais Molotov crée la surprise : l'URSS, explique-t-il à Bidault, souhaite que la France désigne un représentant officiel auprès du Comité polonais de libération nationale de Lublin, c'est-à-dire la poignée de militants qui, pour le compte de Staline, s'apprêtent à imposer un pouvoir communiste en Pologne à la place du gouvernement légitime réfugié à Londres, présidé par Stanisław Mikołajczyk[4]. Dans le même temps, un représentant de ce « comité » s'installera dans l'ambassade de Pologne à Paris. Le lendemain, face à Staline, de Gaulle refuse de lâcher les représentants officiels de la Pologne en exil au profit du gouvernement fantoche de Lublin, qu'il qualifie d'« artificiel ». Staline hausse le ton. Sans ce « gage de crédibilité », explique-t-il, le traité franco-soviétique n'aurait pas grande valeur. Et d'avancer, retors, un second pion : Churchill vient de lui proposer un traité tripartite soviéto-anglo-français, qui pourrait bien être plus opportun que le traité en passe d'être signé ! De Gaulle

---

4. Mikołajczyk a remplacé Władysław Sikorski, mort dans un accident d'avion suspect le 4 juillet 1943.

enrage. Staline le rassure : à moins, évidemment, que la France accepte la proposition de l'URSS concernant la Pologne…

Le 9 décembre, de Gaulle accepte à contrecœur de recevoir une délégation de responsables du fameux Comité de Lublin. Il est favorable à un échange de délégués[5] chargés de questions pratiques comme le rapatriement des prisonniers et déportés français détenus dans la région. D'accord, explique Molotov, mais assorti d'un « échange de lettres » officiel entre Paris et Lublin ! La négociation s'enfonce, l'atmosphère devient lourde…

Une « belle et bonne alliance »

Le soir même, Staline offre un dîner de gala dans la superbe salle Catherine du Kremlin. Le colonel Pouyade, commandant le régiment Normandie-Niemen, fait partie des invités, ainsi que les chargés d'affaires américain et anglais. De Gaulle reste confiant, il est convaincu que Staline ne tient pas vraiment au pacte tripartite proposé par Churchill. Il racontera dans ses *Mémoires de guerre* :

> Staline tenait des propos directs et simples. Il se donnait un air rustique, d'une culture rudimentaire, appliquant aux plus vastes problèmes des jugements d'un fruste bon sens. Il mangeait copieusement de tout et se servait force

5. Pour cette mission « technique » à la fois ambiguë et délicate, de Gaulle désignera Christian Fouchet (futur ministre de la Ve République) : « Vous serez un délégué *de facto*, lui dit-il, et non un ambassadeur à chapeau à plume ! » Quand Fouchet lui fera observer qu'il ne sera pas facile de le représenter à Lublin sans reconnaître le gouvernement local, de Gaulle lui fera cette réponse : « Eh bien, Fouchet, démerdez-vous ! »

> rasades de vin de Crimée… Mais sous ces apparences débonnaires, on discernait le champion engagé dans une lutte sans merci. D'ailleurs, autour de la table, tous les Russes, attentifs et contraints, ne cessaient de l'épier…

Après une interminable et pittoresque séance d'une trentaine de toasts, un Staline impérial invite son hôte – qui apprécie peu ce folklore ambigu et très alcoolisé – à regarder un film de propagande soviétique sur l'avenir de l'Allemagne, laissant à Molotov et Bidault le soin de tirer la négociation de l'impasse. À la fin du film, de Gaulle crée la surprise. Il se lève et prend congé :

— Monsieur le Maréchal, nous avons constaté notre accord sur l'essentiel, qui est que la France et la Russie poursuivent ensemble le combat jusqu'à la victoire finale !

Stupéfaction de Staline et Molotov. De Gaulle serre la main de ses hôtes et, droit comme un i, rentre à l'ambassade de France, laissant Bidault, Dejean et Garreau poursuivre leur bras de fer avec Molotov. Resté à l'écart, Staline bavarde avec le colonel Pouyade :

— Tous les Français sont têtus ! Et j'aime les gens qui défendent leur point de vue avec opiniâtreté…

À 5 heures du matin, Molotov accepte finalement que le traité soit signé sans que la France reconnaisse le pseudo-gouvernement de Lublin. Aucune mention de la Pologne ne figure dans le texte du traité[6]. Prévenu par Dejean, le général va retrouver les deux délégations dans le bureau de Molotov, au Kremlin, et assister à la signature

---

6. Ce n'est qu'après les accords de Yalta (février 1945) que la France reconnaîtra officiellement, après les Américains et les Britanniques, le gouvernement de la Pologne communiste.

du traité tant discuté. Autour d'un copieux petit déjeuner nocturne, Staline félicite de Gaulle en riant :

— Vous avez tenu bon, à la bonne heure ! La France a des chefs, maintenant, des chefs intraitables, raides, qui ne cèdent rien. J'en suis heureux, c'est ce qu'il faut à la France !

Quelle part d'humour et quelle part de sincérité faut-il voir dans ces compliments déconcertants ? De Gaulle peut-il imaginer, alors, qu'un télégramme de Roosevelt est arrivé le 7 décembre sur le bureau de Staline, en réponse à son message du 3 décembre, l'informant que le gouvernement américain ne verrait « aucune objection à un pacte franco-soviétique d'assistance mutuelle » ? Les Russes, décidément, sont de grands joueurs d'échecs.

Staline, qui veut briser l'hégémonie des Anglo-Saxons, s'est donc fait un allié prêt à l'aider, pense-t-il, à empêcher « tout retour éventuel de l'agression germanique » après la guerre. Le général de Gaulle, lui, cache sa satisfaction : à l'arraché, sans trahir le gouvernement polonais de Londres, il a finalement obtenu de Staline une consécration politique et diplomatique – une « belle et bonne alliance », dira-t-il en reprenant le train du retour – faisant de la France, alliée officielle de la puissante Union soviétique, un des futurs vainqueurs de la Seconde Guerre mondiale.

8

Triste fin pour un tyran

Joseph Staline est-il vraiment mort d'une hémorragie cérébrale ?

« Et Staline pour nous est présent pour demain
Et Staline dissipe aujourd'hui le malheur… »

Paul Éluard, *Ode à Staline,* 1950

— *Govorit Moskva !*

« Ici Moscou ! » La voix est grave. Le ton, lugubre. Le journaliste de Radio Moscou articule chaque mot, détache les syllabes, allonge les silences. Aux quatre coins du pays, dans les usines, les ateliers, les jardins publics et les kolkhozes, des haut-parleurs diffusent ce bulletin sinistre. Dans les résidences collectives et les appartements communautaires, on s'approche du poste de radio. Des dizaines de millions de Soviétiques retiennent leur respiration. Un grand malheur vient de frapper le pays :

> Dans la nuit du 1er au 2 mars, le camarade Staline, alors qu'il se trouvait dans son appartement de Moscou[1], a

1. En vérité, comme on le verra, Staline se trouve alors dans sa datcha de Kountsevo. Ce premier mensonge laisse penser qu'il y en aura d'autres au fil de cet épisode encore très discuté par les historiens.

été frappé d'une hémorragie cérébrale ayant affecté les régions vitales du cerveau. Le camarade Staline a perdu connaissance. Son bras droit et sa jambe droite sont paralysés. Il a perdu l'usage de la parole...

Le communiqué évoque des « troubles cardiaques et respiratoires » et parle d'un « éloignement provisoire des affaires pour une durée incertaine ». Le speaker donne ensuite lecture d'un bulletin de santé dont la précision surprend : rythme respiratoire inégal, manque d'oxygène, tension arythmique, fonctions cérébrales déclinantes. Dans ce pays où le secret est la règle, cette abondance de détails ressemble à une préparation d'artillerie. En ce mardi 3 mars 1953, il faut disposer les esprits à accepter cette information aussi cruelle qu'invraisemblable : Staline, le grand, l'immense Staline que l'on croyait immortel, est à l'agonie.

Panique à l'ambassade

À l'ambassade de France, rue Bolchaïa-Iakimenka, c'est la panique : la transmission radio ne fonctionne pas, et le chiffreur est en arrêt maladie ! L'ambassadeur Louis Joxe s'active personnellement devant le télescripteur, en bras de chemise, pour transmettre au Quai d'Orsay cette nouvelle à laquelle il ne s'attendait pas, et pour cause : il est un des rares représentants d'un pays occidental à avoir été récemment reçu en tête à tête par le dictateur, qui lui avait paru en bonne santé. C'était le 22 août 1952. Ce soir-là, après qu'une voiture à gyrophare eut guidé à l'intérieur du Kremlin sa *Frégate* Renault portant fanion tricolore, le nouvel ambassadeur de France, notoirement proche du général de Gaulle, avait rencontré pendant une demi-heure, dans son bureau sans âme, le maître de l'URSS : il avait eu le temps d'observer son interlocuteur et de constater que Staline, contrairement aux milliers de photos qui le représentent partout à l'âge de la maturité, était désormais un vieil homme fatigué, aux cheveux blancs et au teint cireux, paraissant plus que ses 72 ans.

Mais le diplomate français, interrogé sur les rapports entre son pays et l'Otan, avait pu constater aussi l'agilité d'esprit, l'intelligence intacte, la rudesse contenue de son hôte. Et sa ruse, sa malice, son ironie cachées derrière ses rides profondes, sa moustache grise et ses yeux jaunes toujours plissés. En ces temps de guerre froide et de course à l'atome, Staline entendait que l'URSS reprît une place éminente dans le concert des nations. Cet été-là, à Helsinki, des sportifs soviétiques avaient participé, pour la première fois, aux Jeux olympiques. Ce personnage impressionnant, sans doute le plus puissant et le plus redouté de la planète, était au centre de l'actualité mondiale – et probablement pour un bon bout de temps. Louis Joxe n'avait pas imaginé une seconde, en quittant le Kremlin plongé dans la nuit, que son hôte vivait ses derniers mois.

Six semaines après cette entrevue, le 5 octobre 1952, tous les diplomates, journalistes et observateurs en poste à Moscou avaient eu l'occasion de constater que Joseph Staline était, plus que jamais, le chef incontesté de ce régime implacable. Ce jour-là, un peu après 19 heures, il avait présidé l'ouverture solennelle du XIXe Congrès du Parti communiste de l'URSS. Au Kremlin, dans la salle des congrès rénovée et surmontée d'une immense statue de Lénine, les 1 192 délégués lui avaient réservé, debout, une interminable ovation – plus de dix minutes d'applaudissements – qui ne faisait qu'annoncer les centaines de références au « bien-aimé Joseph Staline » et à « l'architecte génial du communisme » dont les travaux du Congrès allaient être obséquieusement truffés. Nul ne fut, cette semaine-là, avare de dithyrambes. Aucun des cadres du Parti présents dans la salle n'avait oublié que sur les 1 970 délégués du Congrès précédent, 1 108 avaient été fusillés, massacrés ou déportés en Sibérie !

À cette mémorable occasion, le chef du gouvernement de l'URSS était apparu en forme, maître de lui, au faîte de sa gloire. Certes, contrairement à la tradition, il avait laissé à Gueorgui Malenkov, numéro 2 du Parti, le soin de prononcer le long et fastidieux rapport général. Mais pourquoi le vieux dictateur eût-il fait l'effort d'un tel discours ? Deux jours avant l'ouverture du Congrès, son dernier livre était paru dans tout le pays. Titre : *Les Problèmes économiques du socialisme en URSS*. Tirage initial : 1,5 million d'exemplaires. Sans compter les dizaines de milliers d'articles consacrés par tous les journaux du pays à louer cette œuvre impérissable, exceptionnelle, grandiose, que tous les orateurs du Congrès, sans exception, allaient abondamment citer dans leurs interventions.

Staline avait quitté l'immense amphithéâtre sous les hourras pour réapparaître dix jours plus tard, lors de la clôture du XIXe Congrès. Ce jour-là, vêtu d'une simple vareuse, il prononça une allocution d'une dizaine de minutes. Sans effets de manches, lentement, comme en s'appuyant sur les mots. Naguère, il était capable de parler pendant toute une journée ! Modestie affichée ou fatigue avérée ? De fait, quelques rumeurs couraient déjà sur la santé du secrétaire général. Mais Moscou n'a-t-elle pas toujours été une ville de ragots, de légendes, d'indiscrétions, voire de désinformation ? Y ajouter foi n'eût pas été très raisonnable.

Le grand banquet de clôture qui se déroule le lendemain soir dans la magnifique salle Saint-Georges du Kremlin coupe court à ces bruits irrévérencieux et probablement malveillants. Certes, depuis quelque temps, le maître des lieux se ménage, il ne boit plus de vodka, il se contente de quelques verres de vin caucasien qu'il se sert lui-même – le vieux chef du Parti a très peur d'être empoisonné. De même, s'il a toujours une pipe dans sa poche, il ne l'allume plus. Mais il est présent, jovial, voire euphorique : il fait honneur aux buffets géants qui fascinent les délégués de province, il rit aux plaisanteries de ses hôtes étrangers, il s'égosille en demandant aux musiciens de jouer telle ou telle de ses chansons préférées. Et voilà qu'il chante, debout, sa bouteille à la main, de sa voix forte et sonore :

> Où es-tu, tombeau de ma mie
> Partie sans me dire adieu ?
> Je pleurais disant à l'écho :
> Où es-tu, dis-moi, Souliko ?

L'assistance ébaubie éclate en applaudissements enthousiastes. Ce vieux chant géorgien le mène au bord des larmes. Un compagnon si gai et si romantique, un chef aussi proche de ses camarades de parti, un génie aussi simple et modeste ne pouvait pas mourir !

À la tribune du mausolée

Le 7 novembre, pour le trente-cinquième anniversaire de la révolution d'Octobre, des dizaines de milliers de Moscovites ont eu, une fois encore, le privilège d'apercevoir Staline présider la traditionnelle parade militaire organisée sur la place Rouge. En grand uniforme de généralissime, il paraît plus altier et plus alerte qu'au naturel. À 11 heures du matin, il a grimpé prestement l'escalier qui conduit à la tribune du mausolée de Lénine. Pendant presque trois heures, dans le froid moscovite, il a regardé défiler l'armée, les représentants des usines, les Jeunesses communistes. Au pied du monument, les diplomates étrangers et les correspondants de presse l'ont trouvé en pleine forme, tout en notant soigneusement la place dévolue à ses principaux compagnons d'armes.

À la droite du « guide », son futur successeur présumé, Gueorgui Malenkov. À 50 ans, ce fils d'aristocrate – il ne s'en vante pas – qui a rejoint les bolcheviks en 1917 ne regrette rien. Et surtout pas d'avoir été l'un des premiers hommes de confiance de Staline, avant même que Lénine ne disparaisse en 1924. Encore aujourd'hui, il s'habille comme son patron, en vareuse à col montant et casquette militaire. Il jure comme lui, également. Menteur professionnel, assassin sans scrupules, toujours maître de lui lors des intrigues les plus scabreuses, il a, dans le visage, quelque chose de féminin qui le dessert. C'est un confident loyal, un assistant obéissant, un conseiller utile : c'est parce qu'il a une vocation de numéro 2 que Staline en a fait son bras droit. Mais personne ne l'imagine vraiment, au cas où il arriverait malheur à son patron, dans la peau d'un numéro 1. Y pense-t-il sérieusement lui-même ?

À côté de lui, plus petit, plus rond, Nikita Khrouchtchev a des regards d'enfant sur le défilé qui n'en finit pas. Énergique et pétulant, ce fils de paysan ukrainien est trop jeune pour avoir fait la Révolution, mais il doit tout au régime qui en est sorti. Il n'a jamais lu les œuvres de

Lénine, mais il est à l'aise avec le peuple, les prolétaires et les paysans dont il partage le langage un peu sommaire, voire grossier : lui-même a été berger, cheminot, ajusteur, forgeron et mineur avant de devenir bolchevik en 1918 et de grimper quatre à quatre les échelons du Parti dans le sillage du vieux révolutionnaire Lazare Kaganovitch, un séide de Staline pour lequel il a supervisé la construction du métro de Moscou. Parvenu à la tête de l'Ukraine, Khrouchtchev y organisa les purges : lui aussi a des dizaines, peut-être des centaines de milliers de morts sur la conscience. Il a intégré en 1949 le petit cercle des intimes du généralissime. Staline l'aime bien car il est chaleureux, direct, jovial, et qu'il ne doute de rien. Pragmatique et rusé, il a compris avant les autres que son redoutable patron vieillissait, et que sa succession, tôt ou tard, comporterait bien des dangers.

Voûté, trapu, l'autre voisin de Staline est Lavrenti Beria. Celui-là lui rappelle aussi un souvenir personnel. À la fin de 1921, envoyé spécial de Lénine en Géorgie, il avait rencontré à Tbilissi ce jeune militant calculateur et ambitieux, prêt à fusiller tous les ennemis du régime, nationalistes, capitalistes et contre-révolutionnaires de tout poil. Il l'avait promu à la tête de la Tchéka géorgienne, puis nommé responsable de la GPU[2] pour tout le Caucase, avant de le faire venir à Moscou au moment des grandes purges de 1936-37. En moins de deux ans, Beria avait réussi à prendre la place de Nikolaï Iejov, le grand patron du NKVD, en l'accusant de trahison ! À 40 ans, l'épurateur géorgien s'installait dans le rôle d'exécuteur privilégié des

---

2. La police politique soviétique s'est successivement appelée Tchéka (1917-1922), GPU (1922-1934), NKVD (1934-1946), MVD (1946-1953), puis KGB (1954-1991).

crimes de Staline. Les services secrets, la terreur, la répression, le goulag, les exécutions de masse, ce fut lui, pour une bonne part. Et même si ce personnage cynique et terrifiant ne semble plus tout à fait bénéficier de la pleine confiance de Staline, il figure encore, à cette époque, parmi ses intimes. Pour combien de temps encore ?

Ces trois hommes constituent la clef d'une succession qui, évidemment, n'est pas à l'ordre du jour. Quand ils en parlent à voix basse, diplomates et journalistes occidentaux mentionnent aussi les maréchaux Nikolaï Boulganine et Kliment Vorochilov, qui ont noué une étroite complicité avec Staline à la fin de la guerre, et enfin l'indéboulonnable Lazare Kaganovitch, alors vice-Premier ministre. Ils ont retiré de la liste le leader arménien Anastase Mikoïan et l'ancien chef de la diplomatie Viastcheslav Molotov, que Staline a violemment attaqués lors du XIXe Congrès, et qui ne sont donc plus bien en cour.

Les cinq ou six membres de ce petit cercle « dirigeant » scrutent en permanence les pensées du grand chef, s'observent et s'épient entre eux, organisent et confortent leurs réseaux. Ils savent tous – et pour cause – que la vie, à ce niveau de pouvoir, ne tient qu'à un fil. Encore n'imaginent-ils pas qu'ils seront, trois mois plus tard, les acteurs d'un drame sans équivalent dans l'histoire, et dont plusieurs épisodes restés mystérieux ne cesseront jamais de diviser les kremlinologues.

Un dîner très arrosé

Samedi 28 février 1953. Staline a justement invité à dîner Malenkov, Beria, Boulganine et Khrouchtchev dans sa datcha de Kountsevo. C'est là que le dictateur passe désormais le plus clair de son temps. Il y habite, il y travaille, il y reçoit. Il y accueillit Winston Churchill, le maréchal Tito et même Mao Tsé-toung, en toute simplicité. La résidence, construite dans les années 1930, n'est pas somptueuse. Elle ne contient ni meubles précieux ni tableaux de maîtres accrochés aux murs. C'est une sorte d'isba de deux étages située dans un agréable bois de pins et de bouleaux à une dizaine de kilomètres à l'ouest du Kremlin. L'endroit est bien gardé : une double clôture, des dizaines d'agents du NKVD postés tout autour de la propriété, une batterie antiaérienne, quelques champs de mines antipersonnel. On n'est jamais trop prudent.

Les quatre hôtes de Staline sont des habitués du lieu, ils n'ont eu aucune peine à se faire ouvrir la lourde porte verte qui barre l'accès à la villa. Comme d'habitude, les convives passent à table tard dans la soirée. Comme Hitler, Staline aime vivre la nuit. Tous ses collaborateurs se plient à cet emploi du temps nocturne, sacrifiant leur vie de famille, sachant qu'ils sont toujours susceptibles de recevoir tel ordre ou telle consigne jusqu'à minuit, voire au-delà ! Au Kremlin, de nombreux bureaux restent occupés jusqu'à une heure avancée de la nuit – on ne sait jamais. Pour tromper le temps, on y joue aux dominos ou aux échecs. La fenêtre du bureau de Staline, visible depuis la place Rouge, reste allumée fort tard, elle aussi. Les Moscovites se sont habitués à cette lumière rassurante qui indique que le « petit père des peuples » travaille pour eux et veille sur leur sort. Or, c'est un leurre : Staline passe presque toutes ses soirées chez lui, dans sa datcha.

Les dîners à Kountsevo sont souvent très longs, très copieux, très arrosés et parfois très gais. C'est le cas ce soir-là, semble-t-il : la soirée se prolonge jusqu'à 5 heures du matin. C'est un peu avant l'aube, dans un état d'ébriété avancé, que les quatre dirigeants quittent la villa et s'en retournent, à bord de leurs Zil de fonction, dans leurs datchas respectives. Réveillés fort tard le lendemain, ils récupèrent tout le dimanche, en restant sur le qui-vive : combien de fois Staline les a-t-il appelés pour un oui ou pour un non ! Or, ce jour-là, le téléphone reste muet. Staline a probablement choisi de se reposer, lui aussi, des libations de la veille. Quand sa fille Svetlana l'appelle, dans la journée, un officier de garde lui répond, dans son vocabulaire inimitable, que Staline « n'a pas fait mouvement » et qu'il n'est évidemment pas question de le déranger.

Dans la soirée, l'inquiétude monte. Staline est toujours à l'étage – une lampe s'est allumée, là-haut –, mais comme il est formellement interdit de troubler la quiétude du dictateur, les gardes n'osent pas lui demander pourquoi il n'a pas réclamé son dîner vers 23 heures, comme d'habitude. En temps normal, le secrétaire personnel de Staline, Alexandre Poskrebychev, serait allé prendre de ses nouvelles, mais, sur les insistances suspicieuses de Beria, Staline l'a limogé en novembre ! Un officier du NKVD se décide à appeler Malenkov, qui appelle à son tour, un par un, Beria, Boulganine et Khrouchtchev. Les quatre commensaux de la veille, intrigués, filent à Kountsevo. Eux aussi, craignant la colère de leur patron, hésitent à frapper à sa porte, en haut de l'escalier. Ils se contentent donc du récit de la vieille bonne, Matriona Petrovna, qui assure que Staline a glissé de son lit, mais qu'on l'a porté sur un canapé où il dort profondément. Les quatre dirigeants repartent comme ils sont venus.

Une sordide agonie

Quelques heures plus tard, ils sont tous réveillés par le téléphone. Les gardes, anxieux, sentent qu'il se passe quelque chose d'anormal. Malenkov, Beria, Boulganine et Khrouchtchev se rhabillent, sautent dans leurs voitures et se retrouvent à Kountsevo. Les quatre dirigeants, redoutables et redoutés, sont eux-mêmes terrorisés à l'idée de déplaire à leur patron. Lequel déteste qu'on le dérange sans autorisation. Ce n'est qu'à 3 heures du matin que, n'y tenant plus, ils violent l'intimité du chef… et le trouvent gisant, habillé d'un pantalon de pyjama et d'un maillot de corps, immobile, à même le tapis d'une des chambres. Il respire encore, mais il est dans un sale état.

Des domestiques installent leur maître sur un sofa, tant bien que mal, avant que Beria ne les chasse en leur ordonnant le silence absolu, sous peine de mort. Les quatre comparses sont au bord de la panique. Ils appellent à les rejoindre deux autres dirigeants parmi les plus proches du dictateur : son bras droit pendant la guerre, le maréchal Vorochilov, et son vieux compagnon Lazare Kaganovitch, tous deux vice-présidents du Conseil des commissaires du peuple. À chaque fois qu'un danger se profile, sous ce régime, il est prudent de se fondre dans une « direction collective » garantissant un partage des responsabilités ! Puis ils convoquent d'urgence plusieurs médecins de renom, ce qui n'est pas sans poser quelques difficultés inhabituelles : les plus hautes sommités médicales du pays, à commencer par le médecin personnel de Staline, le docteur Vinogradov, ont été récemment arrêtés et accusés de comploter contre la vie du grand chef – c'est le fameux procès des « blouses blanches »[3] – et ceux qui les remplacent ne sont pas sûrs, ils doivent être sévèrement contrôlés ! Quand les éminents professeurs de médecine rendent enfin leur diagnostic, à l'aube du lundi 2 mars, il est dramatique : le malade ne s'en sortira pas. Si par miracle il ne meurt pas, au mieux, il sera invalide à vie...

On téléphone à Svetlana Alliloüeva, la fille du chef, qui se précipite à Kountsevo, où elle est accueillie par Khrouchtchev et Boulganine en pleurs. Elle embrasse son père, lui parle, lui étreint la main gauche – la droite est paralysée – et se retire dans une pièce voisine. Son frère Vassili arrive à son tour, en uniforme, mais à son habitude, il est ivre. Le turbulent général d'aviation Djougachvili se saisit d'une bouteille, il insulte les médecins présents, il hurle à la cantonade :

— Salauds ! Vous avez tué mon père ! Vous avez tué mon père !

On expulse *manu militari* le fils indigne, ivrogne invétéré. Un personnage comme Staline n'appartient pas à sa progéniture, mais au prolétariat mondial et à ses représentants : les six membres du présidium du Comité central, incarnation de la glorieuse classe ouvrière, continuateurs de la grande révolution d'Octobre, sont les seuls à pouvoir prendre quelque décision que ce soit. Même les médecins, qui n'en mènent pas large, sont instamment priés d'obéir à leurs ordres. D'ailleurs, le premier communiqué officiel le précisera plus tard, afin que nul ne l'ignore : « Le traitement est placé sous la surveillance constante du Comité central du Parti. »

3. Le procès dit des « blouses blanches », monté de toutes pièces par Staline en janvier 1953, a failli coûter à la vie à neuf médecins soviétiques, presque tous juifs, qui seront relâchés après la mort du dictateur.

Staline se meurt. Les derniers instants de l'homme le plus puissant du monde sont pitoyables. Ses compagnons d'armes se relaient à son chevet deux par deux, ils s'endorment un moment dans un coin de la villa, multiplient les conciliabules informels. Parfois, le malade ouvre les yeux, sans reprendre conscience. Parfois, son bras se détend. À chaque nouveau mouvement, la maisonnée s'agite. Svetlana, horrifiée, note la fébrilité des médecins :

> Ils lui mettaient des sangsues sur le cou et la nuque, faisaient des cardiogrammes, des radios des poumons, tandis qu'une infirmière ne cessait de faire des piqûres et que l'un des médecins prenait des notes dans un carnet ! Tous allaient et venaient en tous sens, faisaient des efforts, imaginaient de nouvelles tentatives...

En pure perte. Les bulletins de santé se suivent, précis et désespérés. Le 5 mars, le dictateur connaît une rémission inattendue, une infirmière lui donne à boire un peu de soupe et du thé léger, il lève le bras gauche, il tente de parler, mais son sourire se fige, il étouffe. Svetlana raconte :

> À un moment, il ouvrit brusquement les yeux et enveloppa du regard toutes les personnes qui l'entouraient. C'était un regard épouvantable, dont on ne pouvait dire s'il portait la marque de la folie ou de la colère. Ce regard nous pénétra tous pendant une fraction de minute...

Son bras retombe. Le malade perd conscience. Un garde du corps tente de pratiquer sur lui la respiration artificielle. En vain. Staline ne se réveillera plus. C'est fini. L'un des huit médecins présents, le professeur Miasnikov, confirme le décès. C'est lui, semble-t-il, qui rédigera le bulletin médical :

> Le 5 mars 1953 à 21 h 50, l'insuffisance cardio-vasculaire et respiratoire s'est aggravée, et Joseph Vissarionovitch Staline est mort.

Un peuple en larmes

À 6 heures du matin, le 6 mars, quand la radio démarre ses programmes, un long roulement de tambour précède l'hymne soviétique, puis la voix du speaker, plus lugubre que jamais, annonce l'issue fatale :

> À tous les membres du Parti, à tous les travailleurs de l'Union soviétique : le cœur de Joseph Vissarionovitch Staline, compagnon d'armes de Lénine et génial continuateur de son œuvre, guide avisé et éducateur du parti communiste et du peuple soviétique, a cessé de battre !

Suit un laborieux et solennel communiqué du Comité central, du gouvernement et du présidium du Soviet suprême appelant la population à « une unité d'acier, une cohésion monolithique », puis l'ultime bulletin médical : « Le 5 mars 1953, à 21 h 50… »

À cet instant, l'Union soviétique s'est arrêtée de respirer, de rire, de parler, de vivre. À Moscou, où il fait encore nuit, une foule immense déferle déjà vers la place Rouge, où tous les regards sont tournés vers le Kremlin – la dépouille du dictateur y a été ramenée discrètement dans la nuit. Partout dans la ville, des drapeaux rouges crêpés de noir apparaissent aux fenêtres et sur les toits. Le pays le plus vaste du monde plonge, comme un seul homme, dans le deuil, le chagrin et l'angoisse : comment vivre, désormais, sans ce chef irremplaçable ? Dans les rues, les usines, les magasins, les haut-parleurs publics diffusent une musique funèbre qui sature l'atmosphère. Notamment dans les villes qui portent son nom, Stalingrad, Stalinsk, Stalino, Stalinabad, Stalinogorsk et autres Staliniri, sans compter les milliers d'usines, kolkhozes, districts, quartiers, stades ou écoles ayant été naguère baptisées du nom du « plus grand homme de tous les temps ».

À partir de 16 heures, comme le veut la tradition, le corps du défunt est exposé dans un cercueil, visage découvert, dans la grande salle des Colonnes de la Maison des syndicats. Sur la façade du bâtiment, on a accroché un immense portrait du disparu. Irrépressiblement poussés par le désir de rendre hommage à leur « guide », ignorant le froid glacial, des millions de Moscovites vont provoquer ce soir-là la plus grande bousculade des temps modernes. Dans ses *Mémoires*, le jeune Mikhaïl Gorbatchev, alors âgé de 22 ans, raconte comment il a failli mourir étouffé, lui et ses condisciples de l'université, comme des dizaines de malheureux pris au piège de la place Troubnaïa, qu'il évita de justesse. Cette folie collective dure trois jours et trois nuits, jusqu'aux obsèques officielles.

Jamais sans doute dans l'histoire on n'a connu pareille sidération collective. Jamais un peuple n'a autant pleuré son oppresseur. Oubliant d'un coup les purges, les camps, la famine, l'arbitraire, les morts et la terreur dont le défunt a été, pendant plus de vingt ans, le principal responsable. Certes, ici et là, la disparition de Staline provoque quelques explosions de joie, comme le rapporteront plus tard quelques dissidents. Dans les camps de Sibérie, notamment, des milliers de détenus apprennent la nouvelle et se rendent compte que leur enfer, peut-être, va prendre fin !

Rumeurs, secrets et complots

Cette version des derniers instants du dictateur n'est pourtant pas gravée dans le marbre. Elle correspond à ce que révéleront, des années plus tard, les deux seules personnalités ayant décidé de coucher par écrit les circonstances de la mort du dictateur : son successeur Nikita Khrouchtchev, dans ses *Souvenirs* ; et sa fille Svetlana Alliloueïva, dans son livre *Vingt lettres à un ami*. Avant la publication de ces deux récits, plutôt concordants, combien de rumeurs invérifiables, de faux témoignages et de confidences suspectes ont excité l'imagination des diplomates, des journalistes et des romanciers !

Encore les deux témoins ne relatent-ils, dans leurs ouvrages, que ce qu'ils veulent bien raconter. Ils sont particulièrement confus, par exemple, sur l'incroyable retard avec lequel les médecins ont été convoqués auprès du malade. Ce retard – entre dix et quatorze heures selon les témoignages – est le principal argument qui va nourrir toutes les rumeurs de conspiration politique, d'assassinat prémédité ou d'empoisonnement maquillé. Certes, dans son long récit, Khrouchtchev ne laisse aucune place à l'hypothèse d'une mort provoquée ou arrangée, mais cela peut s'expliquer : une telle supposition ferait de lui un suspect potentiel au même titre qu'un Malenkov anticipant une nouvelle épuration, un Molotov réagissant à sa disgrâce ou un Beria fomentant un coup d'État, ce dernier cas de figure étant le plus souvent avancé !

Les deux illustres chroniqueurs s'accordent au moins sur un point précis, qui va se révéler essentiel : l'attitude grossière de Lavrenti Beria pendant l'agonie de son maître. À lire le récit de Khrouchtchev, corroboré par les souvenirs de la fille du défunt, le très antipathique chef des services de sécurité n'a rien caché de ses intentions immédiates : Staline mort, à lui le pouvoir ! Tant que le dictateur bougeait encore, Beria hurlait à ses oreilles des serments de fidélité filiale ; dès qu'il sombrait dans l'inconscience, il éclatait en imprécations et en jurons à son égard ! La fatigue et l'alcool ne suffisaient pas à expliquer cette surexcitation outrancière et sacrilège. Ses collègues s'effrayèrent très vite de l'attitude quasi triomphale du dirigeant géorgien aux célèbres bésicles et à l'ambition démesurée. Qui dirige la police dans un État policier a tous les pouvoirs : Beria se considérait déjà, à l'évidence, comme l'héritier naturel du dictateur.

À l'époque, Khrouchtchev ne s'entend pas avec Beria. Il n'a aucun doute sur les arrière-pensées de l'ancien chef de la police secrète, qui fut le principal exécutant des basses œuvres de Staline et qui perpétuera, à coup sûr, son mode de gouvernement : tous ses opposants potentiels, tous ses anciens compagnons, tous ses rivaux proches ou lointains seront exécutés ! Cela est d'autant plus probable que Beria lui-même, depuis le mois de janvier, est au bord de la disgrâce – Staline lui a reproché publiquement son « manque de vigilance » dans l'affaire des médecins ayant voulu l'assassiner – et qu'il entend non seulement conforter son pouvoir, mais se venger de tous ceux qui l'ont discrédité aux yeux du dictateur.

La fin de Beria

Pour l'heure, une réorganisation du pouvoir exécutif s'opère dans l'urgence. Le décès de Staline est à peine annoncé, le 6 mars, qu'une réunion au sommet est convoquée l'après-midi même à Kountsevo. Sans surprise, Beria y propose que Malenkov succède au défunt à la tête du gouvernement – ce qui le fera passer pour « le » prétendant aux yeux du monde entier. En retour, Malenkov fait de Beria son premier adjoint et l'autorise à réunir sous son autorité les deux ministères en charge de la police et de l'ordre public : le MVD (la Sécurité d'État) et le MGB (les Affaires intérieures). L'ambitieux et cruel Géorgien se retrouve à la tête de toutes les forces policières du pays. C'est exactement ce qu'il souhaitait. De son grand bureau de la Loubianka, au centre du vieux Moscou, il va pouvoir réaliser ses deux objectifs : éliminer tranquillement ses concurrents et prendre définitivement le pouvoir.

L'arrogance affichée de Beria, sa désinvolture rayonnante et son entrain inhabituel vont rapidement inquiéter tous les autres membres de la « direction restreinte » désormais orpheline. Khrouchtchev, Boulganine, Malenkov, Molotov, puis Kaganovitch et même Vorochilov vont se mettre d'accord pour organiser, dans le plus grand secret, l'arrestation-surprise de leur dangereux collègue au cours d'une réunion élargie du présidium[4]. L'astuce consistera à le faire arrêter par des militaires, la police étant sous les ordres du comploteur ! Le maréchal Joukov,

4. Ainsi s'appelle alors le Politburo, la plus haute émanation du Comité central du Parti.

vainqueur admiré de Stalingrad et nouveau ministre de la Défense, et le général Moskalenko, commandant de la défense aérienne de Moscou, se chargeront de cette délicate opération, flanqués d'une demi-douzaine d'officiers généraux.

Le 26 juin 1953, quand il se rend à cette réunion, Beria ne s'attend pas que Malenkov, en tant que président du Conseil des ministres, annonce soudain… son arrestation ! Le président de séance est paralysé par sa propre audace au point d'en perdre la voix : c'est Khrouchtchev qui déclenche le processus final et appelle Joukov, caché dans un bureau voisin. Le maréchal surgit alors, suivi de plusieurs généraux en uniforme, et se précipite vers Beria en hurlant :

— Haut les mains, Lavrenti Pavlovitch !

La scène n'a duré qu'une ou deux minutes. Beria, qui n'a pas eu le temps de réagir, est emmené dans un bureau attenant, sous bonne garde. Les militaires ont l'ordre de le priver de tout contact avec l'extérieur, en particulier avec la police : que le ministre de la Sécurité parvienne à joindre un seul de ses hommes et c'est la catastrophe ! Le présidium poursuit et clôture rapidement ses travaux. Seuls quelques inhabituels mouvements de chars dans la capitale russe, notamment autour de la Loubianka, laisseront penser aux observateurs qu'il s'est passé quelque chose de grave au sommet du pays.

Le lendemain soir, comme si de rien n'était, le tout-Moscou se presse au théâtre Bolchoï pour assister à la première représentation des *Décembristes*, de Iouri Chaporine. Dans la loge officielle, l'absence de Staline crée encore un grand vide. Les diplomates et les journalistes présents remarquent que tous les membres du présidium du Comité central sont là, au grand complet, à l'exception d'un seul : Lavrenti Beria. Il leur faudra attendre quinze jours pour être officiellement informés, par une dépêche de l'agence Tass datée du 10 juillet, que l'ancien patron du NKVD a été « écarté » du gouvernement et du Parti par le plénum « unanime », au motif de ses « agissements criminels ».

Personne ne sait alors si Beria a été emprisonné dans l'attente d'un procès, discrètement déporté en Sibérie ou sommairement fusillé[5]. Mais tout le monde comprend que le règne de Staline, cette fois, est réellement terminé.

5. Lavrenti Beria comparaîtra devant un tribunal spécial, à Moscou, à partir du 18 décembre. Déclaré coupable de « haute trahison », il sera fusillé dès la fin du procès, le 23 décembre 1953.

9

Un transfuge nommé Kravtchenko

Comment un simple ingénieur brisa l'image de l'URSS dans le monde

« À celui qui dit la vérité, donnez un cheval
pour qu'il puisse se sauver ! »

Proverbe russe

Washington, samedi 2 avril 1944. Il est près de 1 heure du matin quand un taxi enfile Massachusetts Avenue et s'arrête devant Union Station, la gare d'où des milliers de voyageurs rallient chaque jour la ville de New York. L'homme qui en descend, chargé de deux valises, a quitté la chambre meublée qu'il louait depuis sept mois à une famille américaine. Il n'a prévenu personne, ni ses amis ni ses collègues de la Commission soviétique d'achats dont il était l'employé. Mieux, il a simulé une vague indisposition qui expliquera peut-être son absence au bureau lundi matin. Avant que ses supérieurs, tôt ou tard, découvrent la vérité.

Vêtu d'un pardessus et d'un chapeau, l'homme s'engouffre dans un wagon de seconde classe. Il est bien placé pour savoir que les fonctionnaires soviétiques voyagent toujours en Pullman. Justement, en arrivant à New York, à 3 heures du matin, il aperçoit sur le quai un officier russe en uniforme, une valise à la main ! Il ralentit le pas, laisse filer l'importun, puis se dirige vers la station de taxis. Au chauffeur, il donne l'adresse d'un hôtel borgne de Manhattan, où il s'inscrit sous un nom italien.

C'est là, dans une chambre sordide éclairée par une unique ampoule, qu'il se met à rédiger une longue déclaration à l'intention de la presse américaine. Ce texte, qui va être repris par le *New York Times* et nombre d'autres journaux[1], n'est qu'un début, une ébauche, un premier jet. Hébergé en secret par des amis américains, accusé de tous les maux par les autorités de l'URSS, pourchassé de ville en ville, traqué de cachette en cachette, vivant sous divers noms d'emprunt, le fugitif se lance dans l'écriture d'un long récit qui sera mis en forme par un écrivain professionnel avant d'être publié en février 1946. Le titre de ce livre, qui sera traduit dans plus de vingt pays, va rapidement faire le tour du monde : *J'ai choisi la liberté !*.

Mon père, ce héros

Viktor Andreïevitch Kravtchenko est originaire de Iekaterinoslav, la future Dniepropetrovsk, dans la partie orientale de l'Ukraine. Il est né en janvier 1905, au cœur de cette première révolution russe ratée – et violemment réprimée lors du fameux « dimanche rouge » – dont son propre père fut un acteur et une victime. Son père, ce héros, avait fait le choix de s'engager dans un implacable

1. Il va aussitôt déclencher des articles ignominieux dans la presse communiste, à commencer par le *Daily Worker*.

combat contre le despotisme aveugle d'un régime tsariste aux mains désormais tachées de sang. Le jeune Viktor se rappellera toute sa vie ce jour de mars 1917 où il vit son père, tel un révolutionnaire aguerri, prendre la parole en public, au milieu des bannières rouges et avant une vigoureuse *Marseillaise* entonnée par la foule !

Viktor adore son père, mais il n'est pas aveugle. Adolescent, il est témoin de la confiscation du pouvoir par les bolcheviks après la révolution d'Octobre. Depuis son Ukraine natale, il observe la radicalisation de la société, les violences quotidiennes, l'appauvrissement du pays, la généralisation du chaos. Au cours des années de guerre civile, il voit les « rouges », les nationalistes ukrainiens, les « blancs », les Allemands, les anarchistes et les bandits de grands chemins se disputer ce qui reste d'un pouvoir éclaté, incapable de gérer un territoire aux ressources abondantes – on l'appelait naguère « le grenier de l'Empire » – aujourd'hui accablé par la disette et le typhus.

À 17 ans, ayant rallié le bassin houiller du Donbass, le jeune et fougueux Viktor s'engage dans le seul mouvement organisé qui lui semble concourir à la résurrection de son malheureux pays : les Jeunesses communistes (Komsomol), pépinière des futurs « activistes » – ceux qui ont lu des livres et qui savent parler en public – et autres bâtisseurs idéalistes d'une société nouvelle et d'une vie meilleure. Rentré à Dniepropetrovsk, il travaille en usine comme contremaître dans un atelier de mécanique. À 23 ans, le jeune homme adhère au Parti communiste, désormais dirigé par le camarade Joseph Staline – sans écouter les réserves de son vieux père qui, lui, a déjà perdu ses illusions.

Le Parti soigne ses nouvelles recrues : Viktor Kravtchenko est envoyé poursuivre des études d'ingénieur à l'Institut technologique de Kharkov. Des milliers de jeunes gens prometteurs sont ainsi formés, sur le plan technique autant que politique, qui vont traverser les pires épreuves – éradication des *koulaks*[2], procès de Moscou, déportations en Sibérie – pour devenir, quelques années plus tard, l'« avant-garde de la classe ouvrière » qu'on n'appelle pas encore la *nomenklatura*. Kravtchenko est d'autant plus favorisé dans son ascension sociale qu'il a été remarqué par le commissaire du peuple Grigori Ordjonikidzé, un des plus proches compagnons de Staline.

En 1932, le comité régional du Parti de Dniepropetrovsk envoie le camarade Kravtchenko à Podgorodnoïe, au nord de la métropole, pour aider à la collectivisation des terres et à la lutte contre les *koulaks*. Cette expérience achève de dissiper ses doutes : violences, assassinats, spoliations et déportations sèment la terreur dans ce territoire autrefois prospère, condamnant les paysans à la misère, puis à la famine. Tous les habitants de Podgorodnoïe mourront de faim en 1933, l'année où Staline annoncera la « victoire » du collectivisme libérateur sur les spéculateurs, traîtres, saboteurs et autres agents de l'étranger. Cette année-là, à la saison des moissons, une seconde mission à Piatikhatki, à 60 kilomètres à l'ouest de Dniepropetrovsk, confirmera Kravtchenko dans son terrible constat : la « dékoulakisation » des campagnes a provoqué une immense catastrophe humanitaire qui s'est soldée par plusieurs millions de morts !

2. Les *koulaks* sont des paysans propriétaires de leur ferme qui seront considérés par Staline comme des paysans riches, des exploiteurs et des ennemis du peuple.

L'URSS vue de l'intérieur

Comme des milliers de communistes de sa génération, Viktor Kravtchenko devient peu à peu un homme double, secrètement déchiré entre sa carrière de brillant porte-parole du stalinisme en marche et sa connaissance concrète d'une réalité sociale absolument indicible, tant elle est aux antipodes de la propagande officielle. Les convulsions du capitalisme occidental, l'arrivée d'Adolf Hitler au pouvoir en Allemagne, la glorieuse réalisation du premier Plan quinquennal, le développement accéléré de l'industrie soviétique ont entretenu le mythe de « l'avenir radieux », mais sans jamais compenser, dans la tête de milliers de dirigeants du PCUS, l'écœurement ressenti devant la dictature stalinienne et la peur des purges lancées par la police politique, la GPU, jusqu'au sommet de l'État.

Dans le récit qu'il fera de sa vie, Viktor Kravtchenko racontera de l'intérieur les bouleversements qui ont jalonné l'histoire de l'URSS sous Staline : en 1934, le mystérieux assassinat de Kirov, compagnon d'armes du dictateur[3], qui déclencha une terreur inédite dans tout le pays ; en 1935, l'exploit du mineur Stakhanov, qui instaura une incroyable vague d'émulation prolétarienne dans tous les chantiers et toutes les usines du pays ; en 1936, la nouvelle Constitution de l'URSS, considérée par Staline comme « la plus démocratique du monde » (*sic*), dont les dispositions soulèvent un espoir éphémère,

---

3. Sergueï Kirov, militant bolchevique depuis 1905, proche de Staline depuis 1921, est apparu comme un rival du dictateur lors du XVIIe Congrès en février 1934. Dix mois plus tard, le 1er décembre, il est assassiné à Leningrad par un dénommé Leonid Nikolaev dans des conditions jamais élucidées.

aussitôt balayé par une répression accrue. Ce qui fait l'intérêt de son récit, c'est l'absence de tout préalable idéologique : Kravtchenko décrit les faits, les hommes, les drames tels qu'il les a vécus.

Ingénieur diplômé et reconnu, il devient un des patrons de l'immense usine métallurgique de Nikopol, au bord du Dniepr, non loin de la mer Noire. Il décrira minutieusement la vie quotidienne d'un ingénieur paralysé par une bureaucratie absurde et titanesque, les atroces conditions de travail des ouvriers de base, l'invraisemblable emprise du NKVD – qui ne s'appelait pas encore le KGB – sur une main-d'œuvre surveillée, quadrillée, menacée et truffée d'indicateurs. Kravtchenko lui-même n'échappe aux griffes de la police politique qu'en arguant de sa vieille relation avec le ministre Ordjonikidzé, dont il a su conserver l'amitié.

Si le récit de Kravtchenko est passionnant, c'est en raison de la précision avec laquelle il décrit le régime de terreur qu'instaure Staline au moment des procès de Moscou et des milliers de parodies de procès qui se déroulent alors dans le pays. Ces rituels mensongers et avilissants ont pour effet l'exécution ou l'envoi au goulag de plusieurs millions d'apparatchiks confirmés, de cadres insoupçonnables et autres vétérans du bolchevisme dont Staline veut se débarrasser pour s'entourer d'une génération plus jeune et proprement « stalinienne ». C'est du passé léniniste qu'il faut faire table rase, cette fois ! Par miracle, Kravtchenko sauve sa peau lors de cette incroyable purge, inédite dans l'histoire, qui vise à terroriser toute la population afin de conforter le pouvoir du dictateur et de ses affidés. Mais qui pouvait le comprendre, alors, en Occident ?

Du goulag au pacte germano-soviétique

En février 1937, Kravtchenko perd son protecteur : le camarade commissaire Ordjonikidzé meurt brusquement, sans que l'on sache s'il a été exécuté, comme tant d'autres, ou s'il s'est suicidé. De nouveau fragilisé, accusé et traqué par le NKVD, il est sauvé *in extremis* par une nomination, en février 1938, comme ingénieur principal dans la grande usine métallurgique Novo-Trubni de Pervouralsk, à une soixantaine de kilomètres de Sverdlovsk, dans l'Oural. Il y découvre une autre réalité : celle des camps de travail forcé, où des millions de malheureux triment dans des conditions effroyables pour permettre aux nombreuses usines locales de « remplir le plan quinquennal ». La description clinique qu'il fait de ces camps donne le tournis, tant elle contredit la propagande stalinienne de l'époque.

C'est l'époque à laquelle paraît, en fanfare, la nouvelle *Histoire du Parti communiste de l'URSS*, rédigée et publiée sous le contrôle direct de Staline, qui réécrit ainsi toute l'histoire de l'Union soviétique depuis la grande révolution d'Octobre : les masses laborieuses n'entendront plus désormais que cette version entièrement falsifiée de la construction du communisme, où tous les Trotski, Boukharine, Zinoviev, Kamenev, Toukhatchevski, Rykov et tant d'autres compagnons de Lénine sont décrits comme des espions, des saboteurs et des traîtres! Quant aux rédacteurs de cet ouvrage insensé, notamment les experts de l'Institut Marx-Engels-Lénine de Moscou, ils seront promptement exécutés – pour ne pas laisser de traces.

Kravtchenko est muté dans une autre usine de l'Oural, à Kemerovo, lorsqu'un coup de tonnerre éclate en cette fin du mois d'août 1939 : Staline et Hitler ont signé un pacte ! Le régime nazi, qui était l'adversaire viscéral et emblématique du Kremlin et même, en bien des cas, la justification de tous ses excès, devient le meilleur allié de l'URSS ! Cet invraisemblable tête-à-queue idéologique et diplomatique fait des dégâts. Or, au moment où la propagande communiste finit par s'adapter, non sans contorsions, à cette stupéfiante alliance, l'Allemagne hitlérienne attaque l'Union soviétique en juin 1941. Kravtchenko racontera plus tard l'incroyable impréparation de l'URSS face à cette invasion militaire qui va tétaniser Staline et faire trembler le régime sur ses bases – bien avant que Nikita Khrouchtchev, dans son « rapport secret » de 1956, ne confirme ce moment de faiblesse historique.

Au début de la guerre, en 1941, Kravtchenko se retrouve capitaine dans l'Armée rouge, mais sa précieuse connaissance des usines métallurgiques du pays lui vaut d'être affecté au Conseil des commissaires des peuples (Sovnarkom) de la Fédération de Russie, à Moscou. Son nouveau poste lui fait ainsi découvrir l'ampleur du travail forcé en URSS, tel qu'il est impitoyablement géré par l'Administration gouvernementale des camps (Goulag), ainsi que le travail obligatoire des enfants de 14 à 17 ans, généralisé depuis octobre 1940.

Viktor Kravtchenko fait désormais partie des privilégiés du régime qui bénéficient de magasins « réservés », de cliniques « spéciales » et d'informations « secrètes ». Il est même sur le point d'emménager dans un deux-pièces individuel – le summum du confort en URSS – lorsque tombe, en janvier 1943, la nouvelle à laquelle il n'osait rêver : dans le cadre des accords de prêt-bail conclus avec les États-Unis, l'ingénieur Kravtchenko, spécialiste des tuyaux, canons, obus, chars et autres matériels de guerre, va être envoyé en mission en Amérique !

Dans ses Mémoires, il raconte les cinq mois d'interrogatoires, enquêtes, contre-enquêtes et probations que le NKVD lui fit subir avant de l'autoriser, enfin, à effectuer le grand plongeon dans l'enfer capitaliste. Lorsqu'il quitte Vladivostok sur le paquebot *Komiles* à destination de Vancouver, Kravtchenko sait qu'il ne reverra jamais son pays. Il ne l'a évidemment dit à personne, pas même à sa compagne Irina. Il a une idée fixe, qu'il a longuement mûrie en secret : raconter un jour, par n'importe quel moyen, la vérité sur son pays. Quand il arrive à Washington le 19 août 1943, il ne pense plus qu'à cela.

Membre de la section « métaux » de la Commission soviétique d'achats instaurée par l'accord prêt-bail, Kravtchenko a pour mission de vérifier, contrôler, rectifier les produits métallurgiques américains expédiés en URSS à hauteur de dizaines de millions de dollars. Non sans amertume, il constate que le NKVD continue de le surveiller jour et nuit, comme il surveille tous les expatriés soviétiques, sans aucune exception. Conférences idéologiques, interrogatoires policiers, mises en garde, réprimandes, menaces : attention, camarade, les Américains restent des « ennemis de classe » avec lesquels il n'est pas question de sympathiser !

Le paradoxe est que les Soviétiques, depuis la bataille de Stalingrad, bénéficient dans l'opinion américaine d'une cote de sympathie sans précédent, au point que Staline lui-même passe outre-Atlantique pour un dirigeant fréquentable, voire admirable : n'a-t-il pas été choisi deux fois par le magazine *Time* comme la « personnalité de l'année » en 1939 et 1942 ? Kravtchenko comprend, au fil des sept mois qu'il passe à travailler pour la

Commission d'achats, que la propagande soviétique a fait des ravages aux États-Unis, que jamais l'image de l'URSS n'a été aussi positive à l'Ouest, et que son projet de « révéler » au monde occidental la « vérité » sur la patrie du communisme ne va pas être simple...

Un succès de librairie

Le 4 avril 1944, le *New York Times* fait sensation en titrant sur la défection d'un « important fonctionnaire soviétique » et en publiant des extraits du communiqué rédigé par Kravtchenko dans son petit hôtel new-yorkais, où le fugitif demande l'aide de « l'opinion publique » américaine. Le journaliste auquel Kravtchenko a réservé ce scoop sulfureux s'appelle Joseph Chaplen. La première réaction de l'ambassade d'URSS à Washington est de nier qu'il existe un citoyen soviétique portant ce nom. La seconde est d'expliquer finalement qu'il s'agit d'un déserteur – la guerre n'est pas finie – doublé d'un prévaricateur et d'un ivrogne !

Tout en multipliant les interviews dans la presse, Kravtchenko se lance dans la rédaction du livre de sa vie. *I Choose Freedom !* sort aux États-Unis en février 1946. L'éditeur Scribner a mis à la disposition de l'auteur une de ses meilleures « plumes », le journaliste américano-russe Eugene Lyons, qui fut naguère, dans une autre vie, directeur de l'agence Tass de New York. L'ouvrage remporte aussitôt un succès spectaculaire, son tirage dépassant les deux millions d'exemplaires. En juin 1946, sur le conseil d'un ami armateur débarquant de New York, l'éditeur parisien Jean de Kerdeland lit le gros ouvrage d'une seule traite et décide de le publier en français chez

Self, sa propre maison d'édition. Il ignore que l'agent de Kravtchenko l'a déjà proposé aux plus grands éditeurs français, mais qu'aucun n'a voulu prendre le risque de publier un tel brûlot anticommuniste!

La version française du livre sort le 1er mai 1947 sous le titre *J'ai choisi la liberté!*. Sous-titre : *La vie publique et privée d'un haut fonctionnaire soviétique.* C'est Kerdeland lui-même qui en a assuré la traduction. Dans un pays où les communistes sont justement en train de quitter le gouvernement, c'est une bombe littéraire. En juin, le prestigieux jury du prix Sainte-Beuve (Maurice Nadeau, Max-Pol Fouchet, Raymond Aron, Étienne Lalou, Jules Roy, Paul Guth, Jean Dutourd, etc.) en fait son lauréat par neuf voix contre sept, non sans débats passionnés. Le prix contribue, malgré une critique politiquement mitigée, au succès populaire de ce pavé de six cent quarante pages. Il déclenche aussi, naturellement, un violent tir de barrage de la presse communiste, beaucoup plus puissante à Paris qu'à New York. Le 13 novembre 1947, l'hebdomadaire *Les Lettres françaises* assassinent le livre dans un article au vitriol signé d'un certain Sim Thomas, ancien fonctionnaire des services secrets américains, et intitulé « Comment fut fabriqué Kravtchenko ».

L'auteur de ce dossier sensationnel « révèle » que le transfuge, un bien triste personnage, devait rentrer à Moscou afin d'y être jugé pour de graves malversations financières, et qu'il a préféré négocier sa fuite auprès du contre-espionnage américain en échange d'un livre dénonçant la prétendue dictature stalinienne – un livre qu'il n'a évidemment pas rédigé lui-même! Pour *Les Lettres françaises,* l'affaire Kravtchenko n'est qu'une banale manipulation antisoviétique destinée à alimenter la guerre froide, dont le principal protagoniste n'a, en soi, aucun intérêt. Surprise : depuis sa retraite d'outre-Atlantique, l'insignifiant Kravtchenko, ce renégat méprisable, attaque *Les Lettres françaises* en diffamation !

Le « procès du siècle »

L'ex-ingénieur en cavale s'est fait quelques amis dans les milieux politiques américains. Ceux-ci lui conseillent de porter le fer en France, un pays de droit où la liberté d'expression est assurée, mais où le Parti communiste, aux ordres de Moscou, représente le tiers de l'électorat : si le procès se déroule en public, Kravtchenko bénéficiera d'une audience beaucoup plus grande, en valeur relative, qu'aux États-Unis. Les droits d'auteur que lui a rapportés son best-seller permettent largement de financer l'aventure. À charge pour ses nouveaux amis de lui fournir, sous un nom d'emprunt, un passeport et un visa pour la France…

Son éditeur Kerdeland étant passé à autre chose, c'est son agent français Gérard Bouteleau – le fils de l'écrivain Jacques Chardonne – qui s'occupe des premières démarches judiciaires et convainc un ténor du barreau de Paris, maître Georges Izard, de défendre ce client hors normes. Izard a 45 ans. Ancien député du Front populaire, résistant socialiste pendant la guerre, cofondateur avec Emmanuel Mounier de la revue *Esprit*, il est convaincu que le communisme constitue le plus grand danger pour la France. Il s'adjoint la compétence de maître Gilbert Heiszmann, spécialiste du droit de la presse et de la jurisprudence en matière de diffamation. À New York, les amis de Kravtchenko lancent dans la presse immigrée russe et ukrainienne des appels à témoins. Nouvelle surprise : plus de cinq mille propositions de témoignages déferlent sur le bureau de ses avocats !

Ceux-ci lancent la procédure à la fin janvier 1948. Les deux principaux responsables des *Lettres françaises* – le directeur Claude Morgan et le chroniqueur littéraire André Wurmser – relèvent cet étrange défi lancé depuis l'Amérique par ce transfuge inconnu forcément manipulé par la CIA. Ils pensent qu'ils vont facilement transformer ce procès en une charge en règle contre les États-Unis, ce pays « fasciste, raciste, antisémite, anti-ouvrier, antisyndicaliste et policier » (*sic*). Ils s'entourent, eux aussi, d'avocats de renom : maîtres Nordmann, Blumel, Matarasso et Bruguier, tous anciens résistants, ou militants communistes, ou les deux. Et ils convoquent à grand renfort de publicité une impressionnante brochette de témoins, tous héros de la Résistance, qui ne connaissent rien de l'affaire, mais dont le seul nom suffira, pensent-ils, à faire comprendre de quel côté est le mal, incarné par Kravtchenko, et de quel côté est le bien : le physicien Frédéric Joliot-Curie, l'écrivain Vercors, le poète Jean Cassou, le journaliste Pierre Courtade, le député Fernand Grenier, l'ancien déporté Louis Martin-Chauffier, le grand résistant Emmanuel d'Astier de La Vigerie, le ministre Pierre Cot, le médecin Pierre Debray…

Pour des raisons diamétralement opposées, les deux parties entendent transformer cette banale affaire de diffamation en une opération de propagande politique. Plusieurs événements majeurs, dans les mois qui suivent, vont constituer la toile de fond de cette bataille procédurale aux forts accents idéologiques : le « coup de Prague », qui confisque le pouvoir tchécoslovaque au profit des seuls communistes aux ordres de Moscou ; le « blocus de Berlin », qui voit les États-Unis se porter au secours de la zone occidentale de l'ex-capitale allemande cernée par l'Armée rouge ; les rumeurs de grève générale dans les mines, prélude à un renversement du pouvoir en France ; et l'inquiétude croissante qui gagne les populations européennes quant à une éventuelle troisième guerre mondiale. Prévu pour l'été 1948, puis reporté de six mois, c'est dans une effervescence exceptionnelle que va finalement s'ouvrir ce que les journaux qualifient déjà de « procès du siècle ».

De part et d'autre du « rideau de fer »

Le 24 janvier 1949, à midi, on se bouscule sur le seuil de la dixième chambre correctionnelle du Tribunal de la Seine (c'est la dix-septième qui juge les affaires de diffamation, mais sa salle est trop petite). Le juge Durkheim préside, flanqué de deux autres magistrats. Face au président, les avocats de la défense et ceux de la partie civile siègent de part et d'autre de la barre où vont se succéder les témoins. Le substitut, le greffier, les dessinateurs et les journalistes accrédités – parmi lesquels la toute jeune Nina Berberova, correspondante d'un journal de l'émigration russe – sont massés au pied de l'estrade. La salle, bondée, est pleine de diplomates, d'avocats, de journalistes, d'espions, de curieux, de gendarmes en uniforme et de policiers en civil. Un jour, on y apercevra Jean-Paul Sartre en personne, curieux de savoir quel est cet individu qui ose défier les bâtisseurs du progrès et le sens de l'histoire…

À 13 heures, une sonnerie retentit : Kravtchenko entre, accompagné par Konstantin Andronikov, l'élégant et efficace interprète du tribunal, qui sera plus tard celui du général de Gaulle. C'est le début d'un procès extraordinaire, qui doit durer neuf jours, mais qui ne s'achèvera que deux mois plus tard, couvert de bout en bout par la presse française et internationale. Non sans tensions, insultes et éclats de voix : les uns et les autres haussent le ton, injurient l'adversaire, se retiennent pour ne pas en venir aux mains et s'installent sur leurs positions comme s'ils campaient de part et d'autre du « rideau de fer ».

D'un côté, les prestigieux témoins de la défense – les Jean Cassou, les Yves Farges – multiplient les propos généraux, les souvenirs militaires et les discours politiques destinés à prouver qu'un individu qui conteste l'URSS de Staline ne peut être qu'un complice des nazis. D'autres témoins venus d'URSS animeront certaines audiences, comme Zinaïda Gorlova, la première femme de Kravtchenko, pathétique dans son pénible réquisitoire contre son ex-mari ; ou le général Leonid Roudenko, le vainqueur de Stalingrad, bardé d'une triple rangée de décorations, très mal à l'aise, qui finit par quitter la salle sans un mot, sous les questions insistantes de Kravtchenko et de ses défenseurs.

De l'autre côté, les témoins sélectionnés par maître Izard sont souvent des petites gens ayant connu l'URSS des années 1930 et 1940. Mal habillés, mauvais orateurs, ils ont été amenés à Paris depuis les zones occidentales d'Allemagne où ils se sont réfugiés en 1945. Mais s'ils sont copieusement insultés, humiliés et discrédités par les représentants des *Lettres françaises*, ils émeuvent souvent le public par la sincérité de leurs propos et la précision avec laquelle ils confirment les passages les plus critiques du livre de Kravtchenko sur la collectivisation des terres, la famine en Ukraine, la cruauté de la police politique ou l'horreur des camps de travail.

Au quatorzième jour du procès, une femme bouleverse le tribunal. Elle s'appelle Margarete Buber-Neumann. Cette communiste allemande, épouse d'un cadre du Komintern, se réfugia à Moscou lors de l'arrivée des nazis au pouvoir en 1933. Lors des purges de 1937-1938, son mari fut arrêté par le NKVD et disparut. Elle-même fut arrêtée à son tour et envoyée au goulag. Après deux années atroces passées dans un camp au Kazakhstan, elle fut « libérée » par Staline qui avait promis à Hitler, son allié d'alors, de lui livrer tous les Allemands emprisonnés en URSS : à peine rapatriée, elle fut envoyée pour cinq ans au camp de Ravensbrück comme « agent du Komintern »! Sur son calepin, la jeune journaliste Nina Berberova écrit :

> La salle écoute son témoignage avec une attention soutenue. Disons-le franchement, ce témoignage vaut à lui seul dix ans de propagande anticommuniste!

Si une personne peut faire un parallèle entre les camps communistes et les camps nazis, c'est bien cette femme remarquable – elle en tirera d'ailleurs, plus tard, aux éditions du Seuil, deux livres très émouvants. C'est pourtant cette terrible comparaison qui a du mal à passer. Le récit de Margarete Buber-Neumann, comme celui de Kravtchenko, est si terrifiant qu'il paraît inimaginable. Que la terreur nazie et l'enfer soviétique puissent être mis sur le même plan, cela heurte l'entendement de tous ceux qui croient encore que l'Union soviétique, malgré les excès, malgré les erreurs, reste l'« avenir radieux » des peuples de la terre.

Le procès de l'URSS

Même si le président Durkheim s'efforce de cantonner le tribunal à son objet, c'est-à-dire une affaire de diffamation, c'est bien le procès de l'URSS qui se déroule à Paris pendant ces deux mois d'affrontement judiciaire. Mais Kravtchenko et ses avocats se heurtent à un mur d'incompréhension, de fanatisme, d'illusions et de haine derrière lequel beaucoup d'intellectuels français cultivent une fascination irrationnelle pour la valeureuse « patrie du communisme ». En 1949, il ne manque pourtant pas de témoignages accablants, d'analyses impitoyables ou de romans abrasifs dénonçant la réalité soviétique. Mais leurs auteurs – André Gide, Boris Souvarine, Anton Ciliga, Arthur Koestler – ont toujours été vilipendés, stigmatisés et submergés par une formidable propagande relayée par un parti puissant auquel la « victoire sur le fascisme » a redonné une légitimité inédite. Sans parler de ceux que l'on appelle, à la russe, les « compagnons de route ».

Le procès s'achève le 22 mars. Face aux révélations de Kravtchenko et de ses témoins, le monde communiste a fait bloc : articles vengeurs, manifestations de rue, meetings publics, etc. Les avocats des *Lettres françaises* et leurs derniers témoins, du philosophe Roger Garaudy au ministre Pierre Cot, n'ont cessé de marteler le même leitmotiv : toute critique de l'URSS est un ralliement au fascisme, une insulte à la Résistance et une trahison des intérêts de la France – qui sont, bien sûr, de rompre avec le capitalisme en général, et avec les États-Unis en particulier.

Mais il n'aura pas suffi de répéter en boucle que l'URSS est « le régime le plus humain de la terre » et que Kravtchenko est « un traître et un saboteur », comme les avocats des *Lettres françaises* l'ont encore affirmé dans leurs plaidoiries, pour convaincre un tribunal submergé par les insultes, les calomnies et les mensonges. Même l'auteur de l'article assassin qui a déclenché le procès, le fameux Sim Thomas, ex-collaborateur de l'*Office of Strategic Services* (OSS), s'est avéré une invention : il n'a jamais existé ! On saura plus tard que le dossier avait été rédigé par le journaliste communiste André Ullmann, un ancien d'*Esprit* devenu un honorable correspondant de l'ambassade d'URSS à Paris.

Les juges n'ont pas mis longtemps à trancher. Le lundi 4 avril 1949, à 13 heures, dans la salle de la dix-septième chambre correctionnelle où tous les journalistes et photographes ont eu du mal à s'entasser, le président Durkheim lit le jugement : oui, il y a eu diffamation, les avocats et les témoins de la défense n'ayant pu confirmer que Viktor Kravtchenko fût un affabulateur, un ivrogne ou un déserteur. *Les Lettres françaises* – à travers Claude Morgan et André Wurmser – sont donc condamnées à une amende, à des dommages et intérêts, et à la publication du jugement dans les colonnes de l'hebdomadaire communiste.

« Kravtchenko a gagné », titrent les journaux. L'ex-ingénieur a réussi à donner au procès un écho exceptionnel. Pour la première fois, le grand public a entendu parler de la réalité de l'URSS – la terreur, la famine, les procès, les camps. *J'ai choisi la liberté !* se vendra, en France, à plus de cinq cent mille exemplaires. Son auteur n'a qu'un regret, c'est que le tribunal se soit déclaré incompétent pour juger le régime soviétique. Mais il eût fallu un autre lieu, un autre tribunal, un autre motif !

Le « procès Kravtchenko », comme on l'appelle depuis le début, a été si dense et si exhaustif que le procès en appel, qui se déroule en novembre 1949, n'intéresse presque personne : tout a déjà été dit, étudié, contesté, jugé. Kravtchenko ne fait même pas le voyage de Paris, laissant ses avocats boucler cet épisode peu médiatique. En février 1950, le journal *Les Lettres françaises* est définitivement débouté : non, décidément, Viktor Kravtchenko n'était ni un traître ni un affabulateur.

Certes, le célèbre transfuge peut être satisfait : il a incontestablement altéré l'image de l'URSS dans le monde occidental. Mais celui qui voulait « révéler la vérité » sur le régime soviétique devra se contenter de cette victoire judiciaire, bientôt oubliée dans le fracas de la guerre de Corée, puis de la guerre froide, dont il ne verra pas la fin[4].

Kravtchenko aura pourtant laissé une trace dans l'histoire : jusqu'à la disparition de l'URSS en 1991, lorsqu'un citoyen soviétique passera à l'Ouest, on dira qu'il a « choisi la liberté ».

4. Kravtchenko ne s'est jamais remis de son aventure. Il a écrit un livre sur son procès, *Le Serpent et l'Épée*, qui n'a eu aucun succès ; puis il est parti chercher fortune dans les mines du Pérou. Rentré à New York en 1956, il sombre dans la dépression et finit par se suicider le 26 février 1966, à l'âge de 61 ans.

10

La seconde mort de Joseph Staline

Comment le « Rapport secret » de Khrouchtchev déclencha la déstalinisation

« Il est des vérités qui peuvent tuer un peuple. »

Jean Giraudoux, *Électre*

Moscou, 24 février 1956. Dans la grande salle du Kremlin, le XXe Congrès du Parti communiste de l'URSS – le premier depuis la mort de Staline – s'est achevé sans la moindre anicroche. Tout l'après-midi, les mille quatre cent trente-six délégués ont discuté, sous la présidence du camarade Pervoukhine, le long rapport économique exposé par le camarade Boulganine. Un grand nombre d'entre eux, qui doivent regagner leur lointaine province, ont déjà rejoint leurs résidences pour préparer leurs affaires, quand des émissaires du Premier secrétaire, le camarade Khrouchtchev, font le tour des hôtels pour ordonner aux délégués de retourner au Kremlin, afin d'y entendre un dernier rapport qui ne figure pas à l'ordre du jour officiel.

Un peu avant minuit, la salle du Congrès est de nouveau pleine – seules manquent les délégations étrangères, qui n'ont pas été conviées – lorsque Nikita Khrouchtchev monte à la tribune et commence à lire un texte. Un texte inattendu, stupéfiant, inouï. Dès les premiers paragraphes, un silence sépulcral se fait, qui va durer jusqu'à 4 heures du matin. Sidérés, choqués, les délégués écoutent ce « rapport secret » de plus de cent feuillets qui restera comme un des principaux tournants de l'histoire du communisme.

Un congrès, pour quoi faire ?

Un congrès, en URSS, c'est toujours un événement. Depuis le premier du genre, en 1898, à Minsk, première instance suprême du Parti ouvrier social-démocrate de Russie (POSDR), ancêtre du PCUS. En théorie, c'est le Congrès qui tranche, qui sanctionne, qui donne le ton. C'est lui qui élit le Comité central, un organe permanent dont l'État et le gouvernement appliquent, peu ou prou, les orientations. En mars 1918, le VIIe Congrès valida le nom de *Parti communiste russe (bolchevik)*. En mars 1919, le VIIIe Congrès fit du Parti le principal détenteur du pouvoir politique, reléguant les assemblées élues au rôle de faire-valoir. Au printemps 1920, lors du IXe Congrès, Lénine consacra le pouvoir absolu du Parti communiste sous le nom qui restera dans l'histoire : la « dictature du prolétariat ». Un an plus tard, en pleine guerre civile, le Xe Congrès décida de réprimer dans le sang la révolte des marins de Kronstadt et d'abandonner le « communisme de guerre » au profit d'une « nouvelle politique économique » (NEP). En avril 1922, le XIe Congrès inventa pour Staline le poste de « secrétaire général », qui n'était encore qu'un poste subalterne…

À partir de 1923, profitant de la maladie de Lénine, Staline entreprend d'asseoir méthodiquement son autorité sur le Parti, non sans éliminer ses rivaux un à un, par les moyens les plus brutaux : Trotski, Boukharine, Zinoviev, Kamenev et autres futures victimes de la « terreur rouge ». En 1927, le nouveau maître de l'URSS lance la collectivisation forcée des campagnes, qui va faire des millions de victimes. En 1934, le XVIIe Congrès, dit « Congrès des vainqueurs », sacre définitivement Staline, qualifié de « plus grand dirigeant de tous les temps et de tous les peuples », mais prépare aussi la plus grande purge de l'histoire de l'URSS. Sur les deux mille délégués, plus de mille vont disparaître au terme des procès initiés par le NKVD, les exécutions sommaires et les camps de travail forcé ! C'est un Parti communiste profondément renouvelé, et pour cause, qui réunit son XVIIIe Congrès en mars 1939. Survivants et nouveaux venus applaudissent le nouveau mot d'ordre, qui consiste à passer de la « construction du socialisme » au « communisme » proprement dit. La Seconde Guerre mondiale va se charger de modifier cet ordre du jour…

Treize ans passent – dont quatre années de guerre – sans que Staline éprouve le besoin de convoquer le Congrès, au mépris des nouveaux statuts qu'il a lui-même fait voter en 1939. Or, au lendemain du conflit mondial, la reconstruction du pays est spectaculaire. La victoire sur le nazisme a redonné espoir à toute une population martyrisée, décimée, épuisée et… patriote. À la surprise générale, le IVe plan quinquennal (1946-1950) est un réel succès : le courage du peuple russe désireux de reconstruire son pays n'est pas un vain mot. Dans le même temps, le Parti passe de 2,5 millions de membres (en 1939) à 6,9 millions (en 1952), un accroissement spectaculaire lié à l'effort de reconstruction, qui ne va pas sans un effritement idéologique majeur : il y a même des dirigeants locaux qui prônent imprudemment, dans les journaux, le développement du commerce et la relance de la consommation ! Staline, au faîte de sa puissance, ne saurait admettre que le Parti lui échappe : il est temps de reprendre tout cela en main…

1952 : la succession se profile

Le 5 octobre 1952, à 19 heures, les mille trois cent cinquante-neuf délégués au XIXe Congrès du Parti qui se pressent dans la grande salle du Kremlin saluent par une immense ovation l'apparition de Staline entouré de sa garde rapprochée : Molotov, Malenkov, Vorochilov, Boulganine, Beria, Kaganovitch, Khrouchtchev, Mikoïan. Qui oserait imaginer, même dans ses pensées les plus folles, que l'on pût alors émettre la moindre critique à l'égard du vainqueur de Hitler, dont la gloire est à son zénith en Russie comme dans tous les partis communistes du monde, et même au-delà ? Viatcheslav Molotov prononce le discours d'ouverture. Gueorgui Malenkov, quant à lui, lit le rapport du Comité central. Dans la presse occidentale, ces deux hommes font figure de successeurs potentiels – en URSS, le sujet est tabou, naturellement. Malenkov, avec sa moustache et ses lunettes, a même fait la une du magazine américain *Time* en 1946, honneur que partagera Molotov, avec son célèbre chapeau, en avril 1953 !

Nikita Khrouchtchev ne prend la parole qu'au cinquième jour du Congrès, sur le projet de réforme des statuts du Parti élaboré par le Comité central – qui sera ratifié, sans aucun amendement, à l'unanimité des présents. Plusieurs propositions sont purement formelles, comme le remplacement du mot « bolchevik » par le mot « communiste » dans le nom de l'organisation, ou la transformation du Politburo, qui dirige le parti entre les sessions du Comité central, en un présidium. Des broutilles. C'est entre deux phrases anodines que l'orateur stipule que le Congrès doit se réunir « tous les quatre ans ». Sans s'appesantir sur ce point, d'apparence mineur.

Le 5 mars 1953, cinq mois après le XIXe Congrès, Staline meurt. Comme il fallait s'y attendre, c'est Malenkov, président du Conseil des ministres, qui fait figure de principal successeur, avec Molotov comme adjoint et le redoutable Lavrenti Beria comme ministre de l'Intérieur et de la Sécurité. Ce sont ces trois dignitaires qui prennent la parole aux obsèques du « père des peuples ». Khrouchtchev n'a pas cet honneur. Certes, le 22 mars, il est nommé Premier secrétaire du Comité central du PCUS. Mais à ce moment de l'histoire, ce poste n'est pas le plus important : Staline, qui avait abandonné le titre de « secrétaire général » en 1952, exerçait le pouvoir suprême en tant que chef de l'exécutif, laissant le fidèle Malenkov gérer pour lui la morne actualité d'un Parti communiste aux ordres. C'est le rôle qui est désormais assigné à Khrouchtchev, en qui personne ne voit encore un leader de premier plan. En tout cas, pas un successeur du grand, de l'immense, du génial Staline ! L'ancien patron du PC ukrainien passe pour un bouffon un peu simplet, sans grande culture idéologique, mais compétent en matière agricole. Pas de quoi en faire un plausible successeur du guide de la Révolution !

Le nouveau Premier secrétaire va montrer, pourtant, qu'il faut compter avec lui. Il se méfie de Beria, qu'il traitera dans ses Mémoires d'« opportuniste », de « boucher » et d'« assassin ». Il l'a surpris « rayonnant » devant le corps du défunt, le soir du décès, comme quelqu'un qui ne voit plus d'obstacle, désormais, entre lui-même et sa propre ambition de dictateur. Khrouchtchev convainc Malenkov, puis Molotov, puis Kaganovitch, d'éliminer cet homme « dangereux » pour chacun d'entre eux : qui sait ce que sera leur sort lorsque Beria aura tous les pouvoirs ? La quasi-totalité du présidium se rallie à l'analyse de Khrouchtchev. Le 26 juin, au cours d'une réunion banale du présidium, Beria est arrêté par surprise (*cf. chapitre 8*). Il sera le dernier dirigeant du PCUS à être promptement exécuté par ses pairs.

En avant vers le XXe Congrès !

Outre l'élimination de Beria, une des premières décisions du nouveau Premier secrétaire est d'appliquer scrupuleusement les statuts du Parti en annonçant la convocation d'un Congrès ordinaire dans le délai convenu de quatre ans. La date est fixée au mois de février 1956. Comme toujours, à l'approche de l'échéance, des commissions sont désignées pour préparer les rapports sur les divers points de l'ordre du jour. Ces commissions font l'objet de larges mentions dans la presse officielle, qui publie les principales interventions de leurs membres. À l'exception d'une seule, qui restera ultrasecrète. Instituée le 31 décembre 1955 par le présidium du Comité central à l'initiative de Khrouchtchev, elle est intitulée « Commission pour l'établissement des causes des répressions de masse contre les membres titulaires et les membres suppléants du Comité central élus au XVIIe Congrès du Parti ». Les Molotov, Kaganovitch et autres Vorochilov ne bronchent pas, mais n'en pensent pas moins : est-il vraiment utile de remuer un passé dont ils ont tous été, plus ou moins, les artisans ? Molotov est membre du Politburo depuis 1926 ; Kaganovitch, depuis 1930 ; Vorochilov, depuis 1926, lui aussi. En revanche, les nouveaux promus soutiennent l'initiative de Khrouchtchev : Boulganine, entré au Politburo en 1948 ; Sabourov et Pervoukhine, en 1952 ; Kiritchenko et Souslov, en juillet 1955…

La mystérieuse commission est composée d'Andreï Aristov (membre du présidium et du secrétariat), Nikolaï Chvernik (chef de l'Union des syndicats), Pavel Komarov (président de la commission de contrôle), et présidée par Piotr Pospelov, 57 ans, un vieux théoricien bolchevique passé par l'Institut des professeurs rouges, ancien rédacteur en chef de la *Pravda,* inébranlable partisan de Staline dont il a rédigé la biographie officielle ! Dans le plus grand secret, la « commission Pospelov » se met au travail. Elle dispose notamment d'un rapport ultraconfidentiel remis le 5 janvier 1954 par le colonel Pavlov, chef du premier département spécial du ministère de l'Intérieur. Elle dispose aussi des trois cent quatre-vingt-trois listes de condamnés à mort dûment paraphées par Staline, mais aussi, pour beaucoup d'entre elles, contresignées par… Molotov, Kaganovitch et autres Vorochilov, dont on comprend mieux les réticences !

Le 9 février 1956, la commission Pospelov boucle son rapport. Ce document de soixante-dix pages est essentiellement consacré, comme il était demandé à ses auteurs, à la répression interne qui frappa le Comité central élu en 1934. Sur cent trente-neuf membres de cette instance, quatre-vingt-dix-huit furent arrêtés et fusillés à la diligence du commissaire du peuple à l'Intérieur et chef suprême de la police Guenrikh Iagoda, remplacé en 1936 par le sadique Nikolaï Iejov, lui-même remplacé en 1938 par Lavrenti Beria. Le rapport distingue deux catégories d'affaires : les « infractions massives à la légalité socialiste et opérations terroristes de masse » sanctionnées sans ménagement par le NKVD, et les affaires directement jugées par le collège militaire de la Cour suprême de l'URSS, qu'on regroupera sous l'appellation de « procès de Moscou ». Une vingtaine de pages seulement sont consacrées, au-delà de l'épuration du Comité central, à l'arrestation de 1,5 million de communistes locaux ou de simples citoyens, dont six cent quatre-vingt mille ont été fusillés. Ces chiffres terrifiants sont, pour de nombreux dirigeants, une véritable révélation. Lorsque le rapport Pospelov sera divulgué, cette partie du texte sera passée sous silence.

Les successeurs de Staline avaient-ils conscience de l'énormité de la répression dont ils avaient été, à l'époque, les témoins plus ou moins actifs ? Dans ses Mémoires, Khrouchtchev expliquera qu'il est tombé des nues en lisant le document. Grossière hypocrisie : comment aurait-il pu ignorer les folies policières de ces années sanglantes, lui qui dirigea le Parti de la ville de Moscou pendant les purges, à partir de 1934, puis le Parti de la République d'Ukraine pendant la terreur, à partir de janvier 1938 ? Mais, en toute candeur, Khrouchtchev ajoute que Malenkov, Molotov et Vorochilov, en revanche, et pour ne citer qu'eux, savaient parfaitement à quoi s'en tenir. Sa fausse innocence a un objectif clair : faire porter par Staline et ses proches le poids de la « terreur rouge » pour mieux se poser lui-même en héritier d'un communisme non dévoyé…

En parler ou non ?

La veille de l'ouverture du XXe Congrès, le présidium désigne logiquement Nikita Khrouchtchev, Premier secrétaire, pour prononcer le rapport général – un discours à dominante économique, relu et approuvé par le Comité central dans l'esprit de ce qu'on appelait alors la « direction collective ». Les orateurs qui prennent ensuite la parole approuvent le rapport, qui est adopté, comme d'habitude, à l'unanimité. Comme le relate Khrouchtchev dans ses Mémoires, « tout se passe bien ». Au point qu'il réunit le présidium, lors d'une interruption de séance, pour poser enfin la question du rapport Pospelov : le Congrès va-t-il se séparer sans que le sujet soit abordé ? « Folie ! », s'exclame Vorochilov. « Pas question ! », réagit Kaganovitch. « Personne ne nous y oblige ! », observe Molotov. Mais Khrouchtchev use d'un argument inattendu :

> On a commencé à libérer des dizaines de milliers de gens retenus dans les camps, et ce n'est qu'un début : il va bien falloir que le Parti s'explique et fasse son autocritique sur ce sujet. Or, si nous voulons tout dire des abus commis par Staline et Beria, c'est maintenant qu'il faut le faire, au cours de ce Congrès : au XXIe Congrès, pour nous, il sera trop tard !

Plusieurs membres du présidium en conviennent. Mais lequel d'entre eux sera envoyé à la tribune pour ce discours imprévu ? « Pospelov », propose Khrouchtchev. « Non, toi, Nikita Sergueïevitch ! » répondent les autres. Dans le climat de suspicion générale qui règne à Moscou depuis la mort de Staline, un tel discours prononcé par un autre que le Premier secrétaire ferait croire, inévitablement, à des dissensions au sein du pouvoir. C'est cette hésitation que rapportera Khrouchtchev des années plus tard, dans un récit qui ne manque pas de cohérence : si le Premier secrétaire avait eu l'intention de révéler lui-même le contenu du rapport Pospelov, il aurait au moins préparé le terrain par quelques allusions dans son rapport général…

Dans la soirée du 24 février, les responsables de l'organisation du Parti envoient donc récupérer aux quatre coins de Moscou les délégués qui, pensant le XXe Congrès terminé, ont déjà rejoint leurs hôtels. Ils ont aussi la consigne d'aller informer les chefs des principales délégations étrangères qu'un discours important va être prononcé *à huis clos* : ils ne sont pas invités à l'entendre, mais les uns et les autres auront toute la nuit pour en prendre connaissance dans un document qu'ils devront impérativement restituer au petit matin. Libre à eux d'informer de son contenu les membres de leur délégation. Le texte du rapport est en russe, mais la plupart des grands chefs communistes européens ou asiatiques ayant assisté au Congrès – comme l'Allemand Walter Ulbricht, le Bulgare Valko Tchervenkov, le Chinois Wang Chiahsiang, l'Italien Palmiro Togliatti ou le Français Maurice Thorez – parlent couramment la langue de Pouchkine.

Au Kremlin, dans la salle du Congrès, Nikita Khrouchtchev commence la lecture de ce mystérieux rapport critiquant le « culte de la personnalité ». Il fait sensation :

> Camarades ! Dans le rapport du Comité central et dans plusieurs discours prononcés par des délégués, il a été question du culte de la personnalité et de ses conséquences néfastes. Après la mort de Staline, le

Comité central a commencé à expliquer brièvement, mais de façon positive, qu'il était étranger à l'esprit du marxisme-léninisme d'exalter une personne et d'en faire un surhomme doté de qualités surnaturelles à l'égal d'un dieu...

L'assemblée retient son souffle. L'orateur commence par rappeler que Marx, déjà, puis Lénine, en son temps, ont vivement condamné toute forme de culte de la personnalité. Puis il révèle que Lénine, perspicace, avait décelé la vraie personnalité de Staline qui « était excessivement brutal, capricieux et abusait de ses pouvoirs » (*sic*), au point de proposer de le décharger de son poste de secrétaire général du Parti. Pour que nul n'en ignore, on distribue aux congressistes ce fameux texte de Vladimir Illitch que les historiens ont appelé le *Testament de Lénine*, et qu'il était impossible de se procurer sous son successeur. Théâtral, Khrouchtchev enchaîne en soulignant que « les craintes de Lénine étaient fondées » !

Un dictateur cruel et incompétent

Tout en prenant garde de justifier la lutte « nécessaire et inexorable » menée naguère par le Parti « contre les trotskistes, les zinovievistes, les boukhariniens et les autres », l'orateur explique que Staline n'avait plus ces mêmes mobiles quand il a lancé la grande terreur des années 1937-1938 :

Staline ne tolérait absolument pas la direction et le travail collectifs et pratiquait la violence brutale, non seulement contre tout ce qui s'opposait à lui, mais aussi contre tout ce qui paraissait à son esprit capricieux et despotique,

> contraire à ses idées. [...] Staline a abandonné la lutte idéologique pour la violence administrative, les répressions de masse et la terreur [...] Dans toute une série de cas, Staline démontra son intolérance, son comportement brutal et abusa de ses pouvoirs de façon injustifiée...

À la stupéfaction de l'auditoire, Khrouchtchev remet en cause la version officielle de l'assassinat de Kirov, le compagnon et ami de Staline, en 1934 : à l'entendre, ce crime aurait été sciemment prémédité par l'entourage du dictateur pour servir de prétexte à une nouvelle épuration dans les rangs du Parti et dans toute la société. Mais c'est en abordant concrètement le bilan de la répression contre les membres du Comité central élu par le XVIIe Congrès que le Premier secrétaire provoque des vagues d'indignation dans la salle :

> Si quelque 70 % de ces délégués élus furent arrêtés et fusillés, cela signifie évidemment que d'honnêtes communistes ont été calomniés, que les accusations portées contre eux étaient fausses et que la légalité révolutionnaire fut gravement violée !

Parmi les délégués qui l'écoutent, beaucoup ont personnellement connu des « camarades » sommairement fusillés ou expédiés en camp de travail. Certains d'entre eux sont des survivants, d'autres des épurateurs. Khrouchtchev évoque un début de réhabilitation des cas les plus connus, les camarades Eikhé, Roudzoutak, Kossior, etc. À destination de la nouvelle génération de communistes, le Premier secrétaire lève ainsi la sourde menace d'une nouvelle terreur que pourraient déclencher, demain, les fidèles de Staline. La popularité de Khrouchtchev dans les rangs du Parti viendra, notamment, de cette implicite promesse.

Mais les délégués ne sont pas au bout de leurs surprises. Le Premier secrétaire va lever un autre tabou, inattendu, colossal, celui qui consiste, depuis 1945, à expliquer que Staline a gagné la « grande guerre patriotique », qu'il a été un chef militaire d'exception, que la « victoire sur le fascisme » est due à son génie personnel : tout cela est faux, martèle l'orateur en énonçant les faiblesses psychologiques, l'inconséquence stratégique et les erreurs tactiques de Staline, notamment son refus obstiné de croire que Hitler allait attaquer l'URSS en 1941.

Pendant toute la guerre, poursuit-il, la « nervosité » et l'« hystérie » de Staline ont « causé de graves dommages à l'armée soviétique » et « la perte de centaines de milliers de soldats ». Dans l'auditoire, quelques hauts gradés – comme le maréchal Bagramian, que Staline, en 1942, voulut rendre responsable de ses propres erreurs stratégiques – et de nombreux anciens combattants sont médusés par cette sévère mise au point :

> Ce n'est pas Staline, mais bien le Parti tout entier, le gouvernement soviétique, notre héroïque armée, ses chefs talentueux, ses soldats courageux, et la nation soviétique tout entière qui ont remporté la victoire !

Une tempête d'applaudissements salue longuement ce passage. À ce moment, Khrouchtchev sait qu'il a gagné la partie. Certes, beaucoup de vieux staliniens n'acceptent pas, au fond d'eux-mêmes, un tel déluge de critiques formulées à l'encontre de leur idole, mais pour toute la génération qui arrive aux responsabilités, ces propos constituent un véritable soulagement.

En approchant de la fin de son discours, Khrouchtchev fait flèche de tout bois : il accuse Staline d'avoir déporté brutalement et massivement des minorités entières de Kalmouks, de Tchétchènes, de Karatchaïs et d'Ingouches ; d'avoir monté de toutes pièces l'« affaire de Leningrad »[1] qui coûta la vie à la plupart des dirigeants de cette ville, tous parfaitement innocents ; d'avoir fabriqué, sur une idée du sinistre Beria, le « complot des blouses blanches » à coups de fausses accusations et d'aveux falsifiés...

À la fin du rapport, l'embarras est palpable. Certains délégués sont surexcités, la plupart sont abasourdis. Avant de clore la séance, le Premier secrétaire précise que le texte de son discours est ultrasecret, qu'il ne doit pas faire l'objet de commentaires en dehors de la salle, et que la presse n'en sera pas informée :

— Il y a des limites à tout : nous ne devons pas fournir de munitions à l'ennemi !

De fait, quelques heures plus tard, la *Pravda* et les autres quotidiens du pays sortent sans la moindre allusion à ce rapport confidentiel. Le lendemain, l'organe officiel du PC titre sur la fin des travaux du XXe Congrès, qu'il publie sur des pages et des pages, mais reste totalement silencieux sur ce qui s'est passé dans la nuit du 24 au 25 février.

Le temps des fuites

Quelques jours plus tard, les secrétaires du Parti dans les républiques et les régions reçoivent le texte du sulfureux rapport, mais ils doivent signer une décharge et promettre que la lecture en sera réservée aux « activistes »

1. Entre 1948 et 1950, Staline déclencha des purges aussi injustes que meurtrières dans les rangs du Parti communiste de Leningrad, où il voyait un dangereux foyer de contestation de son autorité.

du PCUS à l'intérieur de bâtiments fermés où il sera interdit de prendre des notes. Après lecture, les apparatchiks concernés devront restituer leur exemplaire du texte. La consigne, en russe, dit bien ce qu'elle veut dire : « *Konspirativnost.* » Secret absolu !

Mais qui pouvait penser qu'un texte aussi sensationnel, diffusé à tant de personnes, ne ferait pas, tôt ou tard, l'objet de fuites ? Dès la mi-mars, la rumeur se répand dans Moscou qu'un rapport explosif a été lu au Congrès, critiquant le « culte de la personnalité » qui sévissait sous Staline. L'information, évidemment partielle, est véhiculée par tel médecin membre du Comité central, par tel chauffeur de diplomate ayant eu l'information, par tel journaliste bien en cour au Kremlin. Le 10 mars, la rumeur atteint le bureau de l'ambassadeur américain Charles Bohlen, qui se démène aussitôt – en vain – pour avoir le texte.

Le 16 mars, une première information sur le « rapport secret » paraît dans le *New York Times*. Le lendemain, l'agence britannique Reuters confirme la nouvelle depuis son bureau de Bonn. Le correspondant français de *L'Humanité*, Pierre Hentgès, y consacre trois articles les 19, 20 et 21 mars. Le quotidien communiste yougoslave *Borba* est le premier à publier un résumé assez exact du rapport. Enfin, le 28 mars, c'est la *Pravda* qui publie un étonnant article intitulé « Pourquoi le culte de la personnalité est étranger au marxisme-léninisme » où, pour la première fois dans ses colonnes, Staline est l'objet de critiques. Cette fois, nul ne peut nier qu'il s'est passé quelque chose d'extraordinaire au XXe Congrès du Parti – même si le texte complet du rapport « sur le culte de la personnalité et ses conséquences » demeure introuvable.

Comment le « rapport secret » va-t-il parvenir dans les mains de la CIA ? Par une filière polonaise, selon toute vraisemblance. L'hypothèse qu'émettra Khrouchtchev dans ses Mémoires est plausible. Lors de sa lecture à Moscou, le chef du PC polonais, Bolesław Bierut, était gravement malade – il est mort le 12 mars – et n'avait aucune autorité sur sa délégation, qui ne comportait pas que des staliniens. Que le texte soit tombé dans les mains d'un délégué disposant d'une photocopieuse n'est pas à exclure. Khrouchtchev soupçonnera même le camarade Roman Zambrowski, un juif polonais qu'il ne porte pas dans son cœur et qu'il va d'ailleurs empêcher de succéder à Bierut. On dit aussi qu'une secrétaire du dirigeant communiste Edward Ochab aurait montré le document à son petit ami journaliste, lui-même très proche de l'ambassade d'Israël… Une copie en entraînant une autre, le texte du fameux rapport circule à Varsovie, fin mars, où il se vend même au marché noir !

Expédié à Washington, le texte fait l'objet d'une grande perplexité dans les couloirs de la CIA comme dans l'entourage du président Truman, et aussi d'un débat tactique : est-il de l'intérêt des États-Unis de le rendre public ? L'ambassadeur Bohlen, à Moscou, répond par la négative : il craint qu'une telle publication, en pleine guerre froide, ne provoque la colère du Kremlin. Mais le ministre Foster Dulles, au Département d'État, est de l'avis contraire. C'est lui qui, le 4 juin, communique le rapport au *New York Times* qui, bien sûr, le publie aussitôt intégralement, entraînant sa reproduction totale ou partielle dans beaucoup de journaux occidentaux – comme *Le Monde*, en France, dans son édition du 6 juin 1956.

Le rapport « attribué à Khrouchtchev »

Comme toujours quand il s'agit de l'URSS, il ne manque pas de voix qui crient à la « désinformation ». Certains journalistes anglo-saxons imaginent que le texte a été fabriqué par la CIA, d'autres qu'il s'agit d'une manipulation du KGB. Mais pour la quasi-totalité des spécialistes, il y a peu de doute sur son authenticité. D'ailleurs, aucune campagne n'est lancée, depuis Moscou, contre les « falsificateurs bourgeois » ou la « propagande impérialiste ». Tout au plus note-t-on la disparition de quelques paragraphes dans la version de la CIA – c'est-à-dire dans celle du Parti polonais – sans grande signification politique.

Ces variantes mineures fourniront le prétexte aux communistes occidentaux pour se démarquer du rapport, parfois en niant son existence, parfois en doutant de son authenticité, et, surtout, pour ne pas le traduire. Aucun parti communiste dans le monde, même le PC yougoslave de Tito ou le PC italien de Togliatti, souvent critiques à l'égard du Kremlin, ne publieront le texte, dont l'auteur était pourtant le numéro 1 du communisme international. Seul le PC chinois se félicita bruyamment, dès le 7 avril, de l'orientation donnée par Khrouchtchev au XXe Congrès, sous la signature de Mao Tsé-toung… qui allait pourtant devenir, quand il romprait avec l'URSS cinq ans plus tard, le plus virulent détracteur de Khrouchtchev et de son rapport « mensonger, perfide et démagogique » !

Le Parti communiste français, pour sa part, parlera longtemps du « rapport attribué au camarade Khrouchtchev ». La formule est volontairement ambiguë, elle ne nie pas farouchement l'existence du rapport, mais elle permet de ne pas livrer à la discussion générale un texte qui pourrait se retourner contre les dirigeants de l'heure : comment les communistes français pourraient-ils dénoncer « le culte de la personnalité et ses conséquences » sans critiquer leur secrétaire général, le très stalinien Maurice Thorez en personne, ainsi que son fidèle second, le non moins stalinien Jacques Duclos ?

C'est en Europe de l'Est que la « déstalinisation » va faire le plus de dégâts au sein des « partis frères », tous installés au pouvoir en 1945-1947 par la grâce de Staline. Aucun déni, aucun mensonge, aucune censure n'empêche le texte du rapport Khrouchtchev d'être lu et débattu au sein des équipes dirigeantes, de Sofia à Prague, tout particulièrement dans les rangs des deux organisations les plus divisées à l'égard de la tutelle soviétique, le PC polonais et le PC hongrois, où les militants communistes sont les premiers à mettre en cause ceux qui les ont dirigés – et parfois terrorisés – pendant la période stalinienne.

Tout au long du printemps et de l'été 1956, cette onde de choc fait trembler les appareils politiques et agite les populations de Pologne et de Hongrie, jusqu'à déclencher le soulèvement étudiant de Poznań (juin 1956) et l'insurrection ouvrière de Budapest (octobre 1956). L'image des chars soviétiques occupant la capitale hongroise, cet automne-là, montrera que si le « rapport secret » a ouvert une brèche béante dans l'histoire du stalinisme, les successeurs du dictateur n'ont pas l'intention, bien au contraire, de renoncer à dominer le monde. Bref, que le communisme soviétique, s'il entend désormais se doter d'un « visage humain », n'en demeure pas moins une idéologie totalitaire à prétention universaliste. Or, c'est sur ce point que la déstalinisation va largement dépasser son but en frappant de discrédit l'ensemble du système soviétique.

11

La chute de Monsieur K

Comment le jovial Nikita Khrouchtchev fut débarqué en octobre 1964

« Il ne faut pas se laisser guider par l'humeur des masses : elle est changeante et impossible à jauger avec exactitude. »

Lénine

Moscou, le 13 octobre 1964. Un peu après midi, au-dessus de l'aéroport de Vnoukovo, un avion décrit de larges cercles dans le ciel, attendant patiemment qu'on lui donne l'autorisation d'atterrir. Il transporte le président de la République de Cuba, Osvaldo Dorticós Torrado, qui vient resserrer les relations entre son pays et le Kremlin : le retrait des fusées soviétiques de l'île, deux ans plus tôt, a déclenché la colère de Fidel Castro envers son protecteur soviétique, et il importe de mettre un terme à la brouille qui altère les rapports entre La Havane et Moscou. L'avion tourne depuis quarante minutes. Le président cubain s'impatiente. Dans le hall d'honneur de l'aéroport, les officiels s'interrogent : ni Khrouchtchev, ni aucun membre du présidium[1] n'est là pour accueillir le Cubain. La réunion des principaux dirigeants de l'URSS qui s'est ouverte ce matin au Kremlin semble s'éterniser…

Parmi les membres du comité d'accueil, un homme attend anxieusement des nouvelles du plénum. Alexeï Adjoubei est le rédacteur en chef du quotidien gouvernemental *Izvestia*. Il est surtout le gendre de Nikita Khrouchtchev, dont il a épousé la fille Rada en 1949. Il note que certains regards, déjà, se détournent de lui. Si Khrouchtchev saute, comme on le chuchote depuis la veille dans les couloirs de son journal, Adjoubei sautera aussi, évidemment, et la cohorte des courtisans se précipitera sur son successeur pour le féliciter ! Soudain, une grosse Tchaïka noire arrive en trombe et stoppe devant le hall. Nikolaï Podgorny en descend, l'imperméable déboutonné, une cigarette à la main, rouge d'excitation. Le directeur de l'aéroport est prévenu. L'avion entame enfin sa descente. Sur le tarmac, on entend Podgorny annoncer au petit groupe qui l'entoure :

— C'est fini ! On a brisé Khrouchtchev !

La stupéfaction se lit sur les visages. Lorsque le président cubain descend de l'avion, Podgorny le prend à part et lui annonce, presque à voix basse, la nouvelle du jour. L'hôte de marque devra rayer de ses discours les éloges convenus au Premier secrétaire du Parti. Dans le cortège de limousines officielles qui quittent l'aéroport sur les chapeaux de roues, chacun commente

1. Le présidium est l'ancien Politburo (il reprendra ce nom sous Brejnev). Il ne doit pas être confondu avec le plénum, qui est la session plénière du comité central.

l'information. Adjoubei, lui, rentre directement au siège des *Izvestia*, inquiet de savoir quel sort lui réservent les hommes qui viennent de débarquer son beau-père. Il n'a aucune illusion, et il a raison : convoqué dans l'après-midi par le secrétaire à l'idéologie du Comité central, il est limogé sans délai. Le règne de Nikita Khrouchtchev est bel et bien terminé.

La « vieille garde » éliminée

Huit ans ont passé depuis le « rapport secret » que le camarade Khrouchtchev a prononcé devant le XXe Congrès du Parti (*cf. chapitre 10*). Huit ans d'apaisement politique et de reconstruction économique. Avec prudence et roublardise, le successeur de Staline a su incarner la modernité, rejetant dans un passé sordide la condamnation du « culte de la personnalité », l'arrestation et l'exécution du sinistre Beria, ainsi que la libération de centaines de milliers de prisonniers politiques. Ces huit ans de bagarres internes et de normalisation institutionnelle ont promu une nouvelle génération de fonctionnaires du Parti et de responsables locaux qui ont tous le même souci : que jamais ne revienne la terreur qui a traumatisé et décimé la génération précédente !

On a compris que l'URSS avait basculé d'une époque à l'autre lors du bras de fer assassin qui opposa en 1957, l'espace de quelques heures, le nouveau chef du Parti, fort de sa popularité naissante, et la « vieille garde » ébranlée par la déstalinisation. Les Viatcheslav Molotov, Gueorgui

Malenkov et autres Lazare Kaganovitch[2] avaient compris qu'à la première crise, les anciens compagnons de Staline seraient automatiquement accusés de freiner la ligne politique en cours : s'ils voulaient éviter de suivre leur ancien maître dans les poubelles de l'histoire, il leur fallait absolument reprendre le pouvoir tant qu'il en était temps.

En juin 1957, profitant d'un voyage de Khrouchtchev en Finlande, le clan des nostalgiques du stalinisme provoqua une réunion du présidium du Parti et, sans prévenir, proposa la destitution du Premier secrétaire. Les partisans de celui-ci étant minoritaires, l'affaire faillit être pliée en quelques dizaines de minutes, par sept voix contre quatre. Sauf que ledit Premier secrétaire riposta par sa faculté, prévue dans les statuts du Parti, de convoquer dare-dare une session plénière du Comité central. Les délégués furent convoqués à Moscou de toute urgence : le maréchal Joukov, ministre de la Défense, mit des avions militaires à la disposition des plus éloignés ! Le 22 juin, lors d'un plénum qui dura trente heures d'affilée, les quelque trois cents délégués, tétanisés par l'idée d'un possible retour en arrière, ne se firent pas prier pour conforter le pouvoir de Khrouchtchev et permettre à celui-ci de se débarrasser de ses principaux ennemis, accusés d'avoir monté un « groupe antiparti » incarné par trois hommes : Malenkov, Molotov et Kaganovitch.

La victoire de Khrouchtchev fut totale. Or, elle masquait une autre victoire, celle d'une nouvelle classe dirigeante promue par les bouleversements dus au

2. Viatcheslav Molotov : ancien ministre des Affaires étrangères, membre du Politburo. Gueorgui Malenkov : ancien bras droit de Staline, ancien chef du gouvernement de l'URSS. Lazare Kaganovitch : membre du Politburo et du présidium du Soviet suprême.

XXe Congrès. Cette nouvelle catégorie de communistes pragmatiques, qui ne se réfèrent plus aux idéaux d'octobre 1917, est viscéralement hostile au retour des méthodes staliniennes. C'est pour cela qu'elle a défendu Khrouchtchev. Elle est aussi bien décidée à conforter ses pouvoirs et ses privilèges, sachant qu'elle n'est plus menacée par les arrestations, exécutions ou déportations d'antan.

Détail significatif, les trois dirigeants déchus ne furent pas fusillés dans les caves de la Loubianka ni expédiés dans un insalubre camp de Sibérie : ils furent respectivement nommés ambassadeur en Mongolie (Molotov), directeur d'une centrale électrique au Kazakhstan (Malenkov) et directeur d'une usine de ciment à Sverdlovsk (Kaganovitch). Le placard plutôt que le mitard ! Plus étonnant encore, plusieurs de leurs complices avérés – Boulganine, Vorochilov, Chepilov – restèrent dans l'appareil après avoir reçu un blâme. Comment montrer plus efficacement qu'on avait changé d'époque ?

Peu de temps après cette révolution de palais, le 4 octobre 1957, l'URSS envoya dans l'espace, avec succès, le premier satellite artificiel Spoutnik. C'était une victoire historique sur les Américains. Khrouchtchev, bien sûr, ne manqua pas de s'en prévaloir. D'autant que le constructeur de la fusée, l'ingénieur Sergueï Korolev, avait été victime des purges staliniennes en 1938 et avait failli mourir au bagne de la Kolyma pendant la guerre ! La politique de déstalinisation n'avait-elle pas permis, indirectement, le triomphe technologique de l'Union soviétique ?

L'« aventurisme » de Monsieur K

Une amélioration sensible de la situation économique, une éclatante victoire face aux derniers compagnons de Staline, un camouflet technologique et spatial infligé à l'Amérique, une image personnelle positive à l'étranger : on conçoit que le camarade Khrouchtchev ait été grisé par autant de bonnes fortunes. Croit-il vraiment, alors, qu'il va triompher de la guerre froide et prouver au monde entier la supériorité du communisme sur le capitalisme ? Le Premier secrétaire ne doute de rien. Sans prévenir personne, en 1959, il lance un appel fanfaron à « rattraper l'Amérique pour la production de viande dès 1960 ». Cette rodomontade sera sa première erreur.

Amer souvenir ! Le territoire choisi comme modèle pour cette aventure, la région de Riazan, dirigée par le camarade Larionov, falsifie massivement les comptes de ses entreprises en achetant des dizaines de milliers de vaches et de porcs aux kolkhoziens des régions alentour pour les revendre à bas prix à l'État sous les applaudissements de la propagande. La première année, Riazan fait l'objet de reportages dithyrambiques et une pluie de décorations s'abat sur Larionov et ses collaborateurs pour avoir réussi à « tripler la production de viande en un an ». Mais l'année suivante, l'abattage du cheptel kolkhozien ayant provoqué une chute spectaculaire de la production régionale, les résultats agricoles de la région de Riazan sont catastrophiques. Larionov se suicide d'un coup de pistolet à la veille du plénum qui devait sanctionner son échec. Dans les couloirs du Comité central, on commence à critiquer Khrouchtchev pour son « aventurisme ».

Le jovial Nikita surmonta l'épreuve de Riazan car il était le seul dirigeant soviétique, ou presque, à savoir parler d'agriculture. De Staline à Kaganovitch, de Molotov à Souslov, les responsables du Parti provenaient tous de milieux ouvriers ou citadins. Seul Khrouchtchev, issu d'une famille de paysans ukrainiens, prenait du plaisir à visiter des kolkhozes ! Aucun Malenkov, aucun Kossyguine n'aurait pensé à créer un poste d'« attaché agricole » dans les principales ambassades de l'URSS. Aucun Boulganine, aucun Mikoïan n'aurait trouvé le moindre intérêt à étudier la culture du maïs aux États-Unis et à s'en inspirer pour recommander, dès les années 1953-1955, l'intensification de sa production « comme dans l'Iowa ». À marche forcée, comme toujours en URSS ! Sans aucune expérience technique, sans les machines agricoles appropriées, sans les usines d'engrais nécessaires, sans tenir compte du climat souvent trop sec ou trop froid, on quadrupla les superficies cultivées en maïs aux quatre coins du pays. Malgré des premiers rendements médiocres, Khrouchtchev ordonna de doubler encore les surfaces entre 1955 et 1962, sacrifiant des millions d'hectares de prairies et de terres plus adaptées aux autres cultures fourragères comme le trèfle. Le résultat fut, en 1962, une catastrophe historique !

Les « terres vierges » : du succès au désastre

Parallèlement à l'intensification de la culture du maïs, Khrouchtchev lança un autre programme agricole, encore plus pharaonique, pour augmenter rapidement la récolte de blé – que la collectivisation des terres et la Seconde Guerre mondiale avaient fait descendre à un niveau plus bas qu'en 1913. L'idée était de gagner d'immenses superficies dans des régions en friche, baptisées « terres vierges », où l'agriculture n'avait jamais pénétré, de l'Asie centrale à la Sibérie en passant par l'Altaï et l'Oural. Le projet n'était pas absurde. Il mobilisa notamment, pendant l'été 1954, quelque trois cent mille jeunes volontaires encadrés par l'organisation du Komsomol. S'il ne donna rien de tangible en 1955, il aboutit, en 1956, à une récolte de blé spectaculaire, comme jamais l'URSS n'en avait connu. Même les ennemis de Khrouchtchev durent célébrer cette « victoire » inespérée et les mérites de leur initiateur !

Chacun sait, à la campagne, que les terres nouvellement défrichées s'épuisent vite si on ne les laisse pas reposer tous les deux ou trois ans. Mais à Moscou, on ne voyait pas les choses sous cet angle : il n'était pas question, pour les bureaucrates du Comité central, de renoncer à des chiffres de production aussi exceptionnels ! On a donc continué à expédier dans ces mythiques « terres vierges » des millions de familles et autant de moissonneuses-batteuses, de tracteurs, de silos, de camions, etc. Est arrivé ce qui devait arriver : la monoculture intensive ayant vite appauvri les sols, les récoltes ont sensiblement baissé, et il suffit d'une seule année de sécheresse, en 1963, pour transformer ce projet de titan en un cauchemar économique et politique. Cette année-là, pour la première fois, le Kremlin doit procéder à des achats massifs de blé à l'étranger. Et tous les regards se tournent vers le grand organisateur de ce désastre : Nikita Khrouchtchev.

Mais a-t-on jamais destitué un dirigeant soviétique pour une crise agricole ? Le Premier secrétaire essuie de vives critiques, mais il n'est pas encore inquiété. Son bilan reste « globalement positif ». Après le succès de Spoutnik, l'épopée spatiale de Iouri Gagarine, en avril 1961, redonne fierté au peuple russe. La même année, Khrouchtchev fait preuve de fermeté en décidant la construction du mur de Berlin. Quant à son « recul » dans l'affaire des missiles de Cuba en octobre 1962, il ne fera pas oublier que ses nombreux voyages à l'étranger ont sensiblement humanisé l'image de l'URSS dans le monde. Dernier point : le souvenir de sa victoire politique contre les « antipartis », en 1957, encore dans toutes les mémoires, suffit à calmer les ardeurs de ceux, pas très nombreux, qui rêvent de le renverser.

La « déstalinisation », suite et fin

Intouchable, le Premier secrétaire? Il a fini par le croire. À l'automne 1961, Khrouchtchev profite du XXIIe Congrès du Parti pour relancer la politique qui l'a rendu à la fois tout-puissant et populaire. Il s'agit d'achever le processus de réhabilitation des anciens prisonniers du goulag, de poursuivre les révélations sur l'histoire du stalinisme et d'assurer au peuple que la terreur fait bien partie du passé. Objectif politique : mettre définitivement sur la touche les dirigeants de la « vieille garde » ayant survécu à l'élimination du « groupe antiparti ». Ces opposants en puissance se voient accusés d'avoir été complices de tous les crimes d'antan, tandis qu'une motion ordonne le retrait du corps de Staline du mausolée de la place Rouge. Khrouchtchev avance ses pions, non sans prudence : les staliniens accusés des crimes les plus atroces ne font l'objet d'aucune procédure judiciaire; et le déménagement de la dépouille de Staline s'opère de nuit, sans tambour ni trompette, pour éviter toute réaction des nostalgiques du « petit père des peuples »...

À force d'ébranler volontairement le socle du régime dont il est l'héritier, Khrouchtchev finit par indisposer tous ceux qui ont grandi dans le culte de la Révolution et de l'État socialiste, furieux de voir certains auteurs publier des révélations insupportables sur les horreurs du goulag ou les erreurs stratégiques de Staline pendant la guerre. Parmi les œuvres qui voient ainsi le jour, défiant la censure, figure un récit époustouflant que les quelques intellectuels entourant Khrouchtchev lui conseillent de publier en novembre 1962. Le livre est titré *Une journée d'Ivan Denissovitch*. Son auteur, un rescapé du goulag, s'appelle Alexandre Soljenitsyne.

L'intelligentsia moscovite, stupéfaite, a désormais pour le Premier secrétaire les yeux de Chimène. On appellera plus tard *chestidiesiatniki* (« ceux des années 1960 ») les réformateurs de tout poil qui accompagneront cette libéralisation de la culture – et qui disparaîtront brutalement de la scène publique après la chute de Khrouchtchev. Les conservateurs, cadres du Parti et apparatchiks régionaux, en revanche, trouvent qu'il va trop loin et commencent à le maudire. C'est à cette époque, selon plusieurs témoins, que certains de ses collègues se mettent à réfléchir sérieusement – et secrètement – au moyen d'éliminer l'imprévisible Nikita Sergueïevitch.

À trop vouloir réformer le Parti…

Les diverses initiatives politiques de Khrouchtchev, prises souvent sans consulter ses pairs, vont nourrir l'animosité de ses adversaires – les Mikhaïl Souslov, Andreï Kirilenko et autres Leonid Brejnev. Lors du plénum de novembre 1962, le Premier secrétaire lance une réforme qui va lui mettre tout le monde à dos : la séparation en deux des organes régionaux du PCUS, désormais divisés en une structure « agricole » et une structure « industrielle ». Au moment où le Parti communiste commence à retrouver une relative assise après six ans de remise à niveau, c'est une folie. Encore faut-il souligner, comme le raconte dans ses Mémoires le fils de Nikita Khrouchtchev, Sergueï, que les futurs tombeurs de son père, notamment Brejnev et Podgorny, applaudirent à grands cris cette « idée formidable » !

Les effets négatifs de cette nouvelle lubie ne tardent pas à se faire sentir : diminution de l'autorité du Parti, désorganisation du travail, sans oublier les innombrables rivalités internes. L'idée, parfaitement technocratique, n'est pas seulement absurde. Elle est aussi suicidaire : si elle génère aussitôt un mécontentement général, c'est qu'elle met en péril, d'un coup, des dizaines de milliers de situations personnelles, parfois chèrement acquises...

Certes, la plupart du temps, les dirigeants locaux s'exécutent – on ne discute pas les décisions du Comité central ! Mais ils n'en pensent pas moins, comme le rapportera un jeune apparatchik de la région de Stavropol, un certain Mikhaïl Gorbatchev, alors âgé de 31 ans. Comme beaucoup de ses collègues du même âge, le jeune Mikhaïl Sergueïevitch apprécie Khrouchtchev pour ce qu'il a accompli en matière de déstalinisation, mais il critique en privé ses embardées réformatrices visant l'agriculture. La division de l'appareil du Parti en deux branches lui paraît insensée, mais il ne dit mot, car il en profite : il est appelé à s'occuper des « cadres » dans le nouvel organigramme dirigé à Stavropol par Fedor Koulakov. Son nouveau patron, qui va devenir son protecteur, déteste cordialement Khrouchtchev. Il participera même activement à son limogeage en 1964 et fera son entrée, quelques mois plus tard, au secrétariat du Comité central ! Tous les apparatchiks locaux n'auront pas la chance du jeune Gorbatchev...

Comme si la division en deux du Parti n'avait pas suffi à déchaîner contre lui la classe politique, Khrouchtchev réfléchit à d'autres réformes touchant aux institutions. Il s'en ouvre à quelques membres du présidium, suggérant de préparer une réforme de la Constitution soviétique pour la fin de l'année 1964. Derrière les applaudissements de circonstance et les encouragements serviles de ses collègues, ceux-ci déclenchent le branle-bas de combat. Rien ne peut provoquer une plus grande panique au sein de l'appareil du Parti que les rumeurs portant sur l'introduction du pluralisme dans les élections internes, l'augmentation des pouvoirs de contrôle des députés sur l'activité du PCUS, la limitation du nombre de mandats des responsables locaux – sans parler de la suppression des magasins « spéciaux », la réduction des primes versées aux fonctionnaires et la diminution du parc de voitures de fonction !

Trop, c'est trop. La ligne rouge est franchie. Il ne s'agit plus, pour les membres du présidium, de dénoncer en privé le culte de la personnalité dont Khrouchtchev est l'objet et qu'il semble ne pas détester – encore sont-ils les premiers à applaudir le chef en réunion, à le couvrir d'éloges dans leurs discours, à lui transmettre félicitations et cadeaux ! Il ne s'agit plus de brocarder, dans les couloirs, ses attitudes parfois grossières, voire vulgaires, comme le tapage humiliant qu'il provoqua lors de sa visite à l'Onu en 1960, en frappant son pupitre avec sa chaussure. Tout cela ne porte pas à conséquences. Mais vouloir diviser ou limiter le pouvoir du Parti communiste, cela, jamais !

Petites trahisons entre camarades

Au début de l'année 1964, le complot prend forme. Lentement. Discrètement. Ce ne sont d'abord que des conversations informelles tenues dans les bureaux de l'immeuble du Comité central, place Vieille, ou dans les couloirs du Conseil des ministres, derrière les murailles du Kremlin. Plus encore dans la datcha de l'un, dans la grande banlieue de Moscou, ou dans la maison de vacances de l'autre, en Crimée ou sur la mer Noire. Mais jamais, bien entendu, dans les réunions, les réceptions ou les fêtes officielles, comme la grande soirée du Nouvel An, ou lors du soixante-dixième anniversaire du Premier secrétaire.

Ainsi, ce 17 avril 1964, tous les dirigeants de l'URSS se pressent au domicile de Khrouchtchev, sur les monts Lénine, pour fêter les 70 ans de leur patron. C'est Leonid Brejnev, en tant que président du présidium du Soviet suprême, qui prononce le discours :

> Cher Nikita Sergueïevitch ! Nous, vos plus proches compagnons d'armes, vous considérons comme un marxiste-léniniste hors pair et comme le plus éminent dirigeant du mouvement communiste international [...]. Votre fougueuse activité politique, votre sagesse, votre énergie inépuisable, votre fermeté à toute épreuve, votre inébranlable attachement aux principes léninistes vous valent le respect et l'amour de tous les communistes [...]. De tout cœur, nous vous souhaitons de longues années de succès dans vos activités d'une envergure véritablement prodigieuse...

Sous des applaudissements enthousiastes, l'orateur donne l'accolade au héros du jour, et essuie même une larme. Qui pourrait imaginer que depuis deux mois, le sémillant Brejnev a entamé le processus qui mènera à l'éviction brutale de son « éminent », « inépuisable » et « prodigieux » patron ? Selon les témoignages les plus crédibles, c'est à la fin du plénum du Comité central de février 1964 que les critiques feutrées à l'encontre du Premier secrétaire se sont transformées en une amorce de complot en bonne et due forme. Un début de machination fomentée par trois hommes, dont Brejnev, justement !

Trois hommes pour un complot

Les historiens ont l'habitude de considérer Mikhaïl Souslov, alors âgé de 61 ans, comme l'âme de cette conjuration. La raison en est son passé parfaitement stalinien et entaché de plusieurs crimes de masse : Souslov participa aux purges dans l'Oural dans les années 1930, organisa la déportation des Tchétchènes et autres peuples caucasiens pendant la guerre, et mena la répression en Lituanie après la fin du conflit. Si cet « idéologue en chef » a franchi tous les obstacles de la déstalinisation, s'il approuve l'idée de se débarrasser du Premier secrétaire, il n'en représente pas moins le régime dont les Soviétiques, communistes ou non, ne veulent plus. Souslov remplaçant Khrouchtchev, ce serait un terrifiant retour en arrière : l'éminence rouge se fera donc un devoir de rester dans l'ombre…

Le deuxième comploteur s'appelle Alexandre Chelepine. Il a 46 ans. Il a longtemps dirigé le Komsomol avant de présider le KGB. Spécialiste de la propagande, il est ambitieux – il se verrait bien remplacer Khrouchtchev –, mais son « radicalisme » fait peur. Qui sait s'il ne reviendrait pas, lui aussi, aux bonnes vieilles méthodes staliniennes ? Si son nom est parfois avancé, c'est par les modérés du

Kremlin, qui s'en serviront comme d'un épouvantail. Quand Brejnev aura réussi son coup, il ne tardera pas à mettre Chelepine sur la touche en lui confiant la peu prestigieuse présidence de l'Union des syndicats...

Le troisième homme, c'est Leonid Brejnev. À 58 ans, ce bon vivant correspond plus à l'animateur d'un collectif qu'à un dictateur en puissance. Meneur d'hommes, bon organisateur, le sourire avenant, mais aussi mondain et influençable, il a fait sa carrière à Dniepropetrovsk, dans l'est de l'Ukraine, où il fut remarqué par Khrouchtchev. Il doit à celui-ci d'avoir été chargé des « terres vierges » au Kazakhstan, puis nommé Premier secrétaire en Moldavie, puis membre du présidium après les événements de 1957. Il vient d'accéder au poste de deuxième secrétaire du Parti, et c'est sur lui que le Premier secrétaire se repose quand il part en voyage à l'étranger. Docile et courtisan, il est peut-être l'homme dont Khrouchtchev se méfie le moins !

D'autres personnages sont dans la confidence : Nikolaï Podgorny, fraîchement débarqué de Kiev où il dirigeait le Parti ukrainien ; Alexeï Kossyguine, l'ingénieur de Leningrad devenu vice-chef du gouvernement, et son bras droit Dmitri Polianski ; Vladimir Semitchastny, le chef du KGB, sans lequel rien n'est envisageable ; Nikolaï Ignatov, qui déteste Khrouchtchev depuis que celui-ci l'a exclu du présidium en 1962 ; d'autres encore, comme l'Ukrainien Piotr Chelest ou le Biélorusse Kirill Mazourov, qui écoutent les uns et les autres avant de se placer dans la direction du vent. Nul ne sait de quel côté aurait penché Frol Kozlov, l'ancien patron du PC de Leningrad, sans doute le plus intelligent de ce groupe très disparate : un an plus tôt, en avril 1963, une violente attaque d'apoplexie l'a mis définitivement hors course !

Au soleil de Pitsounda

Au début de l'été 1964, selon nombre de témoignages, Leonid Brejnev montre de l'impatience. Son départ forcé de la présidence du présidium du Soviet suprême au profit d'Anastase Mikoïan – qui n'est aucunement une sanction – l'a rendu agressif. Est-il vrai qu'il a secrètement proposé à Semitchastny, l'homme du KGB, d'empoisonner Khrouchtchev ? Ou de provoquer un accident d'avion à son retour d'Afrique ? L'ancien chef de la police secrète a attendu le décès de Brejnev pour lui imputer, dans une interview, ces arrière-pensées meurtrières – que certains témoins de l'époque ont qualifiées de « rumeurs » peu fiables. Difficile de trier le vrai du faux dans ces confidences tardives. Ce qui ressort de celles-ci, c'est que Brejnev a bel et bien décidé, au début de l'été, de se débarrasser du Premier secrétaire le plus vite possible – et peut-être, en effet, par tous les moyens.

La bonne occasion d'agir se profile en octobre, à l'approche du traditionnel plénum d'automne. Nikita Khrouchtchev est parti en vacances à Pitsounda, au bord de la mer Noire – dans une de ces confortables résidences réservées aux dirigeants et sévèrement gardées par des gardes-frontières dépendant du KGB. La cité balnéaire est en territoire abkhaze, au nord-est de la république de Géorgie. Cette dernière est alors dirigée par Vassil Mjavanadzé, un vieux stalinien aux mœurs corrompues et à l'épouse notoirement dépensière – mais que de concessions ne ferait-on pas pour que la Géorgie, si susceptible et si rebelle, reste tranquille ! Dans ses Mémoires, le fils de Khrouchtchev, Sergueï, raconte qu'il rejoint alors son père à Pitsounda le 4 octobre. Très ému, il lui raconte, en présence du fidèle Anastase Mikoïan, nouveau président du présidium du Soviet suprême, qu'il détient des informations sérieuses portant sur une conspiration que monteraient contre lui quelques dirigeants parmi lesquels Podgorny, Chelepine et Brejnev. Mikoïan se tait. Imperturbable, Nikita refuse de le croire et plaisante :

— Impossible ! Ces hommes-là sont incapables de travailler ensemble !

Derrière la boutade de son père, écrira plus tard Sergueï Khrouchtchev, il y avait surtout le refus d'imaginer que tous ces gens, qui étaient ses vieux amis, préparaient un tel coup contre lui !

À Moscou, dans l'immeuble du Comité central, place Vieille, c'est l'affluence des grands jours. Les couloirs résonnent des conversations tenues par les délégués de province qui ont été discrètement prévenus qu'un plénum extraordinaire allait se tenir, et qui en profitent pour négocier telle ou telle facilité, promotion, autorisation ou subvention pour leur territoire. Au premier étage, le large bureau de Mikhaïl Souslov ne désemplit pas. Ce n'est pas étonnant. Le responsable de l'idéologie passe pour le numéro 2 du Parti : pendant les vacances du numéro 1, il est bien normal que d'importantes réunions se passent dans son bureau – où défilent, individuellement ou en groupe, la quasi-totalité des deux cents et quelques membres titulaires du Comité central. Qui remarque, dans cette agitation, qu'il se garde de recevoir les plus fidèles soutiens de Nikita Khrouchtchev ?

La tension monte. Chelepine a interrompu les vacances qu'il prenait à Kislovodsk, dans le Caucase, pour regagner Moscou. Kossyguine est rentré, lui aussi, après s'être fait confirmer que le KGB était bien dans le coup. Semitchastny, Gromyko, Kirilenko, Polianski sont là également. Brejnev, qui rentre d'un voyage officiel en Allemagne de l'Est, hésite en apprenant par Semitchastny – rien n'échappe au KGB – que Khrouchtchev aurait été informé par son fils qu'un complot se tramait contre lui. N'est-il pas préférable, dans ce cas, de reporter l'opération ? Le fringant Leonid, selon les témoins de l'époque, n'est pas très courageux.

Il n'est plus temps de tergiverser. Le 12 octobre, Brejnev réunit dans son appartement de Koutouzovski Prospekt la quasi-totalité des membres du présidium et des secrétaires du Comité central. Tout le monde admet que Khrouchtchev a fait son temps, qu'il aurait dû quitter le pouvoir le jour de son soixante-dixième anniversaire, qu'il doit laisser la place à une équipe plus sûre. Une équipe qui jouera plus collectif. Brejnev en sera le fédérateur et Souslov le porte-parole. Le présidium prendra sa décision le lendemain, puis il convoquera le Comité central pour entériner, en session plénière, ce remaniement un peu spécial. C'est à Brejnev, l'âme damnée du complot, d'appeler Khrouchtchev au téléphone. Mais Brejnev flanche et passe le téléphone à Souslov…

Ce jour-là, à Pitsounda, Khrouchtchev s'est passionné pour le lancement d'un vol habité dans le vaisseau spatial soviétique Voskhod. En fin d'après-midi, il s'étonne de recevoir le coup de téléphone de Souslov qui l'invite fermement à rentrer à Moscou sans délai pour régler des « questions urgentes » :

— Quelles questions urgentes ? Je suis encore en vacances pour quinze jours ! Je ne comprends pas !

Souslov insiste. Il est inflexible. Khrouchtchev blêmit quand son interlocuteur lui explique que « tous les membres du présidium sont déjà là ». Le Premier secrétaire comprend que ses jours sont comptés. Il n'a pas voulu croire que son limogeage était dans l'air. Il va bien falloir qu'il regarde en face la réalité politique, les secrets de coulisses et les bassesses humaines. Sur la mer, face à la villa, Sergueï Khrouchtchev voit se profiler la silhouette d'un bateau de guerre. Il préfère ne pas en faire la remarque à son père qui semble plongé, seul dans le salon, dans une profonde réflexion.

Un simple incident

Le lendemain, 13 octobre, après un rendez-vous écourté avec le ministre français Gaston Palewski, qui n'est évidemment au courant de rien, Khrouchtchev et Mikoïan prennent un dernier repas sur la terrasse ensoleillée, face à la mer, puis rejoignent l'aéroport pour s'envoler vers la capitale. Vassil Mjavanadzé, chef du PC géorgien, n'est pas venu les saluer sur le tarmac, comme le voudrait le protocole : il est déjà à Moscou. Quand l'*Iliouchine 18* atterrit à Vnoukovo 2, Khrouchtchev constate qu'aucun comité d'accueil n'est là pour le recevoir. Seul le président du KGB, Vladimir Semitchastny, flanqué de gardes en uniforme, le salue et l'entraîne aussitôt vers une file de limousines noires :

— Ils sont tous au Kremlin, Nikita Sergueïevitch, ils vous attendent !

Khrouchtchev et Mikoïan montent dans une Zil, Semitchastny dans une Tchaïka, et le cortège démarre en direction du Kremlin. À l'intérieur de la forteresse, des touristes se font photographier devant la Tsar Pouchka, l'énorme cloche qui rappelle que la Russie a une longue histoire, jalonnée de coups d'État et de révolutions de palais. Dans la salle du présidium, surprise : c'est Brejnev qui est assis dans le fauteuil du président, et qui annonce à Khrouchtchev que sa « démission » a été acceptée. Suit un catalogue à plusieurs voix des raisons de ce limogeage : aventurisme, subjectivisme, arrogance, etc. Le banni tente de rester calme, puis explose dans une violente colère qui le fait cracher par terre, comme un paysan. Mikoïan, son seul allié, propose de ne retirer à Khrouchtchev que son titre de Premier secrétaire du Parti communiste. En vain. C'est lui qui convainc l'accusé que le plénum, convoqué pour le lendemain, ne lui sera d'aucun secours, contrairement à 1957, car il sera contre lui : il vaut mieux négocier une démission à l'amiable, « pour raison de santé ».

La réunion du présidium s'achève, pour reprendre dès le lendemain matin. Curieusement, les minutes de ce réquisitoire un peu surréaliste – il n'y a pas l'ombre d'une divergence politique entre l'accusé et ses procureurs – ont disparu, plus tard, sous le règne de Brejnev. C'est par le témoignage de quelques-uns des présents, tel le dirigeant ukrainien Piotr Chelest, que l'on sait que Khrouchtchev a baissé les bras assez vite, non sans contester certaines accusations infamantes :

— Merci de dire au moins quelque chose de positif sur mon rôle. Je suis heureux de voir le présidium manifester sa maturité. J'aime à croire que j'y suis un peu pour quelque chose !

Khrouchtchev confirme qu'il n'a pas l'intention de résister. Il prie ses anciens collègues de lui pardonner ses écarts de langage. Il s'accuse d'avoir été trop bon, trop confiant. Après avoir répondu à nombre de critiques de sa politique internationale, il déclare :

— Je réalise que c'est mon dernier discours politique. J'aimerais adresser une requête au plénum…

Mais Brejnev, nerveux, l'interrompt brutalement :

— Pas de requête !

La séance est terminée. Khrouchtchev, choqué, a les larmes aux yeux. Il est 14 heures quand il rentre chez lui, abattu, pour y retrouver sa famille. Il ne se rendra pas à la réunion plénière du Comité central, que Brejnev a convoquée pour 18 heures dans la grande salle Sverdlov du Kremlin. Il ne verra pas, sur la tribune, l'éminente brochette de ses tombeurs soulagés. Il n'entendra pas le rapport de Souslov – Brejnev, une fois encore, a reculé devant l'obstacle – ni l'appel au vote qui entérine le « départ du camarade Nikita Sergueïevitch Khrouchtchev pour raison de santé ». À l'unanimité, comme il se doit.

La « nomenklatura » s'installe

Un mois plus tard, le même plénum se réunit de nouveau pour acter – toujours sans débat – les premières décisions de la nouvelle équipe dirigeante, qui enterrent les initiatives contestées du dirigeant déchu : il est mis fin aux réformes institutionnelles, on réunifie les comités agricoles et industriels du Parti, etc. La répartition des pouvoirs paraît claire pour tout le monde : Leonid Brejnev devient secrétaire général du Parti (il rétablit l'ancien titre) ; Alexis Kossyguine prendra la tête du gouvernement ; Nikolaï Podgorny, plus tard, sera chef de l'État. Les uns et les autres insistent lourdement : la nouvelle direction est vraiment « collective » – en attendant que Brejnev, au fil des années, s'empare avec habileté de tous les pouvoirs.

Quelques jours plus tard, Khrouchtchev est invité par téléphone à venir discuter de son nouveau statut. Son ami Mikoïan s'est battu jusqu'au bout pour qu'on lui ménage une sortie honorable. Mais le dirigeant destitué décline la convocation : il est malade. Quand il retournera enfin au Comité central, ses successeurs auront suffisamment conforté leur nouveau pouvoir pour ne plus éprouver le besoin de ménager leur ancien patron. Vladimir Semitchastny, le président du KGB, leur a livré un rapport rassurant : l'éviction de Khrouchtchev n'a suscité aucune réaction dans le pays, on n'a pas signalé le moindre rassemblement, aucune pétition n'a été envoyée aux journaux ! L'ancien maître du Kremlin a du mal à l'admettre. Il se croyait si populaire ! Son ex-collègue Kossyguine, impitoyable, enfonce le clou :

— Nikita Sergueïevitch, si vous apparaissiez en public aujourd'hui, vous seriez lynché !

La messe est dite. Khrouchtchev rentre chez lui humilié et déprimé. Il aura droit à une pension de 400 roubles, un petit appartement dans le quartier de l'Arbat, au centre de Moscou, et une datcha de bois où il passera le plus clair de sa retraite, à Petrovo-Dalneïe, à une trentaine de kilomètres à l'ouest du Kremlin. Et aussi à deux gardes du corps rémunérés par le KGB, dont la tâche principale sera de le priver de tout contact avec les médias étrangers.

Le flamboyant Monsieur K mourra en 1971, sans jamais être sorti de son silence[3].

---

3. Exception faite de la publication, à l'Ouest et quelques mois avant sa mort, de ses volumineux *Souvenirs*, qui fut une énorme surprise, au point que les autorités soviétiques mirent en doute l'authenticité de ce livre !

12

Qui était vraiment Iouri Andropov ?

Qui se cachait derrière l'ex-patron du KGB qui succéda à Brejnev ?

« La grandeur a besoin de mystère.
On admire mal ce qu'on connaît bien. »

Charles de Gaulle

Moscou, mercredi 10 novembre 1982. Leonid Illitch Brejnev est mort ce matin dans sa datcha de Zaretchie, au sud-ouest de la capitale. Selon sa femme Viktoria Petrovna, il a eu une crise cardiaque un peu après 8 h 30 : il a interrompu son petit déjeuner pour aller chercher quelque chose dans son bureau, à l'étage, où il s'est effondré, victime d'une attaque. Les secours sont arrivés trop tard. Quand débarque le médecin du Kremlin, Evgueni Tchazov, il constate que le secrétaire général du Parti est mort depuis longtemps. Prévenus aussitôt, les principaux dirigeants du PCUS – Andreï Gromyko, Nikolaï Tikhonov et autres Konstantin Tchernenko – se sont réunis à 16 heures, en petit comité et en grand secret, pour se mettre d'accord sur le choix du successeur. L'affaire n'a pas traîné. Sur proposition de Dmitri Oustinov, chef des armées, c'est Iouri

Andropov qui est désigné. Le surlendemain, réuni dans la salle Sverdlovsk du Kremlin, le plénum extraordinaire du Comité central n'aura qu'à entériner cette décision. Sans débat. Et à l'unanimité, comme il se doit.

Iouri Andropov, 68 ans, est désormais le secrétaire général du PCUS. Les journalistes du monde entier annoncent la nouvelle et se précipitent sur sa biographie. Surprise : celle-ci est quasiment vide! Une fiche brève et sèche dans la *Pravda*, dupliquée à l'infini dans tous les journaux soviétiques datés du 13 novembre 1982. Un petit article formel dans la *Grande Encyclopédie soviétique*. Et c'est tout. Quelques rumeurs, en ville, complètent les dates et nominations qui jalonnent la vie du promu : il paraît qu'il est veuf, qu'il parle anglais, qu'il boit du whisky et qu'il aime le jazz. Selon les Moscovites les mieux informés, il aurait une fille mariée à un comédien et un fils diplomate. Rien de certain. Des on-dit. De cet homme qui dirigea pendant quinze ans le KGB et qui est devenu l'une des plus puissantes personnalités de la planète, on ne sait à peu près rien.

Fils de cheminot

Iouri Vladimirovitch Andropov est né le 15 juin 1914 en Russie du Sud, sur les premières pentes du Caucase. À l'époque, l'empire de Nicolas II s'est remis des soubresauts révolutionnaires de 1905, mais l'assassinat de son Premier ministre libéral Piotr Stolypine, en septembre 1911, a stoppé brutalement les réformes qui avaient commencé de moderniser le pays. La guerre de 1914-1918 contre l'Allemagne et, plus encore, la révolution d'Octobre en 1917 achèveront de plonger dans le chaos cet immense territoire.

On sait que Vladimir Andropov, le père du futur dirigeant de l'URSS, était ouvrier. Ce n'est pas négligeable dans un pays essentiellement agricole. Il fut cheminot sur le chantier ferroviaire de Nagoutskaïa, dans la région de Stavropol – celle qu'un certain Mikhaïl Gorbatchev dirigera six décennies plus tard. La nouvelle voie ferrée qui longe le Caucase du Nord relie des villes d'eaux aux noms déjà célèbres : Kislovodsk, Mineralnye Vody, Piatigorsk. Les Russes consomment encore aujourd'hui une eau minérale appelée Nagoutskaïa 26. C'est là, à Mozdok, sur la ligne qui relie la mer d'Azov à la mer Caspienne, que le jeune Iouri Andropov a trouvé, à 16 ans, son premier travail.

C'est là aussi qu'il adhère au Komsomol. Pour un tout jeune ouvrier des chemins de fer, adhérer aux Jeunesses communistes est la seule façon de progresser, de prendre du galon, de voir du pays. Iouri devient batelier de la Volga, puis projectionniste de films, puis télégraphiste. À 19 ans, il parfait sa formation à l'Université technique des transports fluviaux de Rybinsk, un port situé près de Iaroslavl, à 1 400 kilomètres au nord. Il en sort diplômé en 1936. La date n'est pas anodine : c'est l'année des premières grandes purges décidées par Staline, qui vont décimer l'appareil du Parti communiste et l'amputer des « vétérans » de la révolution d'Octobre afin de favoriser l'arrivée d'une nouvelle génération à la main du dictateur. Les jeunes permanents du Komsomol, surtout quand ils sont diplômés d'une école supérieure ou d'un institut spécialisé, sont vite promus. C'est le cas d'Andropov : cette année-là, il est nommé responsable du Komsomol pour le chantier Volodarski-Rybinsk, un impressionnant complexe portuaire sur la Volga dont on peut encore voir, de nos jours, de vieilles et gigantesques écluses.

En 1937, Staline lance une deuxième vague de purges assassines, au cours de laquelle il décapite le Komsomol. Les principaux dirigeants des Jeunesses communistes sont exécutés ou envoyés au goulag, ce qui provoque un formidable appel d'air dans l'appareil. Iouri Andropov, jeune marié et père d'une petite Evguenia, en profite : quelques mois plus tard, il est nommé Premier secrétaire du Komsomol de la région de Iaroslavl. Dans la foulée, il entre au Parti. Sa rapide ascension laisse penser qu'il est un apparatchik modèle. En 1940, il devient Premier secrétaire du Komsomol pour la toute nouvelle République socialiste soviétique de Carélie-Finlande. Il a 26 ans.

Débuts en Carélie-Finlande

Ce territoire situé à l'extrême nord-ouest de la Russie est disputé depuis le XVIIIe siècle entre la Russie et la Suède, puis, après 1920, entre l'URSS et la Finlande. Sa capitale est Petrozavodsk, au bord du lac Ladoga. Pendant l'hiver 1939-1940, alors qu'elle était alliée avec le Reich hitlérien (*cf. chapitre* 5), l'URSS a repris de force cette région qu'elle avait perdue après la Révolution, et qu'elle a annexée en mars 1940. En juin 1941, la Finlande profite de l'attaque allemande contre l'URSS pour récupérer son territoire. Mais en septembre 1944, la république de Carélie-Finlande sera reconquise par l'Armée rouge dans la foulée de la victoire soviétique sur Hitler.

Comment le jeune Andropov a-t-il traversé ces convulsions géopolitiques ? Selon sa biographie officielle, il a été un « militant actif dans le mouvement patriotique de Carélie » basé à Belomorsk, au bord de la mer Blanche, plus au nord, avant de rentrer en 1944 à Petrozavodsk tout juste libérée des troupes allemandes avec l'aide des « partisans » soviétiques. « Militant actif », ces mots donnent à penser qu'il ne s'est pas beaucoup battu, mais qu'il a dûment servi les intérêts de Moscou pendant cette période agitée – sans doute en participant à l'évacuation vers la Finlande des nombreux Caréliens qui ne voulaient à aucun prix devenir soviétiques...

Il devient numéro 2 du parti de Petrozavodsk. Puis, en 1947, deuxième secrétaire du Parti pour la république de Carélie-Finlande, sous la houlette d'un personnage incontournable, Otto Kuusinen, un vieux bolchevik finlandais, membre du Komintern[1]. L'obsession de Kuusinen est de « soviétiser » ce territoire dont il est, comme président du Soviet suprême, une sorte de chef d'État. Le dévoué Andropov plaît à Kuusinen, qui appuie sa désignation comme délégué au Comité central du PCUS, puis comme fonctionnaire auprès du département international du Comité central, le creuset des futurs diplomates – souvent de grande qualité – de l'Union soviétique.

L'insurrection de Budapest

En 1953, Iouri Andropov est envoyé comme conseiller diplomatique en Hongrie. La population de ce « pays frère » n'a jamais accepté d'être passée sous la tutelle de l'URSS après la défaite des nazis en 1945[2]. L'expérience de l'annexion de la Carélie sera utile à Andropov, et

1. L'Internationale communiste, appelée aussi « Troisième Internationale ».

2. La Hongrie dirigée par l'amiral Horthy était tombée sous la coupe de Hitler. Ses soldats avaient participé à l'attaque de l'URSS en juin 1941.

pas seulement sur le plan politique : le hongrois étant très proche du finnois, qu'il maîtrise depuis la guerre, il apprend cette langue difficile en quelques semaines.

Dès 1954, Andropov est nommé ambassadeur. À 40 ans, c'est une belle promotion. Au Kremlin, on compte sur ce jeune diplomate plein de talent pour résorber la crise qui agite dangereusement les communistes hongrois. Juste avant son arrivée à Budapest, le très stalinien Mátyás Rákosi, déstabilisé par la mort du « petit père des peuples », a été écarté du gouvernement par Khrouchtchev et remplacé par le réformateur Imre Nagy. Mais en 1955, Rákosi reprend les rênes et écarte Nagy – à la fureur de la population hongroise qui avait apprécié les premières mesures de libéralisation prises à cette époque.

En février 1956, comme tous les ambassadeurs de l'URSS aux quatre coins du monde, Andropov est surpris par le « rapport secret » lu par Khrouchtchev devant le XXe Congrès du PCUS (*cf. chapitre 10*). Lorsque le texte de ce document explosif parvient entre les mains des communistes hongrois, il provoque une terrible secousse, réveillant les espoirs que la mort de Staline et l'esquisse de déstalinisation entreprise à Budapest avaient suscités dans la population. Comme en Pologne, les communistes les plus « durs » sont vite débordés par la fièvre qui gagne tout le pays.

En juillet 1956, Rákosi, directement visé dans la dénonciation des purges ayant décimé le parti hongrois sous Staline, est remplacé à la tête de celui-ci par son adjoint Ernő Gerő. Nagy redevient Premier ministre et compose un gouvernement pluraliste. Pluraliste? Pour les Soviétiques, c'est le premier pas vers la sortie du bloc de l'Est. En ces temps de guerre froide, les velléités de neutralité hongroises sont totalement inacceptables par

Moscou et annoncent l'inéluctable : l'intervention militaire de l'URSS.

Andropov, qui déteste Nagy, fait son métier : il envoie rapport sur rapport à Moscou, non sans insister sur les « erreurs » des communistes hongrois. Le 20 octobre, il adresse même un télégramme urgent, expliquant que la situation s'envenime, que la population s'insurge, que le Parti éclate. L'ambassadeur de l'URSS est au cœur de l'agitation, mais il n'est qu'un informateur et un exécutant. Son rôle se limite à nier avec candeur, lorsque Nagy le convoque au Parlement au matin du 1er novembre, l'hypothèse d'un retour en force de l'Armée rouge : il jouera ce rôle peu glorieux jusqu'au matin du 4 novembre, lorsque les chars russes entreront dans Budapest.

Le rôle d'Andropov est d'écouter placidement, de mentir avec cynisme et de transmettre courtoisement les « exigences » des dirigeants hongrois. Mais l'intervention militaire contre la Hongrie, en réalité, est directement pilotée par Souslov et Mikoïan, sous l'autorité de Khrouchtchev qui joue son va-tout face à ses rivaux, les Malenkov, Molotov et autres Kaganovitch. Sur le plan proprement militaire, les maréchaux Koniev et Joukov sont à la manœuvre, appuyés par Serov, patron du KGB. Dans ses Mémoires, quand il raconte cet épisode, Khrouchtchev ne mentionne même pas le nom d'Andropov.

Bon danseur, cultivé et… menteur

De cet épisode, Iouri Andropov a d'abord laissé aux diplomates et aux journalistes le souvenir d'un homme capable de mentir comme un arracheur de dents – Imre

Nagy l'a constaté à ses dépens. Mais il est aussi apparu comme un être réservé, cultivé, bon danseur, prompt à parler poésie avec ses visiteurs et à envoyer des fleurs à une cantatrice dont la voix l'a ému. Un grand front dégagé, des cheveux coiffés en arrière, de petites lunettes métalliques, une allure d'intellectuel bien élevé : cet éminent représentant des Soviets est toujours tiré à quatre épingles. Partisan de la force, sans pitié pour les contre-révolutionnaires, mais rompu à la ruse et au double langage, il laissera aux témoins de l'époque le souvenir de son regard impénétrable et de ses nerfs d'acier : quand les balles sifflaient autour de l'ambassade, en ce tragique 4 novembre, cet homme-là était si impassible qu'on eût dit qu'il allait prendre le thé !

Andropov reste en Hongrie jusqu'en mars 1957. Il est alors nommé chef du département du Comité central chargé des relations avec les « pays frères », ce qui laisse à penser que l'on a apprécié son attitude pendant l'insurrection hongroise. Ce nouveau poste, du reste, lui fera superviser la mise en œuvre de l'impitoyable répression mise en œuvre en Hongrie par le gouvernement prosoviétique de János Kádár. Il suit de près, également, les soubresauts politiques qui agitent alors les pays frères – la Pologne, l'Albanie et la Roumanie – ainsi que les « schismatiques » que sont devenues la Chine de Mao et la Yougoslavie de Tito.

Il retrouve donc Moscou[3], où l'élimination par Khrouchtchev du « groupe antiparti » (Molotov, Malenkov, Kaganovitch) a provoqué un vide au Comité central. Coup de chance : c'est la deuxième fois qu'il profite ainsi d'un

3. En arrivant à Moscou, Andropov a-t-il eu un infarctus, comme l'a affirmé le journaliste indien Dev Murarka en 1982 ? Cet accident de santé n'a jamais été confirmé par aucun historien.

appel d'air dû à des purges dans l'appareil. Son mentor Otto Kuusinen réintègre la direction du PCUS. C'est lui qui propose, en 1961, de promouvoir Andropov dans un Comité central où l'on peine à comprendre la crise qui secoue le « bloc socialiste ».

Antistalinien affiché, ce qui ne l'empêche pas de recommander la méthode forte lorsque la Hongrie – ou, plus tard, la Tchécoslovaquie – menace de faire sécession, Andropov est un communiste irréprochable. Mais il n'appartient à aucun clan. Il a des réserves sur le style un peu brouillon de Nikita Khrouchtchev, tout en se gardant bien de les exprimer en public. En 1962, il est nommé secrétaire du Comité central, chargé de la politique étrangère. Cet homme discret fait désormais partie du « saint des saints » du PCUS. Surprenant paradoxe : c'est à partir de cette consécration politique qu'on n'a plus aucune information sur sa vie, ses engagements, sa carrière !

Dans les arcanes du Comité central

Iouri Andropov est un intellectuel. Sa fonction lui confère la tutelle de la revue internationale *Paix et socialisme*, éditée en plusieurs langues à Prague. Héritière du lointain Bureau d'information des Partis communistes (Kominform), la revue est influencée par les divers débats animant les communistes est-européens. Elle accueille dans ses pages nombre d'écrivains ou de journalistes qui ont bénéficié du « dégel » khrouchtchévien, mais qui n'ont pas toujours les faveurs du Kremlin, où veille au grain le très orthodoxe Mikhaïl Souslov.

De ce rôle un peu ambigu, à mi-chemin entre la défense de la liberté de création artistique et l'instauration d'une censure idéologique impitoyable, Andropov tient sa réputation de « libéral ». Ainsi se distingue-t-il à Prague, en 1964, en autorisant les Tchèques à commémorer le centenaire du célèbre biologiste Gregor Mendel, alors qu'à Moscou la génétique est encore encadrée par le très contesté Trofim Lyssenko, furieusement hostile aux thèses « bourgeoises » de Mendel.

Dès la chute de Khrouchtchev, l'étau de la police politique se resserre autour de ceux que l'on n'appelle pas encore les « dissidents ». En août 1965, l'arrestation d'Andreï Siniavski et Iouli Daniel[4] est un avertissement pour tous les écrivains contestataires et autres journalistes non conformistes. Le mois suivant, le KGB confisque des papiers « suspects » en perquisitionnant chez Soljenitsyne. En janvier 1966, Siniavski et Daniel sont jugés et condamnés à sept et cinq ans de camp. Le message est clair : la déstalinisation, c'est fini ! En octobre, lors d'une grande conférence « idéologique » du Parti, le nom de Staline est applaudi par les deux tiers des délégués...

Le KGB, chargé de ces basses besognes, est alors dirigé par Vladimir Semitchastny, un personnage peu sympathique. Il est le protégé d'Alexandre Chelepine, secrétaire du Comité central en charge de tous les dossiers touchant à la sécurité, un des tombeurs de Khrouchtchev en 1964, qui restera un rival de Brejnev jusqu'à sa propre chute en 1967. Quand il dirigeait naguère le Komsomol, Semitchastny s'était rendu célèbre par ses insultes à l'égard de Boris Pasternak, exclu de l'Union des écrivains

4. Andreï Siniavski et Iouri Daniel, tous deux nés en 1925, sont des écrivains non conformistes qui publient souvent en *samizdat* (édition clandestine). Leur procès marque le début du phénomène de la « dissidence ».

en 1958 pour avoir publié à l'étranger son *Docteur Jivago* :

— Même un porc ne chie pas dans son auge !

Andropov, rompu à la haute diplomatie, n'appartient pas à cette engeance de policiers bornés et incultes. Déjà, à Budapest, il avait eu du mal à supporter la grossièreté du précédent chef du KGB, Ivan Serov, au moment des journées dramatiques de l'intervention soviétique. À l'évidence, présider la police politique de l'URSS n'incite ni à la poésie ni à la délicatesse…

Au lendemain de l'éviction de Nikita Khrouchtchev (*cf. chapitre 11*), Andropov joue la carte de Leonid Brejnev, promu à la tête du Parti en octobre 1964 : Brejnev est son voisin dans le fameux immeuble de la Koutouzovski Prospekt, au centre de Moscou, où logent sous bonne garde plusieurs hauts dirigeants de l'URSS. Les deux hommes ne seront jamais amis, mais un peu d'intelligence complice ne peut pas leur nuire dans ce monde fait d'alliances éphémères et de trahisons assassines.

Une nomination-surprise

En 1967, Leonid Brejnev a conforté son pouvoir à la tête de l'URSS, mais il lui reste un rival à éliminer : l'ambitieux et cynique Alexandre Chelepine. Au printemps, Brejnev profite de l'absence de celui-ci, opéré d'une appendicite aiguë, pour convaincre le Politburo de le limoger, ainsi que son protégé, Vladimir Semitchastny, qui lui a succédé à la tête du KGB. Le prétexte est tout trouvé : le 6 mars, la propre fille de Staline, Svetlana Allilouïeva, a « choisi la liberté » en demandant l'asile politique aux Américains. Le scandale est immense.

En quelques minutes, les deux hommes sont écartés – Chelepine se retrouve à la tête de l'appareil des syndicats, et Semitchastny devient neuvième vice-président du Parlement de la république socialiste soviétique d'Ukraine, ce qui n'est pas exactement une promotion.

Un quart d'heure plus tard, le remaniement est bouclé. Pour remplacer Semitchastny à la présidence du KGB, le Politburo a proposé le nom d'Andropov. Les soviétologues hésitent à décrypter la manœuvre : plutôt qu'Andropov, Brejnev aurait sans doute préféré placer à ce poste stratégique un de ses affidés, un ancien du « groupe de Dniepropetrovsk » qu'il animait naguère en Ukraine et dont il avait fait un vivier de courtisans. Andropov, qui n'est l'homme d'aucune coterie, est apparu comme un candidat de consensus. À sa propre surprise !

Ce n'est pas vraiment une bonne nouvelle, car le président du KGB, depuis 1954, ne peut cumuler sa fonction avec un fauteuil de secrétaire du Comité central. Or c'est là, en URSS, que réside le vrai pouvoir. Andropov doit reculer d'une case ! Il obtient d'être désigné « suppléant » au Politburo (il en deviendra « titulaire » en 1973), mais c'est une maigre compensation pour cet homme jeune et cultivé qui reste bloqué, dans l'organigramme, derrière l'Ukrainien Piotr Chelest, le Letton Arvid Pelche et quelques autres apparatchiks qui ne lui arrivent pas à la cheville.

Brejnev confirme qu'Andropov n'était pas son candidat : il l'encadre méthodiquement du général Semion Tsvigoun (un ancien de Dniepropetrovsk, qui est aussi le mari de sa belle-sœur) et de son ami Viktor Tchebrikov (lui aussi ancien de Dniepropetrovsk). Un an plus tôt, Brejnev avait déjà nommé un de ses hommes, Nikolaï Chtchelokov (encore un ancien de Dniepropetrovsk), à la tête du ministère de l'Ordre public, futur ministère de l'Intérieur : on n'est jamais trop prudent. Réaction d'Andropov, qui n'est plus un débutant : il appelle à ses côtés un de ses anciens collaborateurs de Budapest, Vladimir Krioutchkov, qu'il placera en 1974 à la tête de la Première Direction principale (c'est-à-dire les services d'espionnage) avant de le nommer, quatre ans plus tard, vice-président du KGB. Le pouvoir, en URSS, est affaire de réseaux…

Pour l'heure, quand il s'installe dans ses bureaux banalisés du 2, place Dzerjinski, où un immeuble de neuf étages donne désormais sur la célèbre prison Loubianka, Iouri Andropov reste à l'affût d'un retour au secrétariat du Comité central. En vain : il est loin d'imaginer qu'il va rester à la tête du KGB pendant quinze longues années !

Quinze ans dans les « organes »

Le KGB (Comité pour la Sécurité d'État) a été créé par Khrouchtchev au lendemain de la mort de Staline, en 1954, avec l'idée de ne pas reproduire le monstre administratif et policier qu'était devenu le NKVD, de sinistre mémoire. Ainsi le nouveau comité n'est-il pas responsable de l'administration des camps (Goulag), affectée au ministère de l'Ordre public. De même, il ne peut plus arrêter et juger les membres du Parti sans… l'autorisation du Parti ! Cet État dans l'État a été sagement recentré sur ses missions d'espionnage et de contre-espionnage. Ses premiers présidents ont été Ivan Serov (1954-58), Alexandre Chelepine (1958-1961) puis Vladimir Semitchastny (1961-67). Ils ont rajeuni l'appareil du KGB en le peuplant de cadres formés au Komsomol – peu compétents mais disciplinés – jusqu'à ce qu'il redevienne, en effet, un « outil au service du Parti ». Andropov poursuivra dans cette voie, mais s'emploiera à professionnaliser cet appareil pour le rendre performant dans trois directions : l'espionnage extérieur, la chasse aux dissidents et la lutte contre la corruption.

Sur le plan international, Iouri Andropov a affiné et professionnalisé la formidable machine à surveiller, à voler, à influencer et à corrompre qu'est devenu le KGB durant la guerre froide, au point de susciter les plus grands fantasmes, les légendes les plus folles et… les romans policiers les plus épiques mettant en scène les services secrets soviétiques, bien avant l'arrivée de James Bond sur les écrans occidentaux ! C'est sous sa gouvernance que les services secrets de l'URSS étendirent si démesurément leurs activités d'espionnage qu'en septembre 1971, le gouvernement britannique, excédé, expulsa spectaculairement une centaine d'agents en poste à Londres. Pour le chef des « services », ce fut un mauvais moment à passer.

La chasse aux dissidents, dans les années 1970, restera indéfectiblement liée au nom d'Andropov. Le KGB, sous son autorité, a mené une lutte opiniâtre, parfois spectaculaire, contre quelques personnages emblématiques comme le physicien Andreï Sakharov ou l'écrivain Alexandre Soljenitsyne. Il a surtout poursuivi et persécuté des centaines d'opposants politiques, de militants nationalistes, de chrétiens engagés et de juifs *refuznik*[5] qui, selon les cas, furent envoyés au goulag, condamnés à la prison, expulsés à l'étranger ou, pour les plus chanceux, assignés à résidence loin de Moscou.

5. Candidats à l'exil auxquels est refusé le visa pour Israël.

Il est là, le mystère Andropov. Principal exécutant d'un régime politique redevenu répressif, inébranlable pourfendeur de tout « viol de la légalité socialiste », il ne fait montre d'aucune indulgence pour les dissidents, y compris les artistes ou les écrivains. Or, dans le même temps, il entretient des relations ambiguës avec le monde de la culture. On a longtemps dit que sa fille Irina était mariée à un des acteurs de la Taganka : c'était une rumeur. Ce théâtre d'avant-garde fit courir le tout-Moscou pendant des années grâce au génie de son directeur, Iouri Lioubimov. Protecteur discret de ce dernier, Andropov s'efforça – sans grand succès – de le protéger contre la bêtise du ministère de la Culture et ses « chiens de garde idéologiques ». Lioubimov, qui finira par être exilé à l'Ouest, expliquera en riant qu'il avait gagné la sympathie d'Andropov en dissuadant deux de ses enfants de se lancer dans le théâtre !

Enfin, Andropov s'illustrera en engageant la lutte contre la corruption, au risque de faire tomber, comme en Azerbaïdjan (en 1969) ou en Géorgie (en 1971), des clans entiers de potentats locaux qui avaient confondu la « stabilité des cadres » promise par Brejnev lors de sa prise de pouvoir avec une autorisation de piller tranquillement les richesses du pays. C'est en s'appuyant sur un KGB épuré et rénové qu'il va menacer les plus hauts dirigeants du Parti, jusqu'à déstabiliser l'entourage proche de Leonid Brejnev, dont il apparaît, depuis le milieu des années 1970, non pas comme un affidé, mais comme un successeur possible[6].

6. « Andropov en tête pour la succession », titre par exemple le journaliste Robert Lacontre dans *Le Figaro* du 21 décembre 1977.

Ni mondain, ni buveur, ni profiteur

Qui se cache, alors, derrière le redouté chef du KGB ? Le mystère demeure. Alors qu'il existe des centaines d'écrits sur ses redoutables prédécesseurs – Vychinski, Iejov, Iagoda et Beria –, on ne trouve quasiment rien, ni dans la presse officielle ni dans la littérature dissidente, sur le patron du KGB. On sait que cet homme redouté est intelligent, cultivé, élégant, charmeur, mais qu'il sert le régime sans barguigner, avec un peu d'habileté et beaucoup de bon sens. Contrairement à la plupart des dirigeants du PCUS, et notamment à la clique de Brejnev, il mène un train de vie modeste. Il n'aime pas les grosses voitures, ni les villas de luxe, ni les réceptions ostentatoires, ces banquets où l'on se saoule entre puissants sous les ors des palais de l'ancien régime. Il préfère nettement déguster des *chachliks* (brochettes de viande) dans sa région d'origine, autour d'un feu de camp où l'on alterne conversations personnelles, récitation de poèmes, airs de guitare et chansons populaires. Il connaît par cœur le répertoire des chants cosaques traditionnels, mais aussi les disques du poète et acteur Vladimir Vyssotski, idole de tous les étudiants contestataires de l'époque !

Pendant ses vacances dans le sud de la Russie, du côté de ces stations thermales qui l'ont vu grandir, il se lie d'amitié avec le Premier secrétaire de la région de Stavropol, un certain Mikhaïl Gorbatchev. À chaque fois qu'Andropov séjourne avec sa seconde femme, Tatiana Filipovna, dans les sanatoriums « Krasnye Kamni » (« Les Pierres rouges ») ou « Doubovaïa Rochtcha » (« La Chênaie »), les Gorbatchev sont invités à déjeuner ou à dîner, en toute simplicité. Entre les deux hommes, incontestablement, le courant passe.

Un épisode est resté dans l'histoire : celui du « sommet » improvisé qui eut lieu sur le quai de la gare de Mineralnye Vody le 25 septembre 1978. Ce jour-là, le train spécial de Leonid Brejnev, qui l'a emmené faire une visite officielle de quatre jours en Azerbaïdjan et qui remonte vers Moscou depuis Bakou, fait halte dans cette gare. Brejnev, inévitablement flanqué de son assistant Konstantin Tchernenko, y retrouve Iouri Andropov qui y passe ses vacances. Comme il se doit, les trois dirigeants sont salués par le Premier secrétaire de la région, le sémillant Mikhaïl Gorbatchev. Qui aurait pensé, en voyant ces quatre personnages converser tranquillement sur ce quai de gare désert, à 1 500 kilomètres de Moscou, qu'ils étaient les quatre derniers dirigeants de l'URSS qu'ils allaient gouverner, successivement, pendant un bon quart de siècle ?

La succession de Souslov

Janvier 1982. Quinze ans ont passé. Le temps a fait son œuvre. C'est une brochette de vieillards, désormais, qui gouverne l'URSS. Andropov va avoir 68 ans. Il aurait peut-être achevé sa carrière à la tête du KGB si le destin n'avait pas fait brusquement mourir Mikhaïl Souslov, numéro 2 du régime, avant Leonid Brejnev, pourtant aussi malade et affaibli que lui. Au grand jeu des chaises musicales qui se déroule au sommet du pouvoir, derrière les hautes murailles du Kremlin, l'enjeu de cette succession est capital : elle désignera à l'avance, sauf coup de théâtre, le prochain secrétaire général du Parti.

Brejnev, physiquement diminué, livre alors une bataille acharnée pour que son poulain, Konstantin Tchernenko, soit promu – malgré un manque de charisme évident. Il se heurte aux deux piliers du régime, Oustinov (Armée) et Gromyko (Affaires étrangères), qui connaissent bien Andropov et qui le tiennent pour le plus capable de tirer le pays de l'ornière où la « stagnation » l'a mené. Lui seul incarne l'autorité politique, la fermeté idéologique et le désir de réformer un pouvoir totalement sclérosé.

Les deux caciques marquent un point décisif quand le Politburo confie à Andropov le grand discours prononcé au nom de la direction du pays, le 22 avril 1982, pour l'anniversaire de la naissance de Lénine. Une telle marque d'honneur laisse peu de doute sur la suite. Le 24 mai, après six heures de discussions houleuses, le vote du plénum confirme ce choix en élisant « à l'unanimité » Andropov secrétaire du Comité central, chargé, comme l'était Souslov, de « l'idéologie ».

Le processus de succession est bien engagé. Iouri Andropov occupe désormais le fauteuil de numéro 2 à côté du grand chef de plus en plus handicapé par la maladie. Si aucun journal n'a évoqué cet épisode, les membres du Politburo savent tous que Brejnev est rentré d'un récent voyage à Tachkent sur une civière, et qu'il ne tient plus les rênes. Lors de la première réunion du secrétariat qui se tient en l'absence du grand chef, en juillet 1982, l'ancien patron du KGB s'attribue sans barguigner le siège et le rôle du président de séance – sans que Tchernenko ose s'y opposer. À l'évidence, les jeux sont faits.

Le vendredi 12 novembre 1982, Andropov est élu secrétaire général du PCUS. C'est un tournant dans l'histoire moderne de l'URSS. L'ancien patron du KGB fait vite preuve d'autorité : il reprend en main le Comité central, « renforce la discipline », dénonce et limoge plusieurs ministres incompétents ou corrompus. Il admoneste Grichine, l'intouchable patron du PC de Moscou. Sur sa lancée, il se sépare du ministre de l'Intérieur Chtchelokov, figure emblématique – et notoirement corrompue – du clan Brejnev. Au passage, il met autoritairement à la retraite le vieux Kirilenko, un de ses successeurs potentiels depuis 1962, qui était devenu sénile. Le grand ménage a commencé.

Le nouveau maître du Kremlin doit encore composer avec ses adversaires. Ainsi, le 23 novembre 1982, lors de la session du Soviet suprême, aucun président n'est élu à la place de feu Leonid Brejnev : ce report aura permis à Andropov d'éviter l'élection probable de son rival Konstantin Tchernenko, mais au prix de sa propre élévation comme chef de l'État. Andropov sera finalement élu président du Soviet suprême quelques mois plus tard, le 16 juin 1983… sur proposition du camarade Tchernenko, comme le veut la coutume !

Iouri Andropov ne chôme pas. Il veut sincèrement déverrouiller la vie politique soviétique, redonner du souffle à l'idéologie et à la propagande, abandonner tout un pan de « stéréotypes » surannés. Mais il veut aussi restaurer l'autorité du Parti, maintenir l'ordre public, combattre le « parasitisme » social et en finir avec le laxisme généralisé : non seulement il continue la chasse aux dissidents – militants des droits de l'homme, nationalistes tatars ou arméniens –, mais il déclare la guerre aux mauvais citoyens, aux tire-au-flanc, aux « absentéistes » que la police va désormais traquer dans le métro, les parcs, les cinémas et jusque dans les salons de coiffure !

Fauché en plein envol

Intellectuel libéral ou idéologue retors ? Homme de culture ou super-flic ? Précurseur de la perestroïka ou stalinien dans l'âme ? Le personnage intrigue et fascine. Les observateurs de l'époque, diplomates et journalistes, spéculent sur sa personnalité. Ils notent surtout que le nouveau patron de l'URSS se heurte, à son tour, à l'extraordinaire pesanteur de l'appareil du Parti et de l'État qui rend illusoire toute velléité de réforme sérieuse. Les kremlinologues rivalisent de commentaires acérés ou désabusés… quand un coup de tonnerre met fin à tous leurs pronostics : Andropov tombe malade au début de l'été 1983. Les médecins diagnostiquent une grave insuffisance rénale qui nécessite plusieurs séances de dialyse par semaine, et l'envoient prendre un repos forcé dans sa datcha de Crimée. Quand il rentre à la fin du mois de septembre, c'est dans un avion médicalisé, pour être soigné à l'Hôpital central de Moscou. Visage livide, voix rauque, faiblesse évidente, souffrances insupportables : ses visiteurs comprennent que le nouveau patron de l'URSS n'en a plus pour longtemps.

Officiellement victime d'un « refroidissement » (*sic*), le nouveau maître du Kremlin n'assiste pas aux cérémonies anniversaires de la Révolution, le 7 novembre, sur la célèbre tribune du mausolée de Lénine. En huit décennies, cela ne s'était jamais produit. Voilà qui redonne le moral à Tchernenko et ses partisans – les Dolguikh, Grichine et autres Chtcherbitski –, qui serrent de nouveau les rangs autour de leur candidat et protecteur : l'ex-secrétaire de Brejnev reste le mieux placé, en cas de malheur, pour hériter du pouvoir et restaurer les gérontocrates.

Le jeudi 9 février 1984, à 17 heures, Iouri Andropov meurt à son tour. Trop tôt. Ceux qui ont cru en lui, comme Mikhaïl Gorbatchev, sont abasourdis. Le soir même, les « brejnéviens » du Politburo réussissent à désigner Konstantin Tchernenko, sur proposition du chef du gouvernement, le vieux Nikolaï Tikhonov, pour présider la commission des funérailles. La messe est dite. Le lendemain, le même Tchernenko est désigné par le Politburo élargi et « unanime » comme le successeur du défunt. On a déjà oublié Andropov. À Paris, ce matin-là, le quotidien *Libération* titre : « Mort d'un fantôme. »

Un épisode, dans ce processus de succession, est longtemps resté secret : en décembre 1983, du lit où il était cloué à l'hôpital de Kountsevo, à l'ouest de Moscou, Andropov avait dicté à son jeune assistant Arkadi Volski un discours à lire en son nom devant le plénum du Comité central. Titre : « De la responsabilité des membres du Comité central devant le peuple ». À la fin de son texte, il avait ajouté un paragraphe en forme de testament politique où il proposait, en son absence, de charger le jeune et brillant Mikhaïl Gorbatchev de la présidence du Politburo. Quelques heures avant ce plénum, le texte fut distribué aux quatre cent soixante-dix membres du Comité central. Mais les amis de Tchernenko veillaient au grain : quand le « testament » d'Andropov fut communiqué aux délégués, le dernier paragraphe avait disparu.

13

« Farewell ne répond plus »

Comment l'espionnage français, en 1981-1982, a percé les secrets du KGB

« Il n'y a rien sur quoi plane autant de séduction et de malédiction que sur un secret. »

Søren Kierkegaard

Concarneau, le 28 mars 1983. Nikolaï Afanassievski, le fringant ministre-conseiller de l'ambassade d'URSS en France, est venu passer quelques jours en Bretagne à l'invitation de l'association France-URSS. Ce lundi-là, il reçoit un coup de téléphone du permanent de l'ambassade : François Scheer, directeur de cabinet du ministre des Relations extérieures, veut le voir d'urgence. Mais il est en Bretagne ! Son adjoint, Evgueni Moukhine, ne peut-il le remplacer ? Scheer insiste. Il veut le voir, lui, et personne d'autre. Afanassievski, en pestant, repart aussitôt pour Paris…

À 19 h 30, il se rend directement au Quai d'Orsay. Sans un sourire, Scheer lui tend une feuille de papier où figure une liste de noms : ceux de quarante-sept ressortissants soviétiques résidant en France, des diplomates que le gouvernement français accuse d'« activités contraires à leur statut » et invite à quitter Paris dans les huit jours. Afanassievski tombe des nues. Scheer, qu'il connaît bien, ne plaisante pas. Quarante-sept? Le chiffre est considérable. Pour la forme, le Soviétique s'indigne et proteste. Scheer lui tend alors un second document de quatre feuillets, imprimé en russe. C'est la photocopie du bilan des activités d'espionnage à l'étranger de la Commission pour l'industrie militaire (VPK) auprès du conseil des ministres de l'URSS, adressé par son président, le 9 juin 1980, à Iouri Andropov, le patron du KGB.

Afanassievski comprend. Que ce document provienne de la CIA, de la DST ou d'une autre source, il n'est que la partie émergée d'un iceberg forcément énorme. Le gouvernement français ne prendrait pas une telle décision pour un banal incident d'espionnage. L'affaire est gravissime. Le ministre-conseiller salue et file à l'ambassade, boulevard Lannes, où il retrouve l'ambassadeur Iouli Vorontsov – un imposant dignitaire qui vient tout juste de prendre son poste à Paris – et le « résident » du KGB, Nikolaï Tchetverikov. Ces trois éminents diplomates, qui préviennent aussitôt les administrations moscovites concernées, vont passer une soirée agitée. Aucun d'entre eux ne peut imaginer que l'incroyable mésaventure qui leur tombe dessus est une longue histoire, puisqu'elle a commencé dans les années 1960 – bien qu'ils ignorent tout de sa genèse…

Le bon vieux temps des filatures

Paris, mars 1966. Le général de Gaulle, réélu président de la République quatre mois plus tôt, a décidé de faire sortir la France de la structure militaire de l'Otan, une organisation trop américaine à son goût. C'est un tournant pour les Soviétiques, qui vont établir avec Paris, à la barbe de Washington, des relations « privilégiées ». Et une aubaine pour le KGB qui va faire du territoire français son principal terrain de chasse. C'est aussi l'assurance d'un sensible surcroît de travail pour les deux principaux services français de contre-espionnage, la DST (sur le territoire) et le SDECE (à l'étranger)[1].

Dans ce contexte, à cette époque, trois hommes nouent une relation professionnelle presque banale, sans imaginer qu'elle va déboucher sur une des plus belles affaires d'espionnage de ce demi-siècle. Le premier est un commissaire de la DST. Raymond Nart, 29 ans, petit-fils d'émigré espagnol, ancien élève des jésuites de Montauban, formé au renseignement pendant son service en Algérie, vient d'être affecté à la « division A4 » de cet organisme policier très particulier, où son nouveau métier consiste à surveiller de près ou de loin tous les Français qui entretiennent des relations régulières avec des Soviétiques : diplomates, hommes d'affaires, universitaires, savants, journalistes, artistes, etc.

Parmi les cibles du commissaire Nart figure très logiquement Jacques Prévost, ancien ingénieur en téléphonie, homme d'affaires avisé, qui est devenu le responsable du secteur URSS à la direction internationale de l'entreprise Thomson-CSF. Prévost sait parfaitement qu'un tel poste intéresse autant le KGB que le contre-espionnage français – il a même été quelque temps un informateur du SDECE, avant de rompre avec ses correspondants

1. DST : Direction de la surveillance du territoire. SDECE : Service de documentation extérieure et de contre-espionnage.

pour ne pas mélanger les genres. Prévost est un homme d'expérience. Rencontrer le commissaire Nart de temps en temps ne lui pose aucun problème.

Le troisième larron s'appelle Vladimir Ippolitovitch Vetrov. Âgé de 34 ans, ancien athlète de haut niveau, cet ingénieur moscovite est un spécialiste des nouvelles technologies – électronique, informatique, audiovisuel. Le KGB l'a récemment recruté pour en faire un espion de haut vol sous une couverture classique : le département des relations extérieures du GKET (Comité d'État du conseil des ministres pour la technologie électronique). Brillant sujet, il a été envoyé à Paris à l'été 1965 comme attaché commercial, accompagné de sa femme Svetlana, pour y nouer des relations étroites dans les milieux scientifiques français. Il n'est pas étonnant qu'il ait rencontré Jacques Prévost et qu'il ait établi avec lui des relations professionnelles, puis amicales – les deux hommes n'étant pas dupes de leurs intérêts respectifs.

Vetrov va passer cinq ans à Paris. Rappelé à Moscou en mars 1970, il quitte la France à regret. Il est tombé amoureux de ce pays où, contrairement à la plupart de ses compatriotes expatriés, il a profité de son statut d'espion pour mener grand train pendant toutes ces années. A-t-il réellement pensé « choisir la liberté » à cette date, comme on l'a dit ? Peut-être, peut-être pas. En tout cas, retourner à Moscou ne l'enchante pas. La veille de son départ, il arrose un peu trop la fin de son séjour en France et, au cours d'une nuit agitée, endommage une 404 Peugeot empruntée à l'ambassade. Ce genre de mésaventure peut lui valoir de sérieux ennuis. En catastrophe, il demande de l'aide à son ami Prévost, qui « arrange le coup » en faisant réparer la voiture aux frais de Thomson. L'incident passe quasiment inaperçu. Vetrov rentre en

URSS. Son dossier à la DST – nom de code : « Dorat » – est rangé dans un tiroir parmi des dizaines d'autres. Fin de l'épisode.

Nostalgie, nostalgie !

Quand il se rend à Moscou, plusieurs fois par an, Prévost ne manque jamais d'aller dîner chez son vieil ami Vetrov. Celui-ci a pris du galon, mais il éprouve une nostalgie sans limites pour la France. Un jour, à Moscou, en veine de confidences, Vetrov explique à Prévost qu'il est lieutenant-colonel du KGB et qu'il gagne 600 roubles par mois – ce qui est fort peu, assurément[2]. De retour à Paris, Prévost s'en ouvre à la DST, où l'on s'interroge : est-ce un appel du pied, une offre de service ? On ne le saura jamais.

Vladimir Vetrov a des fourmis dans les jambes. Il postule pour un poste de consul adjoint au consulat soviétique de Marseille, mais son visa diplomatique – parmi d'autres – est refusé par le Quai d'Orsay qui, à l'époque, voit s'accroître démesurément les effectifs de « diplomates » soviétiques envoyés sur le territoire français. Il est plausible que la DST n'ait pas été précisément consultée sur ce refus : si les responsables du contre-espionnage français avaient su qu'un agent soviétique de ce niveau, aussi sensible aux charmes de la vie en Occident, avait sollicité un visa, ils auraient certainement insisté pour qu'on lui en délivre un ! Rue des Saussaies, le dossier « Dorat » est resté dans son tiroir.

---

2. À l'époque, le rouble n'est pas convertible. Six cents roubles correspondent à trois fois le salaire d'un simple ouvrier.

Vetrov a plus de chance avec le Canada, où il obtient un poste à la mission commerciale de l'URSS à Montréal. Le Québec n'est pas la France, certes, mais travailler à Montréal est tellement plus agréable que vivre à Moscou ! Les services de renseignements canadiens sont rapidement convaincus que ce diplomate-là n'a qu'une envie, celle de rester à l'Ouest. À la fin de l'hiver, à la suite d'une sombre histoire de bijoux volés dans une bijouterie, les agents de la Gendarmerie royale du Canada (GRC) l'approchent et lui offrent de collaborer. Vetrov refuse, mais l'incident fait des vagues. Accusé de vol, il se voit rappelé à Moscou *manu militari* en mars 1975. Sa carrière diplomatique est terminée. Son rêve de vivre à l'Ouest aussi.

De retour à Moscou, Vetrov est désespéré. Il retrouve cependant un poste à son niveau, ce qui laisse entendre qu'il est « protégé ». On a dit que sa couverture n'était rien de moins que le ministre de l'Industrie radioélectrique, Valeri Kalmykov, proche parent de sa femme – mais celui-ci est mort en 1974. Toujours est-il que l'ancien attaché commercial à Montréal est bientôt réaffecté au directorat T (sciences, techniques, technologie) de la Première Direction principale du KGB, où il dirige la section « aviation et espace ».

Le directorat T n'est pas le plus connu ni le plus prestigieux des départements du KGB, mais il est au cœur – on le comprendra bientôt à l'Ouest – de la plus grande entreprise de pillage industriel du XXe siècle, sous la tutelle de la célèbre VPK, la Commission pour l'industrie militaire dépendant directement du Comité central du Parti communiste de l'URSS : cette instance truffée d'ingénieurs et de techniciens identifie tous les besoins scientifiques et technologiques du pays et organise méthodiquement les actions d'espionnage visant à capter en Occident les innovations, les inventions, les brevets, les progrès techniques, les prototypes susceptibles de faire avancer les laboratoires et les usines du complexe militaro-industriel soviétique.

Mais derrière ces objectifs vertigineux se cache une administration pesante, aux habitudes bureaucratiques et aux méthodes archaïques, qui ne saurait aucunement redonner le moral à un ancien expatrié de haut vol, nostalgique des cinémas des Champs-Élysées et des caves du Quartier latin. D'autant que ses bureaux, quelques années plus tôt, ont quitté la Loubianka, au centre de Moscou, pour le district de Iassenovo, un immense complexe moderne et sans âme situé à 30 kilomètres au sud du Kremlin, en bordure du périphérique extérieur de la capitale – où les distractions sont rares, c'est le moins que l'on puisse dire !

Un étrange appel au secours

Cinq années passent. Jacques Prévost n'a plus revu son ancien ami, qui a disparu dans les profondeurs de la bureaucratie soviétique. Le dossier « Dorat » croupit dans les archives de la DST, qui s'est beaucoup dépensée à cette époque, tout comme le SDECE, à l'occasion des Jeux olympiques de Moscou. Jusqu'à ce jour de novembre 1980 où une carte postale postée de Budapest parvient au siège parisien de Thomson-CSF, 23, rue de Courcelles, destinée à Jacques Prévost. C'est Vetrov qui demande à son vieil ami de le joindre par téléphone en urgence. Prévost, méfiant, ne réagit pas. Quinze jours plus tard, nouvelle carte postale, toujours postée de

Budapest – on saura plus tard que c'est le beau-frère de Vetrov, chanteur d'opéra, qui a posté discrètement ce courrier au cours d'une tournée en Europe centrale. Vetrov insiste, rappelle son numéro personnel et ajoute cet étrange appel au secours : « C'est une question de vie ou de mort ! »

Cette fois, Prévost s'inquiète. Il appelle son ancien correspondant de la DST, Raymond Nart, qui est entretemps monté en grade : c'est lui qui dirige désormais la division A4. Et justement, il vient d'apprendre qu'à Moscou, lors d'une foire-exposition internationale, un ingénieur du groupe Schlumberger a été abordé par un certain Vetrov, qui lui a demandé de transmettre une lettre à M. Jacques Prévost, chez Thomson-CSF...

Reprendre contact avec Vetrov ? Prévost n'a aucune envie de courir le risque personnel d'une éventuelle provocation qui lui vaudrait une interdiction de visa. Il suggère à la DST de contacter directement Vetrov par un intermédiaire qui n'attirera pas l'attention : son propre directeur à Moscou, Xavier Amiel, un vieux routier des affaires soviétiques. Contacté, Amiel accepte cette mission toute simple et peu compromettante. Si Vetrov veut « choisir la liberté », comme le croit la DST, il sera toujours temps de changer de braquet et de passer la main à des professionnels !

L'administration française n'est pas rapide, elle non plus. Tout cela a pris du temps. C'est le 4 mars 1981 qu'Amiel téléphone très naturellement à Vetrov, qui lui donne un rendez-vous dès le lendemain, à quelques centaines de mètres de son domicile. Ce jeudi 5 mars, à 18 heures, rue Bolchaïa-Doromilovskaïa, monté à bord de la R20 d'Amiel, Vetrov explique que, non, il ne veut pas passer à l'Ouest, que ce n'est pas « d'actualité », mais qu'il veut faire quelque chose de beaucoup plus fou. Un acte de bravoure que personne n'a jamais osé tenter. Et l'officier du KGB de poser sur les genoux d'Amiel un dossier de 200 pages « emprunté » à la direction de la VPK :

— Vos collègues sauront quoi en faire !

Vetrov croit, naturellement, qu'Amiel est un honorable correspondant de la DST, et qu'il est techniquement armé pour photographier un tel classeur en vingt-quatre heures :

— Il y en aura d'autres ! À demain, même heure, même endroit !

Xavier Amiel file à son bureau, désert à cette heure tardive, et photocopie tranquillement le dossier, qu'il restitue à Vetrov le lendemain, comme convenu. Nouvelle surprise : celui-ci livre alors à son interlocuteur une épaisse liasse de documents, qui connaissent le même sort : photocopie dans les locaux de Thomson-CSF, restitution dans les vingt-quatre heures. À six reprises, Amiel se transforme ainsi en apprenti espion ! Rien ne vient perturber ces échanges inattendus. Lorsque l'énorme dossier est présenté au service de la valise diplomatique, à l'ambassade de France, pour être acheminé au siège parisien de Thomson-CSF, Amiel doit insister car l'employé trouve l'enveloppe un peu trop volumineuse…

Quelques jours plus tard, quand Raymond Nart examine le contenu du dossier transmis par Prévost, il n'en croit pas ses yeux. Il n'a jamais vu autant de documents ultraconfidentiels venus d'une source aussi élevée au sein du KGB ! Cette affaire rappelle, par son importance, le spectaculaire retournement du colonel Oleg Penkovsky, du renseignement militaire soviétique (GRU), qui transmit au MI-6 britannique, juste avant la crise des missiles de Cuba en 1962, des documents explosifs concernant l'armement nucléaire soviétique – et qui fut d'ailleurs fusillé à Moscou l'année suivante.

À dossier exceptionnel, procédure exceptionnelle. Surtout en pleine campagne pour les élections présidentielles de mai 1981. Le directeur de la DST, Marcel Chalet, décide de ne pas informer tout de suite les autorités politiques. Ce n'est qu'après la victoire du candidat de la gauche, le 11 mai 1981, qu'il prend rendez-vous avec le général Jeannou Lacaze, nouveau chef d'état-major des armées. Celui-ci valide la règle du silence le plus absolu. Il met secrètement à la disposition de la DST, à Moscou, un attaché militaire spécialement affecté à cette opération : l'homme n'est pas un espion professionnel, mais au moins, s'il se fait prendre, il disposera d'une couverture diplomatique.

Marcel Chalet évite ainsi d'avoir à transmettre le dossier – qu'il a baptisé d'un nom anglo-saxon, « Farewell », au cas où l'affaire tournerait mal – au contre-espionnage extérieur. C'est d'autant plus anormal que la procédure est stricte : sur un territoire étranger, c'est au SDECE (qui s'appellera bientôt la DGSE[3]) de prendre les choses en main. Or, les rapports entre les deux services sont détestables. Chalet, fin diplomate, a convaincu Lacaze, lui-même ancien du SDECE : un transfert du dossier de la DST à sa grande rivale risquerait, soit en perturbant la source, soit en l'exposant, de condamner à l'échec la plus grosse opération d'espionnage de ces dernières décennies.

À Moscou, le passage de relais a lieu le 13 mai 1981, lors d'une réception à l'ambassade de France. Xavier Amiel informe discrètement l'attaché militaire, Patrick

3. DGSE : Direction générale de la sûreté extérieure.

Ferrant, de la procédure fort peu réglementaire que l'officier du KGB Vladimir Vetrov lui a jusqu'alors imposée. Vetrov, de son côté, s'inquiète d'avoir à changer de correspondant – il veut savoir exactement si la femme de Ferrant est de toute confiance –, mais il n'oppose aucun refus. Pour lui, Ferrant s'appellera « Paul ». Son épouse Madeleine sera « Marguerite ». Le premier contact est fixé : il se fera avec « Marguerite » le 22 mai, au marché Tcheriomouchki, rue Vavilova…

Pendant de longs mois, « Farewell » va transmettre à ses nouveaux amis « Paul » et « Marguerite » des centaines de documents ultraconfidentiels. Mais à son rythme et à sa façon, qui désarçonnent souvent ses interlocuteurs. L'homme a beau être un officier du KGB rompu aux techniques de contacts clandestins, sa décontraction fait peur. Transporter dans les rues de Moscou autant de liasses de papiers sans éveiller l'attention d'aucun service, cela tient du miracle. À l'automne, la DST fait passer à Ferrant un appareil à microfilms de taille réduite, hypersensible, d'un maniement assez aisé pour que Vetrov puisse s'en servir lui-même. C'est un progrès.

Rassurer les Américains

Le 20 mai 1981, le nouveau ministre de l'Intérieur, Gaston Defferre, avait rendu une première visite à la DST, rue des Saussaies. Entre deux propos convenus, Marcel Chalet lui avait glissé qu'il aurait à lui parler d'une affaire importante. À la mi-juin, Defferre convoque Chalet, qui lui raconte toute l'histoire. Impressionné, le ministre décide d'en informer lui-même le président de la République… et de n'en rien dire à son collègue Charles

Hernu, ministre de la Défense, qu'il considère comme un bavard irresponsable[4] ! Rendez-vous est pris pour le 14 juillet au palais de l'Élysée, quelques heures après la traditionnelle *garden party* présidentielle.

Ce jour-là, quand François Mitterrand prend connaissance du dossier Farewell, il en mesure aussitôt l'importance. Il imagine surtout le profit qu'il va pouvoir en tirer dans ses relations difficiles avec les États-Unis. À Washington, Ronald Reagan et ses conseillers ont suivi avec une sorte d'horreur la victoire d'un socialiste amenant au pouvoir en France, dans ses malles, quatre ministres communistes purs et durs ! Des ministres qui soutiennent l'invasion de l'Afghanistan, les fusées SS-20 pointées sur l'Europe ou la relégation d'Andreï Sakharov ! Pour Reagan, Mitterrand est le cheval de Troie du communisme international.

Le sommet du G7 prévu le 19 juillet à Ottawa arrive à point. Le dossier Farewell va permettre au président Mitterrand de prouver aux Américains que la France n'a pas changé de camp. En marge des réunions plénières, un quasi tête-à-tête est organisé entre lui et Ronald Reagan au château Montebello, où résident les délégations. Les deux ministres des Affaires étrangères, Alexander Haig et Claude Cheysson, sont présents. Ils voient bien que Reagan regarde Mitterrand de travers, et qu'il ne comprend pas grand-chose à son histoire d'espionnage. Comment un allié des communistes peut-il prétendre donner aux Américains des leçons d'antisoviétisme ? Méfiance !

Heureusement, le dossier tendu par Mitterrand à Reagan – qui révèle, grâce à Farewell, la présence active

---

4. Defferre, prudent, sait surtout que des soupçons pèsent alors sur Charles Hernu quant à ses relations étroites avec certaines sources soviétiques…

du KGB dans nombre d'administrations et d'entreprises américaines – parvient à George Bush, vice-président des États-Unis et ancien patron de la CIA, puis à Bill Casey, son successeur à la tête de la Centrale. Les deux hommes ne tardent pas à rencontrer Chalet, le 3 août, pour en savoir plus sur cette extraordinaire masse de renseignements aux incidences vitales pour l'Amérique.

À la fin de l'été 1981, une collaboration régulière est établie entre la CIA et la DST – laquelle transmettra à ses correspondants américains toutes les informations fournies par Farewell concernant les États-Unis. Sans rien dire de concret sur leur source, évidemment. La CIA, en retour, offre aux Français l'utilisation d'une filière ultrasecrète par laquelle procéder, en cas d'imprévu fâcheux, à l'exfiltration de leur source. La DST se garde de révéler la vérité, c'est-à-dire que Vetrov ne veut pas quitter l'URSS. Cet homme à la fois courageux, déterminé et sûr de sa valeur – il n'est pas suicidaire – n'a qu'un but, un seul : causer le maximum de tort au KGB, le détruire de l'intérieur !

Un fait divers sordide

Moscou, 26 janvier 1982. Patrick Ferrant, chaudement vêtu, piétine dans la neige derrière le musée-panorama de la bataille de Borodino, près de la Koutouzovski Prospekt, à quelques centaines de mètres du domicile de Vetrov. C'est un des points de rencontre où il retrouve régulièrement son sulfureux contact. Avec retard, celui-ci surgit, presque à l'improviste, visiblement éméché, et tient un discours échevelé :

— Tout est foutu ! Tout est foutu !

Puis il repart et se fond dans la foule moscovite. Impossible de le retenir : lui courir après serait d'une imprudence folle. Il ne reste qu'à rendre compte à Paris…

Au siège de la DST, Raymond Nart et Jacky Debain sont catastrophés. À l'évidence, il s'est passé quelque chose d'anormal, et le mécanisme de transmission des documents Farewell s'est enrayé. Le KGB a-t-il eu vent de l'affaire ? C'est évidemment l'hypothèse la plus plausible. Des semaines passent, puis des mois. Le 18 juin, la CIA dépêche un de ses hommes à Paris : que lui dire, sinon que la fameuse « source française » s'est brusquement tarie, et qu'on ignore pourquoi ?

Le 22 septembre, un autre homme de la CIA débarque à Paris et prend rendez-vous avec Marcel Chalet. Les services américains ont appris une drôle d'histoire : à Moscou, le 22 février, un officier du KGB aurait assassiné un quidam sur un parking, en bordure du *koltso*, le périphérique extérieur de la ville, à la suite d'une bagarre avec une femme. Ne s'agirait-il pas de Farewell ? Sans barguigner, Marcel Chalet lâche le nom de Vetrov. C'est bien celui de l'officier incriminé.

Il faut encore obtenir confirmation de cette explication aussi stupéfiante que sordide. Nart demande à Xavier Amiel, l'homme de Thomson-CSF à Moscou, de faire mine de téléphoner, un soir, à son vieil ami Vetrov. Il tombe sur Svetlana :

— Svetlana ? Est-ce que Volodia[5] est là ?

— Non… Et il ne veut plus s'occuper de tout cela !

Svetlana a répondu d'un ton naturel, mais elle a aussitôt raccroché. Si elle a fait passer ce message alors qu'elle

5. Diminutif de Vladimir.

est forcément écoutée par le KGB, c'est probablement que la situation est désespérée.

De fait, à cette date, Vladimir Vetrov croupit dans la prison moscovite de Lefortovo, en attendant un jugement qui l'enverra purger sa peine à Irkoutsk, au fond de la Sibérie. La DST et la CIA croiseront leurs informations pendant des mois pour reconstituer les faits et, surtout, pour savoir ce qu'on reproche à ce détenu pas comme les autres : d'avoir tué un homme ou d'avoir trahi son pays ?

Le drame du périphérique n'est qu'un désolant fait divers. Vetrov avait entraîné une jeune femme dans sa voiture pour une escapade « amoureuse ». Il s'était garé sur une aire du *koltso*, à des kilomètres du centre de Moscou. La passade a tourné à la dispute, de plus en plus violente, entre les deux amants. Un automobiliste passant par là s'est interposé, que Vetrov, hors de lui, a frappé à mort. Il n'y a rien, dans ce drame passionnel, qui puisse éveiller l'attention du contre-espionnage soviétique.

Sauf que Vetrov est officier du KGB. Sauf que la jeune femme qui est sa maîtresse s'appelle Liudmila Otchkina, et qu'elle est traductrice au « directorat T » du KGB. Célibataire, plutôt volage, elle travaille dans le même bâtiment que lui, à Iassenovo. C'est à elle qu'il « emprunte » une grande partie des documents ultra-confidentiels qu'il photographie méthodiquement chez lui avant de les lui rendre. Elle ne connaît rien du dossier Farewell, bien sûr, mais elle se doute bien que son amant se livre à de curieux trafics.

À la DST, on sait tout de Liudmila, car Vetrov n'a jamais caché son existence. Un jour, il a demandé à ses contrôleurs parisiens de lui envoyer un manteau en fourrure synthétique pour lui en faire cadeau : il avait même envoyé une photo d'elle pour que le manteau soit coupé aux mensurations de sa belle ! Cet homme-là a toujours été imprévisible. Il est facile d'imaginer le danger que représente, dans ce contexte, une altercation, voire une rupture, entre les deux amants. Liudmila aurait-elle entrepris de le faire chanter pour qu'il divorce de sa femme, ce qui expliquerait son étrange comportement un mois plus tôt ?

Un inquiétant silence

En novembre 1982, Marcel Chalet quitte la tête de la DST – où il a passé trente-cinq ans – sans avoir le fin mot de l'histoire. Ses collaborateurs Nart et Debain sont persuadés que le KGB a découvert le pot aux roses, mais ils n'en ont pas la preuve. Juste des intuitions fondées sur des signes imperceptibles. Comme le brusque rappel à Moscou, en avril 1982, de l'officier traitant de l'ingénieur français Pierre Bourdiol, un espion travaillant à la Snias[6] où l'avait recruté naguère Vladimir Vetrov lors de son premier séjour à Paris : le KGB ne serait-il pas en train de vérifier, une par une, toutes les liaisons professionnelles de celui-ci ?

Pour remplacer Chalet au 11, rue des Saussaies, François Mitterrand nomme Yves Bonnet, un préfet de choc. Raymond Nart se fait une joie de raconter toute l'affaire à son nouveau patron. Et lui fait part de son pessimisme. Au fil des mois, la DST et la CIA se sont persuadées que le dossier était clos. Vetrov lui-même a peut-être été fusillé dans les formes après avoir été officiellement et discrètement jugé coupable de haute trahison ?

6. Société nationale industrielle aérospatiale, l'ancienne Aérospatiale.

La seule question qui se pose, désormais, est de savoir comment exploiter au mieux les deux mille neuf cent quatre-vingt-dix-sept pages de documents obtenus par la filière Farewell depuis mars 1981. Certes, des brigades de traducteurs et d'experts ne cessent de décrypter ces plans, listings, tableaux, bilans, notes et autres télégrammes donnant aux services occidentaux, pour la première fois, un aperçu complet et détaillé de l'extraordinaire entreprise de pillage systématique déployée par les Soviétiques pour pallier leurs propres faiblesses technologiques, notamment en matière d'armement. Grâce à Farewell, la célèbre VPK, tête de pont de l'industrie militaire soviétique, n'a plus de secrets pour le contre-espionnage occidental : objectifs, moyens mis en œuvre, relais, résultats, synthèses et surtout hommes utilisés.

Car les classeurs de la DST contiennent aussi, grâce à Vetrov, de précieuses listes de noms : celles des deux cent cinquante agents de la Ligne X, ces ingénieurs, techniciens et autres scientifiques envoyés en Occident, sous des couvertures diverses, pour en rapporter le maximum d'informations possible. Comment exploiter ce trésor, sachant que le KGB ne va pas rester longtemps sans réagir – et modifier, très vite, l'ensemble de son organigramme ? Il y a longtemps que l'idée d'expulser un gros paquet d'espions est régulièrement émise dans les couloirs de la DST. N'est-il pas temps de relancer cette suggestion en haut lieu ?

Justement, en ce mois de janvier 1983, une information peu banale parvient sur le bureau du président Mitterrand : une équipe d'agents de la DGSE vient de découvrir que les téléscripteurs chiffrés de l'ambassade de France à Moscou avaient été piégés par le KGB depuis leur installation en… 1976 ! Rétrospectivement, c'est une catastrophe. Mais sur le moment, c'est aussi une vive humiliation. Le président de la République réagit : le sans-gêne du KGB est devenu insupportable.

Un formidable coup de torchon

Le 7 mars 1983, Yves Bonnet est reçu par le président de la République, à l'Élysée, pour y faire le point sur l'affaire Farewell et en tirer les conclusions opérationnelles. Le préfet avance une suggestion : lancer aux Soviétiques un « signal fort ». Concrètement : la France pourrait expulser un nombre « significatif » de diplomates travaillant, de près ou de loin, pour le KGB. On compte proportionnellement quatre fois plus de diplomates de l'URSS en France que de diplomates français en URSS, et tout le monde sait qu'une grande partie d'entre eux font de l'espionnage industriel et militaire, ce que les documents Farewell ont spectaculairement confirmé. À la fin de l'entretien, Bonnet tend à Mitterrand une chemise contenant cent soixante noms d'agents appartenant au KGB ou à son équivalent militaire, le GRU. À toutes fins utiles.

Une telle expulsion ne serait pas tout à fait une première. En septembre 1971, à Londres, les révélations d'un transfuge du KGB, Oleg Lialine, avaient fait prendre conscience de l'extraordinaire pénétration des agents soviétiques outre-Manche. Après un long dialogue de sourds entre le chef du Foreign Office, Alec Douglas-Home, et son imperturbable homologue soviétique Andreï Gromyko, le gouvernement britannique avait pris la décision d'expulser cent cinq diplomates et autres ressortissants de l'URSS, avec interdiction de remettre les pieds en Grande-Bretagne ! Le directeur de la DST de l'époque, Jean Rochet, avait suggéré à son ministre de tutelle, Raymond Marcellin, de faire la même chose. Le ministre de l'Intérieur avait plaidé en ce sens auprès de son confrère des Affaires étrangères Maurice Schumann, qui, au nom de la « détente » entre l'Est et l'Ouest, avait convaincu le président Pompidou… de n'en rien faire.

La France avait donc continué à expulser discrètement, au fil des ans, tel ou tel espion pris en flagrant délit, comme le directeur adjoint de l'agence de presse Novosti, Viktor Sokolov (en 1972) ; l'attaché militaire Evgueni Mironkine, surpris en train de voler un appareil de guidage électronique en plein Salon aéronautique du Bourget (en 1973) ; le consul Viatcheslav Frolov et le vice-consul Guennadi Travkov, dont l'intérêt pour le Mirage 2000 frôlait l'indécence (en 1980) ; ou le directeur adjoint d'Aeroflot Iouri Solomonov, en réalité officier du GRU (en 1982). En représailles, le Kremlin ordonnait d'expulser tout aussi discrètement tel ou tel résident français à Moscou soupçonné – à tort ou à raison – de se livrer à des activités suspectes. De part et d'autre, cette partie de ping-pong diplomatique restait confidentielle : la détente était sauve.

En cette fin d'hiver 1983, ce n'est plus Pompidou qui occupe l'Élysée, mais Mitterrand – au grand dam de la diplomatie soviétique, qui n'avait pas caché sa préférence « objective » pour le président Valéry Giscard d'Estaing, paradoxalement plus souple à l'égard de l'URSS. À Moscou, Leonid Brejnev est mort, il a été remplacé par Iouri Andropov, qui est aussi l'ancien patron du KGB. La détente, par ailleurs, bat de l'aile. Ils sont loin, les « rapports privilégiés » entre Paris et Moscou ! Le 20 janvier, pour le vingtième anniversaire du traité fondamental entre la France et l'Allemagne, le président Mitterrand a surpris en appuyant résolument le projet du chancelier ouest-allemand Helmut Schmidt d'installer outre-Rhin des missiles américains Pershing pour faire pièce aux fusées SS-20 soviétiques pointées sur l'Europe. Quelques mois plus tard, dans un dîner à Bruxelles (*cf. chapitre 15*), Mitterrand aura cette formule aussi célèbre que péremptoire :

— Moi aussi, je suis contre les euromissiles, mais je constate une chose simple : les pacifistes sont à l'Ouest, et les euromissiles sont à l'Est !

La liste secrète

Le préfet Bonnet se voit confirmer le feu vert du président par son ministre Gaston Defferre. François Mitterrand s'est décidé pour « une quarantaine » de départs. Afin d'éviter tout incident de parcours, l'opération sera menée en lien avec le directeur de cabinet du Premier ministre (Michel Delebarre) et son homologue du Quai d'Orsay (François Scheer). Bonnet, qui a un sens de l'humour parfois déconcertant, propose de déclencher l'opération le 1er avril – c'est Delebarre qui l'en dissuade. Le Kremlin aura suffisamment de raisons de ne pas apprécier la plaisanterie…

Il ne reste plus qu'à dresser la liste des noms. C'est le travail minutieux des deux commissaires Nart et Debain, qui avoueront y avoir trouvé « un plaisir extrême ». À tout seigneur tout honneur : en tête de liste figurent le résident du KGB à Paris, Nikolaï Tchetverikov, officiellement numéro 3 de la chancellerie, et ses adjoints Guennadi Korepanov, Iouri Zevakine, Evgueni Nagorny et Iouri Bykov. Si la DST n'avait donné que ces cinq noms, le KGB en France eût été décapité. Mais le président a donné son aval pour « une quarantaine » de bannissements. Nart et Debain peuvent donc y faire figurer un maximum d'officiers opérationnels, dont le métier consiste à fréquenter – et parfois à retourner – des politiques, des journalistes, des artistes ou des enseignants, sous des couvertures diverses : rédacteur à l'agence Novosti, consul adjoint à Marseille, sous-directeur à l'Unesco, etc.

Les documents obtenus de Vetrov sont très utiles : la plupart des futurs expulsés s'occupent du renseignement « technique et scientifique » (la fameuse Ligne X) et appartiennent à la représentation commerciale de l'URSS à Paris. Gros poissons, vieilles connaissances et menu fretin côtoient nouveaux venus et seconds couteaux. Quelques noms ont été soufflés par les collègues de la CIA, qui ont leurs propres sources. D'autres futurs expulsés ne sont pas des espions, pas même des honorables correspondants : les plus fins limiers de la DST peuvent, eux aussi, commettre des erreurs !

La vraie fin de Farewell

C'est cette fameuse liste de quarante-sept noms que François Scheer tend à Nikolaï Afanassievski, le 28 mars 1983, au Quai d'Orsay, au risque de déclencher une crise violente entre la France et l'URSS. Pour éviter le pire, le ministre des Relations extérieures, Claude Cheysson, que l'on sait très défavorable à l'expulsion, a situé cet échange à un échelon relativement modeste (Scheer est en dessous du ministre, Afanassievski en dessous de l'ambassadeur). En langage diplomatique, il ne s'agit pas d'une déclaration de guerre, mais d'un sérieux coup de semonce que l'on souhaite sans graves conséquences.

Les Soviétiques ont le choix : faire partir les « expulsés » par petits groupes discrets échelonnés sur plusieurs jours, ou organiser un départ groupé, au risque d'attirer l'attention des médias. Ils optent pour la seconde formule. Ont-ils été tentés de faire éclater le scandale en se donnant le beau rôle et en se posant, aux yeux de la presse, comme les victimes d'une machination de la CIA ? À point nommé, l'adjoint de François Scheer précise à Afanassievski qu'en sus des « quarante-sept », le Quai d'Orsay détient, sous le coude, une seconde liste de la DST où figurent une centaine d'autres noms…

C'est donc sans tambour ni trompette, le mardi 5 avril, à 16 h 30, qu'un énorme Iliouchine-86 de la compagnie Aeroflot décolle lourdement de Roissy-Charles de Gaulle, emportant vers Moscou quarante-sept diplomates, faux diplomates ou pseudo-diplomates, accompagnés de leurs femmes et de leurs enfants. Du *New York Times* à *Libération*, la presse occidentale regorge de photos, de noms, de confidences et de spéculations. Des centaines d'articles paraissent sur la pénétration des espions soviétiques dans les usines occidentales. Nombre d'éditorialistes soulignent que François Mitterrand vient de corriger définitivement son image « prosoviétique » auprès des Américains encore éberlués de voir quatre ministres communistes siéger au gouvernement d'un pays occidental. Mais aucun journal, aucun média, aucun commentateur n'évoque le nom de l'homme par qui le scandale est arrivé : Vladimir Ippolitovitch Vetrov…

Qu'est devenu Farewell ? Les informations sur lui ont longtemps été imprécises, voire suspectes. La CIA a laissé entendre dès le printemps 1983 que Vetrov avait été démasqué. Rien n'est moins sûr. Si cela avait été le cas, il aurait été jugé et fusillé bien avant 1985. C'est à cette date, soit deux ans plus tard, qu'on saura ce qu'il est advenu de cet étonnant espion ayant décidé, sciemment, de se retourner contre son employeur, le KGB, et le système qu'il représentait.

Condamné à douze ans de prison pour un motif n'ayant rien à voir avec sa folle entreprise, l'ancien espion Vladimir Vetrov fut bientôt suspecté par les inspecteurs de la Première Direction principale du KGB qui « épluchaient » méthodiquement les lettres envoyées à sa femme depuis sa prison d'Irkoutsk, qui le firent surveiller par un mouchard dans sa cellule, puis interrogèrent sans relâche sa maîtresse, Liudmila Otchkina, et remontèrent patiemment, comme savent le faire les services secrets de tous les pays, le fil des événements et des connexions ayant abouti à l'expulsion des « quarante-sept » en avril 1983. On dit aussi, à la DST, qu'une importante « taupe » soviétique infiltrée au sein de la CIA aurait définitivement confirmé à Moscou les soupçons nourris à l'égard de ce prisonnier hors normes.

Si l'on ignore encore quelques épisodes secrets de cette incroyable histoire, sa chute ne fait aucun doute : le 23 janvier 1985, à Moscou, sur ordre du président du KGB Viktor Tchebrikov, le lieutenant-colonel Vladimir Ippolitovitch Vetrov a été fusillé pour haute trahison.

14

Le putsch final

Comment un quarteron de conservateurs précipita la fin de l'URSS

« Puisque ces mystères nous dépassent,
feignons d'en être les organisateurs. »

Jean Cocteau

Foros, au bord de la mer Noire, dimanche 18 août 1991. Il est 16 heures. Le temps est splendide sur la Crimée. Le déjeuner fut agréable. Mikhaïl et Raïssa Gorbatchev profitent de ce court répit familial dans la belle villa que le gouvernement soviétique met à leur disposition dans ce coin de paradis, non loin de Yalta. Irina, leur fille, est là, avec son mari Anatoli et leurs deux fillettes, Anastasia et Oksana. Tout à l'heure, ils retourneront à la plage en famille. Pour l'heure, Mikhaïl Sergueïevitch remonte à son bureau, au second étage du bâtiment. Il doit peaufiner le discours qu'il prononcera mardi, au Kremlin, lorsque sera signé le « traité d'union » qui donnera à l'URSS une nouvelle assise fédérale. Depuis cinq ans, la glasnost et la perestroïka n'ont pas seulement désorganisé l'économie du pays et marginalisé le Parti communiste qui en assurait la stabilité, elles ont aussi poussé les nationalités non russes – notamment les Baltes et les peuples du Caucase – à se dégager de la tutelle de Moscou. Dans la profonde crise où s'enfonce l'URSS, l'enjeu de cette « nouvelle union » est crucial.

Le président passe beaucoup de temps au téléphone. Il consulte. À 16 h 50, alors qu'il vient de parler avec son assistant Gueorgui Chakhnazarov, le chef de sa garde personnelle, Vladimir Medvedev, vient frapper à sa porte : un groupe de visiteurs arrivant de Moscou exigent d'être reçus. Gorbatchev jette un œil sur son agenda : il n'attend aucune visite.

— Pourquoi les avez-vous laissés entrer ?

— Ils sont accompagnés de Plekhanov !

Iouri Plekhanov, c'est le grand chef de la sécurité du Kremlin. Il dirige le tout-puissant IXe Directorat du KGB, chargé de surveiller et d'assister les hautes personnalités du régime. Si les mystérieux visiteurs n'avaient pas été escortés par ce supérieur intouchable, la garde personnelle de Gorbatchev ne les aurait pas laissés approcher de la villa. Intrigué, le président appelle Moscou pour savoir qui envoie cette délégation : pas de tonalité. Il essaie les autres combinés : tous les téléphones de la villa sont coupés ! Gorbatchev pense à tous ceux qui l'ont récemment averti, de son ami Edouard Chevardnadzé au président américain George Bush, qu'un putsch se préparait contre lui, et qu'il avait eu tort de prendre quelques jours de vacances…

Le président descend le grand escalier de bois clair, mais il ne va pas accueillir la délégation. Il se dirige vers les chambres pour prévenir Raïssa, Irina et Anatoli qu'il se passe quelque chose d'anormal, et que c'est peut-être grave :

— Quoi qu'il advienne, sachez que je ne céderai à aucun chantage, aucune menace, aucune pression !

« *Allez au diable !* »

Toute la famille l'assure d'un total soutien, bien sûr. Gorbatchev va accueillir ses visiteurs… qui ont pris la liberté de monter à l'étage et de l'attendre devant son bureau, dans un grand canapé. Ce comportement cavalier n'est pas de bon augure. Ils sont quatre. Il y a là Oleg Baklanov, que Gorbatchev connaît bien : redoutable personnage, vice-président du conseil de Défense, il a la haute main sur tout ce qui relève du complexe militaro-industriel, principale puissance militaire et économique de l'URSS. Il connaît bien aussi Oleg Chenine, un communiste pur et dur qui passe pour le numéro 3 du Parti – il s'occupe des « cadres » – et avec lequel il a toujours eu des relations amicales. Il connaît moins le général d'armée Valentin Varennikov, qui a plus l'air d'une brute que d'un fin stratège. En revanche, il est stupéfait de trouver dans cet équipage Valeri Boldine, secrétaire général de la présidence, qui est un de ses plus proches collaborateurs, presque un intime !

Gorbatchev prend les devants :

— Qui vous envoie ?

— Le comité.

— Quel comité ?

— Eh bien, le comité créé pour gérer l'état d'urgence dans le pays.

— Qu'est-ce que c'est que ce comité ? Qui l'a créé ? Ce n'est pas moi, ce n'est pas le Soviet suprême, alors qui ?

Précisément, expliquent les intrus en sortant d'une serviette une liasse de papiers, il ne manque que la signature du président de l'URSS pour publier le décret proclamant l'état d'urgence et créant le comité chargé de le mettre en application. Si d'aventure le président refusait de le signer, il devrait céder tous ses pouvoirs au vice-président Guennadi Ianaïev, comme le prévoit l'article 127-7 de la Constitution soviétique. Gorbatchev saisit la manœuvre. Il est coincé. Mais il comprend aussi que ces gens-là ne sont pas venus l'arrêter. L'homme réagit comme il l'a toujours fait dans sa vie politique : il parle, il argumente, il démontre, il dénonce la folie de l'opération, il élabore l'impossible compromis, il cherche la faille, il flatte, il menace, il vitupère, il en appelle à la raison :

— Ce que vous faites est anticonstitutionnel et illégal ! C'est une aventure qui mènera au bain de sang et à la guerre civile !

En vain. Les quatre comploteurs sont là pour lui faire signer ce décret qui instaurera l'état d'urgence, ils demeurent imperméables à toute discussion. Gorbatchev, au passage, insulte Boldine pour sa trahison qui le laisse pantois. Et, une fois pour toutes, refuse de signer :

— Allez au diable ! Je n'ai rien de plus à vous dire !

Il est 18 heures quand les quatre émissaires, toujours escortés de Plekhanov, quittent la villa et reprennent la route de l'aérodrome voisin de Belbek, d'où ils téléphonent à Vladimir Krioutchkov, le président du KGB, à Moscou. Dans son bureau de la place Dzerjinski, celui-ci attendait leur appel. La rebuffade de Gorbatchev ne le surprend pas, mais elle le contrarie. Il convoque le groupe de conjurés dans le bureau du vice-président Guennadi Ianaïev, au premier étage de l'ancien bâtiment du Sénat, au Kremlin, pour une longue, très longue soirée de travail – qui sera, selon certains témoignages, bien arrosée : *zakouski*, sandwiches, vodka, whisky, cognac… Si Ianaïev est le plus titré, puisqu'il est censé remplacer Gorbatchev, il est clair que c'est Krioutchkov qui pilote. C'est lui, par exemple, qui affirme, à plusieurs reprises, que le président de l'URSS est « sérieusement malade ».

En sus de ces deux hommes, il y a là le Premier ministre Valentin Pavlov, péremptoire et surexcité ; le ministre de l'Intérieur Boris Pougo, qui ne cache pas sa satisfaction ; le ministre de la Défense Dimitri Iazov, plus renfrogné ; et quelques autres dirigeants moins connus : Alexandre Tiziakov, qui préside les Industries d'État, et Vassili Starodoubtsev, qui préside l'Union paysanne, sont là pour représenter symboliquement les ouvriers et les paysans dans ce fameux « Comité d'État pour l'état d'urgence » (GKTchP) destiné à prendre le pouvoir et à remettre l'URSS sur les rails du communisme. Au nom du peuple, bien sûr. Et avec une idée, une seule : en arrière, toutes !

Anatoli Loukianov, président du Soviet suprême de l'URSS, les rejoint vers 21 heures. Un hélicoptère est allé le chercher sur son lieu de vacances au bord du lac Valdaï. Il est un peu la caution de l'opération, à laquelle il confère toute la légalité possible. Il a rédigé un texte au vitriol contre le « traité d'union » que le président de l'URSS a prévu de signer en grande pompe le 20 août. Mais, prudent, il a demandé à ne pas figurer sur la liste des membres du comité. Ami de Gorbatchev depuis quarante ans, il a espéré que son vieux camarade se rangerait aux arguments des conservateurs, et qu'il signerait le fameux décret proclamant l'état d'urgence. Quand Baklanov, Chenine et Boldine, de retour de Foros, rejoignent les comploteurs, ils confirment que Gorbatchev n'a pas cédé. À compter de cet instant, l'ambitieux Loukianov n'est plus seulement un tortueux manipulateur, c'est aussi un traître…

À Foros, après le départ des quatre conjurés, un silence de plomb est tombé sur la villa présidentielle. Mikhaïl Gorbatchev, sa famille, son assistant Anatoli Tchernaïev, son médecin Boris Golenkov, ses deux secrétaires, son personnel de service et sa garde rapprochée sont isolés du reste du monde. La route de l'aéroport est coupée, deux navires de guerre croisent à l'horizon. Sont-ils menacés ? Par quoi, par qui ? Qu'est-ce qui se prépare à Moscou ? Un des gardes a retrouvé un vieux poste de radio qu'il bricole pour capter la BBC, Radio Liberty et Voice of America, ces programmes anglo-saxons sur ondes courtes qui faisaient naguère le miel des dissidents. C'est sur ce petit poste que la maisonnée apprendra, au petit matin, qu'un Comité d'État pour l'état d'urgence a pris le pouvoir et que lui-même n'exerce plus sa fonction de président « pour raison de santé ». La première décision de Gorbatchev sera de sortir les réserves alimentaires des placards et de refuser toute nourriture apportée de l'extérieur : on ne sait jamais.

Dans la datcha de Boris Eltsine

Lundi 19 août, 5 h 40 (heure de Moscou). Une dépêche de l'agence Tass tombe sur les téléscripteurs et crée la stupeur aux quatre coins de la planète : le président Mikhaïl Sergueïevitch Gorbatchev, « incapable d'assumer ses fonctions pour raison de santé », a été remplacé dans sa charge par son vice-président, Guennadi Ivanovitch Ianaïev. Celui-ci présidera un Comité d'État pour l'état d'urgence auquel tous les pouvoirs sont conférés pour six mois. Toute stupeur mise à part, il n'est pas un dirigeant, pas un diplomate, pas un journaliste, pas même un citoyen soviétique qui croie que Gorbatchev soit vraiment malade : le précédent de Nikita Khrouchtchev, destitué sous le même prétexte en octobre 1964, est encore dans toutes les mémoires. Mais tous comprennent l'essentiel : Gorbatchev a été renversé dans la nuit.

Dans sa spacieuse datcha d'Oussovo, à Arkhangelskoïe, dans la banlieue ouest de Moscou, Boris Eltsine est tiré de son sommeil par le téléphone à 6 heures. Le président de la Russie[1] est rentré tard, la veille, d'un voyage au Kazakhstan. Sa femme allume la télévision. L'image est fixe. Un speaker sans visage lit la dépêche de l'agence Tass, puis un communiqué du Comité d'État pour l'état d'urgence. Assis sur son lit, en maillot de corps, le président russe s'ébroue et fait appeler aussitôt ses adjoints et collaborateurs les plus proches : le vice-président russe Alexandre Routskoï, le Premier ministre Ivan Silaev, le président du Parlement russe Rouslan Khasboulatov, le ministre Mikhaïl Poltoranine, le conseiller Guennadi Bourboulis et quelques députés vont rallier au plus vite la datcha de leur chef.

À Moscou, où il est arrivé la veille, Anatoli Sobtchak, le maire démocrate de Saint-Pétersbourg[2], est réveillé par un ami journaliste à 6 h 30 : tout laisse penser qu'un putsch a eu lieu dans la nuit. De son appartement de fonction, rue Krylatski, Sobtchak appelle aussitôt le bureau d'Eltsine,

---

1. Il a été élu au suffrage universel le 12 juin, devenant le principal opposant au président de l'URSS, Mikhaïl Gorbatchev, lui-même désigné par un Parti communiste de moins en moins légitime.

2. Un référendum local, le même 12 juin, a décidé que la ville de Leningrad reprendrait son ancien nom de Saint-Pétersbourg.

pour s'entendre signifier que le président le cherche, et qu'il doit se rendre immédiatement à sa datcha d'Arkhangelskoïe.

En attendant sa voiture, Sobtchak téléphone au colonel Arkadi Kramarev, chef des forces spéciales du ministère de l'Intérieur (Omon) pour la ville de Saint-Pétersbourg. Les deux hommes ont noué des relations de confiance :

— Foncez au siège de la télévision, empêchez-les d'investir les lieux, et faites de même pour la mairie ! Je vous rappelle très vite.

À bord de sa limousine, le maire roule à tombeau ouvert en direction du périphérique de Moscou. Il aperçoit, en sens inverse, une colonne de blindés, canons levés, tourelles closes. Il arrive à la datcha présidentielle à 7 h 30. Silaev, Khasboulatov, Bourboulis et d'autres fidèles sont déjà à pied d'œuvre, en train de terminer la rédaction d'un texte. Le salon, qui sent la sueur et le tabac, est en grand désordre. Naïna, l'épouse du président russe, est en retrait, ainsi que sa fille Elena. Eltsine accueille Sobtchak par une accolade inhabituelle, et lui fait relire le texte d'un « appel aux citoyens de Russie » condamnant ce qui s'apparente désormais à un putsch, et appelant à la désobéissance civile.

Sobtchak, qui est juriste de profession, donne son aval. Le texte est tapé à la machine par Elena. Une voiture banalisée conduite par Khasboulatov doit porter le texte de l'appel à une imprimerie de Zelenograd, au nord de Moscou. Mais une pensée taraude Sobtchak :

— Boris Nikolaïevitch, en arrivant, j'ai croisé des tanks sur la route, et un détachement de parachutistes à l'embranchement du périphérique : existe-t-il une autre route pour repartir d'ici ?

Non, il n'y a pas d'autre route pour regagner le centre de Moscou, lui explique-t-on. Eltsine est d'avis de ne pas bouger pour le moment. Sobtchak, appuyé par le député et ex-général Konstantin Kobets, n'est pas d'accord :

— Avec tout le respect que je te dois, Boris Nikolaïevitch, il faut quitter les lieux de toute urgence : ils peuvent nous arrêter ici, ou même nous régler notre compte, sans que personne n'en sache rien ! Alors qu'ils n'oseront pas stopper ta limousine présidentielle !

Eltsine hésite. L'un de ses premiers coups de téléphone du matin a été pour le jeune général Pavel Gratchev, commandant des forces aéroportées, avec qui il a récemment sympathisé. Gratchev, après un long silence, lui a garanti qu'il serait en sécurité à Arkhangelskoïe. Il propose de voter : la majorité est d'accord avec Sobtchak, il faut rallier au plus vite la Maison blanche, siège du gouvernement russe. Le texte de l'appel sera dicté là-bas par téléphone.

Un cortège se forme, précédé par une voiture de la milice russe. La Zil 115 de Boris Eltsine est flanquée de deux autres véhicules de même modèle bourrés de gardes du corps. Quatre voitures suivront avec les ministres, adjoints et conseillers. Elena, la fille du président, aide son père à enfiler un gilet pare-balles – ordre du chef de la garde présidentielle ! Eltsine peste contre cette « stupide carapace ». Un sourire de sa fille lui redonne le calme dont il va avoir besoin. Il est 9 h 45. Le cortège s'ébranle et gagne le périphérique à plus de 100 kilomètres à l'heure. Soudain, la chaussée est bloquée par une vingtaine de tanks qui se dirigent, eux aussi, vers la ville. La voiture de la milice fait hurler son gyrophare : la colonne de blindés se range docilement et laisse passer le convoi présidentiel. Il y en aura d'autres, sur la longue chaussée

Roublev menant à la Maison blanche, qui se déplaceront, elles aussi, sur le côté.

Dans les voitures, le soulagement est général. L'intuition de Sobtchak – qui, lui, va prendre un avion pour Saint-Pétersbourg – était la bonne. La kalachnikov posée sur les genoux d'Alexandre Korjakov, le chef de la garde personnelle d'Eltsine, ne sera pas utile. Le président russe et ses conseillers écartent l'hypothèse d'un coup d'État militaire. Ce n'est pas l'armée, mais le KGB qui mène la danse. Et l'inévitable rivalité entre les deux organes provoque visiblement quelques flottements. Ainsi, Eltsine apprendra plus tard qu'un détachement du commando Alpha en tenue de camouflage est arrivé par les bois à Arkhangelskoïe dès 4 heures du matin, dans l'idée de prendre d'assaut la villa, mais que cet ordre a été levé vers 5 heures par Krioutchkov en personne. Un autre groupe de huit hommes armés, en treillis, se réclamant du général Gratchev mais appartenant en réalité au KGB, lui aussi, arrivera vers 10 heures à la datcha, dans l'idée d'arrêter Eltsine et de l'enfermer dans une des datchas officielles de Zavidovo, au nord-ouest de la capitale. Trop tard. Depuis exactement douze minutes, le convoi présidentiel fonce vers le centre de Moscou !

Eltsine saura très vite, lui, que c'est justement au général Gratchev que l'on a confié le déploiement des forces militaires dans la capitale. Un déploiement destiné à intimider la population, et non à prendre la ville d'assaut. Un déploiement confié à des soldats ordinaires, et non à des sections combattantes. Étrange stratégie. Une telle démonstration de force eût été efficace quelques années plus tôt, peut-être, avant la glasnost et la perestroïka. Mais elle ne vaut plus rien dès que la population descend dans la rue crier sa colère – sauf à déboucher sur un carnage !

Pendant ce temps, au Kremlin

À 10 heures, les dirigeants du putsch se sont redonné rendez-vous au Kremlin. Le Premier ministre Pavlov, qui a trop bu la veille et qui souffre d'hypertension, manque à l'appel. Iazov a mis toutes les forces armées en état d'alerte. Mais nulle part des sections d'hommes armés n'ont investi, dans la nuit, les ministères ou les locaux de la télévision. L'armée est bien là pour faire peur. C'est sur la sidération que compte Krioutchkov, le chef du KGB, pour permettre au Soviet suprême de se réunir et, sous la férule de son président Anatoli Loukianov, d'entériner les décisions du GKTchP. L'état d'urgence sera ainsi légalisé, sans violence, et il ne faudra pas longtemps pour que la majorité des républiques de l'URSS et les États occidentaux, bon gré, mal gré, admettent la situation nouvelle. Dans la matinée, une lettre du « président » Ianaïev part en direction de toutes les ambassades soviétiques, destinée à rassurer les dirigeants du monde entier sur la volonté du GKTchP de « poursuivre les réformes » et de « respecter les engagements internationaux » de l'URSS.

Krioutchkov est un disciple de Iouri Andropov (*cf. chapitre 12*). Il croit qu'on peut réaliser un coup politique de cette envergure de façon civilisée. Ses services ont bien dressé une liste de soixante-sept personnalités à arrêter dans la nuit – les leaders démocrates, les personnalités libérales et les principaux dirigeants de la Russie –, mais il n'a jamais donné l'ordre de le faire. Inutile de provoquer l'indignation et l'affolement des pays occidentaux !

Des agents du KGB surveillent seulement les domiciles des opposants connus, comme le leader démocrate Alexandre Iakovlev, rue Alexandre-Nevski, ou l'ancien ministre Edouard Chevardnadzé, rue Plotnikov. Rien de plus.

La ville est calme. Le seul bâtiment investi par des soldats est la Poste centrale. Pour l'heure, des émissaires ont été envoyés dans les administrations et les grandes usines pour expliquer le sens de l'opération ; les cellules du Parti communiste – dirigé par le secrétaire général adjoint, le peu charismatique Vladimir Ivachko – ont été mobilisées par télégramme pour en assurer l'exécution. Une conférence de presse est annoncée en fin d'après-midi pour informer les médias soviétiques et étrangers. Elle se tiendra à la salle de presse du ministère des Affaires étrangères, comme la plus banale des communications gouvernementales.

À la télévision, une seule chaîne fonctionne, où l'on égrène depuis l'aube, entre des séquences du *Lac des cygnes*, les communiqués du GKTchP, ainsi que l'insolite déclaration d'Anatoli Loukianov sur le caractère anticonstitutionnel du futur « traité d'union » que Gorbatchev et six dirigeants de république, dont Boris Eltsine, devaient signer ce 20 août. Comme pour rassurer la population sur le bras de fer enclenché ce matin : tous les Loukianov, Ianaïev, Ivachko, Iazov, Krioutchkov, Pougo et consorts ne sont-ils pas les plus proches collaborateurs de Gorbatchev, presque tous nommés par lui ? Une rumeur sera même lancée, chef-d'œuvre de désinformation : allons, « Gorby » est de mèche, il attend, depuis la Crimée, de savoir si le coup va réussir, mais lui-même, l'opportuniste, finira par s'y rallier, sans aucun doute !

En réalité, isolés dans leur villa de Foros, Gorbatchev et sa famille sont dans l'angoisse. Ils ont suivi les péripéties de la matinée sur leur petit poste de radio. Le soir, aidé de son gendre et d'une caméra d'amateur, Gorbatchev décide d'enregistrer une vidéo de quelques minutes où il assure – les bras croisés, en pull-over et chemise à col ouvert – que le prétexte de sa mauvaise santé est « un mensonge éhonté, une tromperie grossière, une escroquerie » qui confirme qu'il s'agit bien d'un « coup d'État anticonstitutionnel ». Quatre exemplaires de cette vidéo sont secrètement confiés à des membres du personnel, en espérant que l'un d'entre eux au moins réussira à quitter la villa…

Eltsine debout sur un char

Quelques chars de la prestigieuse division Tamanskaïa et une colonne de blindés de la division de Toula stationnent à proximité de la Maison blanche, ce formidable bâtiment immaculé, haut d'une douzaine d'étages, qui domine la Moskova. Quand Eltsine et ses compagnons arrivent, personne ne s'oppose à leur entrée dans le bâtiment. Les téléphones semblent coupés, à l'exception d'un seul, installé la veille par hasard et branché sur le réseau urbain. L'important, désormais, est de demeurer le plus longtemps possible dans cet impressionnant immeuble moderne qui représente le cœur de la résistance. Celle-ci est publique, concrète, elle est incarnée dans l'*Appel aux citoyens de Russie* signé tout à l'heure par Boris Eltsine, que des milliers de photocopieuses – ainsi que les radios étrangères, très écoutées dans ces moments de crise – sont en train de diffuser dans la population moscovite.

Cet appel solennel est le grain de sable qui va enrayer la mécanique du putsch telle que l'avaient conçue Krioutchkov et Loukianov.

Sous la fenêtre de son large bureau, Eltsine contemple la foule des Moscovites, très nombreux et très inquiets, ainsi qu'un char stationné devant la Maison blanche. Combien sont-ils ? Quelques dizaines de milliers ? Visiblement, ces manifestants n'ont pas peur du tank, ils s'en approchent, ils interpellent son commandant dont la tête casquée émerge près de la tourelle. Eltsine a une idée. Au grand dam de ses gardes du corps, il sort du bâtiment et va lui-même jusqu'au char, applaudi par la foule. Il serre la main des deux tankistes médusés et, juché sur l'engin, se met à lire, en forçant la voix, l'*Appel aux citoyens de Russie.* Des dizaines de photographes et quelques cameramen immortalisent ce moment :

> Nous sommes en présence d'un coup d'État droitier, réactionnaire et anticonstitutionnel ! […] Nous appelons les citoyens de Russie à donner aux putschistes une réponse digne ! Nous demandons aux militaires de faire preuve d'esprit civique ! […] Nous appelons à la grève générale illimitée !

La foule applaudit vigoureusement. Il est 12 h 50. Eltsine salue de la main, redescend du char et s'en retourne tranquillement vers l'immeuble, au grand soulagement de ses conseillers : dans une telle confusion, n'importe quel soldat, n'importe quel *sniper* posté sur un toit ou derrière un blindé aurait pu tirer sur lui – et donner à l'histoire de l'URSS une autre orientation…

Aussitôt rentré à son bureau, au cinquième étage du bâtiment, Eltsine rédige et publie un appel solennel à tous les « officiers et soldats de la Russie » :

> Militaires ! Concitoyens ! [...] Ne devenez pas l'outil aveugle de la volonté criminelle d'une poignée d'aventuriers qui foulent aux pieds la Constitution et les lois de l'URSS ! Soldats, je m'adresse à vous ! Songez à vos proches, à vos amis, à votre peuple ! [...] Soldats, officiers et généraux ! J'ai la certitude qu'en cette heure tragique, vous saurez faire le bon choix !

Déjà un certain commandant Evdokimov, chef d'escadron d'état-major de la division Tamanskaïa, vient de faire savoir qu'il était « pour Eltsine » et qu'il « attendait ses ordres » pour venir défendre la Maison blanche. Bientôt quelques chars arborant un drapeau aux trois couleurs de la Russie apparaissent sur l'avenue Kalinine, salués par la foule avec un enthousiasme indescriptible, et prennent position autour du bâtiment – sachant que leur présence est plus symbolique qu'opérationnelle ! Dans cet affrontement qui oppose soudain les « Russes » aux « communistes », l'attitude de l'armée sera cruciale.

Une brochette de médiocres

À 18 heures, Guennadi Ianaïev et quatre autres membres du Comité d'État pour l'état d'urgence – Baklanov, Pougo, Starodoubtsev et Tiziakov – tiennent une conférence de presse au ministère des Affaires étrangères, boulevard Zoubovski. Sont absents Krioutchkov, Iazov et Pavlov, ce dernier ayant réuni tous les membres du gouvernement pour qu'ils soutiennent officiellement le coup d'État. Les trois cents journalistes soviétiques et étrangers qui se pressent dans la salle sont déconcertés devant cette brochette d'apparatchiks sans charisme, au visage fermé, les mains tremblantes, grillant cigarette sur cigarette : est-ce là vraiment la nouvelle direction de l'URSS ? Ianaïev lui-même est tendu, il a du mal à tenir ses papiers, tandis que ses collègues sont muets, comme tétanisés. S'agit-il d'un drame historique ou d'un opéra bouffe ? Lorsque le « président » du GKTchP, interrogé sur la situation de Gorbatchev en Crimée, explique gravement que son « ami » Gorbatchev « se repose de la fatigue accumulée au cours de ces dernières années », la salle éclate de rire !

Cette pitoyable prestation va exactement à l'encontre de son objectif. Le monde entier comprend que ce putsch bâclé est mené par un quarteron de médiocres, incapables de parler en public, et qui n'ont même pas su se donner un chef, un vrai ! Pourtant personne ne sait quelle est la détermination des nouvelles autorités, en particulier la direction du KGB, et quelle est la capacité de résistance de Boris Eltsine, resté cloîtré dans la Maison blanche en compagnie de plusieurs centaines de députés russes : autour du bâtiment dominant la Moskova, la foule commence à ériger des barricades. Nombre de personnalités – élus moscovites, journalistes, artistes, militaires – ont rejoint les couloirs de la Maison blanche, parfois la peur au ventre. Les putschistes ont décrété un couvre-feu que personne ne respecte, mais qui ne dit rien qui vaille. La tension monte. Si l'armée a montré un grand calme toute la journée, chacun sait qu'il suffit d'une dizaine de chars, quelques lance-grenades et un commando de forces spéciales pour anéantir la résistance.

À toutes fins utiles et en grand secret, Eltsine a ordonné à son vice-Premier ministre Oleg Lobov et à son ministre des Affaires étrangères Andreï Kozyrev de gagner respectivement Sverdlovsk (Oural) et Paris (France) où, dans le pire des cas, ils devront constituer un gouvernement provisoire et poursuivre le combat. Ces dernières heures, des dizaines de diplomates de tous pays et de tous rangs sont venus constater *de visu* que la résistance au coup d'État n'était pas une illusion, que les dirigeants russes semblaient déterminés, que les Moscovites étaient dans la rue, que les jeux n'étaient pas faits. Ils en ont aussitôt informé leurs gouvernements respectifs : dans le monde entier, on a compris que les putschistes, s'ils voulaient réussir leur coup, allaient devoir employer la force dans un contexte particulièrement défavorable.

L'assaut à la Maison blanche ?

La nuit va tomber sur Moscou. Il y a des rassemblements partout dans la ville, notamment devant la mairie et place du Manège, non loin du Kremlin. Autour de la Maison blanche, on se prépare à l'assaut en bloquant les rues alentour avec des trolleybus et des camions. La municipalité de Moscou y fait transporter des blocs de béton et du mobilier urbain. On dit qu'un millier de chars quadrillent le centre-ville. Les rumeurs les plus folles courent dans la foule qui s'est amassée dans les deux rues avoisinantes, dont l'une longe le mur de l'ambassade américaine. Juste derrière, on aperçoit des tireurs d'élite sur le toit de l'hôtel Mir. Ils ont une vue plongeante sur le grand balcon qui permet aux responsables russes et aux porte-parole de la résistance de s'adresser à la foule des manifestants. Personne ne sait ce qui va se passer. Et pour cause : les putschistes ne le savent pas non plus. Il est clair que le coup d'État ne réussira, désormais, que si la Maison blanche est désarmée et Eltsine neutralisé. Or une telle opération militaire ferait des centaines de morts.

Dans la police, dans l'armée, et même au sein du KGB, on attend des ordres qui n'arrivent pas. Les chefs hésitent. Beaucoup sont tiraillés entre le serment qu'ils ont prêté à l'URSS et leur fidélité viscérale à la Russie. L'histoire va trop vite pour eux. Leurs aînés étaient formés à obéir aveuglément au tout-puissant PCUS. Or celui-ci, l'an passé, a perdu officiellement son sacro-saint « rôle dirigeant », il n'est plus qu'une enveloppe vide, un théâtre d'ombres, une institution sans autorité aucune. Qui gouverne vraiment l'URSS ? Ianaïev ? Mais quel est le vrai pouvoir de ce bureaucrate inconnu et borné qui est censé avoir remplacé Gorbatchev ? Krioutchkov ? Son gigantesque réseau d'informateurs lui transmet des nouvelles contradictoires : dans certaines villes, comme Riazan, la municipalité a neutralisé les délégués du GKTchP ; dans d'autres endroits, comme à Khabarovsk, le Comité d'État a pris les commandes !

Les conjurés eux-mêmes sont divisés. Si Baklanov, Krioutchkov et Pougo maintiennent la pression, le ministre Iazov s'est fait morigéner par sa propre femme et par Boris Eltsine en personne, par téléphone : lui, si cultivé, si patriote, comment a-t-il pu se laisser embarquer dans une telle galère ? Le Premier ministre Pavlov, sous prétexte d'hypertension, s'est fait transporter à sa datcha et a démissionné. Le ministre des Affaires étrangères, Alexandre Bessmertnykh, s'est fait porter pâle, lui aussi. Loukianov, qui sent où va le vent, a téléphoné à un proche de Gorbatchev pour expliquer qu'il n'était pour rien dans tout cela…

Mardi 20 août : la débandade

Le mardi matin, les barricades sont toujours en place. Malgré la pluie, des milliers de gens fatigués n'ont pas quitté le macadam. L'armée n'a pas donné l'assaut. On apprendra plus tard qu'une attaque de la Maison blanche par un commando héliporté du KGB était prévue à 3 heures du matin, mais que les appareils sont restés au sol pour une raison inconnue : contrordre de dernière minute ou rébellion des pilotes ? Toute la journée, des rumeurs entretiendront une insupportable tension autour de la Maison blanche. Personne ne sait exactement qui téléphone à qui. Mais chacun comprend qu'au fil des heures, l'hypothèse d'une attaque massive s'éloigne. Et que l'armée, finalement, restera dans ses cantonnements.

D'abord parce que la majorité de ses chefs ne veulent pas « verser le sang du peuple ». Ensuite parce qu'elle est profondément divisée. On n'a plus aucune nouvelle du mystérieux correspondant d'Eltsine, le général Gratchev : le KGB l'aura assigné à résidence, ou mis aux arrêts. Mais le général en retraite Kobets, à qui Eltsine a confié la responsabilité des affaires militaires, a pu parler au téléphone avec le général Kalinine, commandant de la région militaire de Moscou : celui-ci, entre deux jurons, admet qu'il n'a aucune envie de lancer ses chars contre une foule de compatriotes, et moins encore contre d'autres chars ayant choisi le parti de la Russie !

Toute la journée de mardi, les responsables militaires russes s'emploient à parfaire la défense de la Maison blanche, à faire venir des caisses d'armes légères, à imaginer des plans d'exfiltration du président Eltsine en cas d'attaque et, par téléphone, à débaucher le plus d'officiers possible. Cette stratégie est payante, car elle achève de désorganiser l'armée. Même le général Tchoujikov, commandant de la division d'élite Kantemirskaïa, basée à portée de canon de la capitale, peste contre tous ses chefs et annonce qu'il restera neutre :

> Ma division ne prendra part à aucune action décidée par ces connards ! Ils m'ont ordonné d'imposer le couvre-feu dans la ville, mais comment obéir à un ordre aussi idiot ? En tirant à vue sur tous les passants qui n'ont pas d'*Ausweis* ?

Ce n'est pas un mince succès pour Eltsine, car ce genre de nouvelles fait le tour de Moscou – et de tous les régiments du pays – en quelques dizaines de minutes. Pour enfoncer ce coin dans la stratégie adverse, lors d'un meeting improvisé sur le grand balcon de la Maison blanche, le président de la Russie annonce qu'il prend le commandement en chef de toutes les armées stationnant sur le territoire russe. Et pour faire bonne mesure, il annonce avec gravité que les putschistes et leurs alliés – il pense déjà aux dirigeants du Parti communiste – seront traînés en justice !

Le plan de la dernière chance

En fin d'après-midi, les rumeurs les plus alarmistes ont recommencé à courir en tous sens. Autour de la Maison blanche et jusque sur le pont Koutouzov, la foule n'a cessé de grossir. Sur les seize barricades érigées depuis la veille, les défenseurs de la place ont formé des « groupes de cent » (*sotni*) dirigés par des militaires professionnels ou des anciens d'Afghanistan en treillis. On distribue des masques à gaz, des pistolets, des gilets pare-balles. Par le truchement de haut-parleurs, un adjoint au maire de Moscou supplie les femmes et les enfants de rentrer chez eux. On dit que des avions gros-porteurs seraient en train d'amener des renforts de troupes à proximité de la ville – mais que ne dit-on pas ? Des ambulances viennent stationner dans les rues attenantes. On annonce, de nouveau, que l'attaque du bâtiment est imminente…

Vers 20 h 30, ce mardi 20 août, une réunion cruciale se tient dans le bureau de Guenni Agueïev, vice-président du KGB. Il s'agit de mettre la dernière main à un plan d'attaque de la Maison blanche – le plan de la dernière chance – qui se passera de l'armée régulière, totalement décrédibilisée aux yeux des services secrets. L'opération compte trois phases : intervention du groupe Alpha, la principale unité d'élite du KGB, redoutable d'efficacité, pour neutraliser les défenseurs du bâtiment ; encerclement du lieu par une unité antiterroriste récemment constituée, puis nettoyage du bâtiment et arrestation de Boris Eltsine par un commando spécial dépendant, lui aussi, du KGB. Mais autour de la table, l'orateur se heurte à un refus quasi général : il est impossible de réaliser l'opération sans provoquer « une mer de sang ». Leonid Chebarchine, qui dirige la Première Direction principale du KGB, confirme : il va renvoyer ses hommes dans leurs casernes. Agueïev insiste, menace. En vain. Il n'y a pas d'alternative. La séance est levée. Quand Ianaïev apprend ce résultat, il téléphone à Eltsine pour lui jurer, la main sur le cœur, qu'il s'opposera à tout assaut.

Dans les faits, le putsch est terminé. Ou presque. Un peu après minuit, sous le tunnel qui passe sous l'avenue Kalinine, au coin du périphérique intérieur, des tankistes bloqués par une barricade au milieu d'une foule hostile prennent peur. Ils tirent en l'air pour se dégager, mais la manœuvre qu'ils exécutent tourne au drame. Dans la panique, trois jeunes manifestants sont écrasés sous les chenilles des chars devenus fous. Ils seront les seules victimes de ce gigantesque gâchis.

Le lendemain, à 9 heures, quand Iazov réunit son « grand collège » au ministère de la Défense, rue Frounze, c'est pour arrêter les frais. Le général Chapochnikov, commandant en chef des forces aériennes, l'avait invité, la veille au soir, à « sortir de ce bourbier la tête haute ». La décision est prise, même si elle n'est pas publique : tous les soldats s'en retourneront dans leurs casernes avant 16 heures, le couvre-feu est levé. À la même heure, ce qui reste des putschistes se réunissent au Kremlin. Krioutchkov leur explique qu'il a téléphoné à Eltsine, dans la nuit, pour lui proposer d'aller chercher Gorbatchev à Foros et de trouver ensemble une sortie de crise honorable…

La suite appartient à l'histoire. Le retour de Gorbatchev à Moscou dans l'avion du président russe. L'inculpation des Krioutchkov, Loukianov, Iazov et consorts[3]. L'interdiction brutale du Parti communiste sur le territoire russe par Boris Eltsine, grand vainqueur de cette surprenante convulsion de l'histoire. L'indépendance proclamée des républiques Baltes, de l'Ukraine, du Kazakhstan. Et bientôt, la démission de Gorbatchev et la disparition de l'URSS. Celle-ci aurait-elle été aussi rapide si une poignée d'apparatchiks bornés n'avaient pas fomenté, le 19 août 1991, le putsch le plus minable de l'histoire moderne ?

3. L'un d'entre eux, le ministre Boris Pougo, se suicidera le 22 août, avant son arrestation.

15

L'étonnante erreur de Mitterrand

Comment le président français s'est trompé sur la fin de l'URSS

> « L'un des moments les plus dangereux pour la stabilité du monde viendra le jour où l'autorité soviétique commencera à s'effondrer en Europe de l'Est. »
>
> George Kennan

Paris, lundi 19 août 1991. La France est en vacances. À l'Élysée, au Quai d'Orsay, beaucoup de responsables sont absents. François Mitterrand a passé son dimanche dans le Gers. Son ministre des Affaires étrangères, Roland Dumas, se repose dans le Bordelais ; son conseiller diplomatique, Pierre Morel, sur les bords du lac Léman. Il est à peine 6 heures du matin quand Hubert Védrine, secrétaire général de la présidence de la République, lui-même rentré la veille des États-Unis, est réveillé par le « permanent » de l'Élysée : l'agence soviétique Tass vient de faire savoir que Mikhaïl Gorbatchev a été remplacé à la tête de l'URSS « pour raison de santé » par un étrange « Comité d'État pour l'état d'urgence » ayant à sa tête le vice-président Guennadi Ianaïev (*cf. chapitre 14*). Un coup d'État, à Moscou, en plein mois d'août !

Tandis que ministres et conseillers, prévenus dans l'heure, rentrent précipitamment à Paris, l'agence France Presse transmet les rares informations factuelles diffusées par l'agence Tass. À l'ambassade de France à Moscou, le ministre-conseiller Michel Peissik – l'ambassadeur Bertrand Dufourcq est en vacances – s'efforce de décrypter le communiqué du Comité d'État pour l'état d'urgence (GKTchP) qui tourne en boucle à la télévision, et confirme qu'il s'agit bien d'un coup d'État. On n'a aucune nouvelle de Gorbatchev retenu sur son lieu de vacances à Foros, en Crimée.

Le premier réflexe de Mitterrand est le scepticisme : ce n'est pas possible. Après les bouleversements que l'URSS a connus depuis l'arrivée de Gorbatchev au pouvoir, un tel coup d'État « ne pourra pas marcher ». Le standard de l'Élysée essaie de joindre la Crimée, en vain. Les dépêches tombent en cascade. Il semble qu'à Moscou, les putschistes n'aient pas arrêté le président russe Boris Eltsine : celui-ci, debout sur un char devant le bâtiment du Parlement, aurait même appelé la foule des Moscovites à la résistance !

Mitterrand passe son temps au téléphone avec ses homologues occidentaux : le Néerlandais Ruud Lubbers (président du Conseil européen), l'Allemand Helmut Kohl, le Britannique John Major. Ce dernier, depuis Londres, est le premier à dénoncer une « prise de pouvoir anticonstitutionnelle » et à condamner officiellement le coup d'État. Quelques minutes plus tard, au téléphone avec Mitterrand depuis sa maison de Kennebunkport, dans le Maine, le président américain George Bush approuve la déclaration de Major condamnant le putsch.

Le président français consulte, demande des avis, prend des notes. À 16 h 30, il s'enferme dans son bureau avec

Roland Dumas qui vient d'arriver. À sa demande, Hubert Védrine et sa collaboratrice Sophie-Caroline de Margerie préparent une première déclaration du chef de l'État demandant aux dirigeants du Comité d'État pour l'état d'urgence de garantir la vie et la sécurité de Gorbatchev.

Ce communiqué paraît fort modeste – George Bush, à son tour, vient de condamner le coup d'État avec virulence –, mais l'Élysée a fait savoir que le président prendrait la parole à 20 heures à la télévision. Dans l'après-midi, à Moscou, les putschistes ont donné une longue conférence de presse qui a provoqué un malaise : leurs déclarations sont confuses, leur chef, Guennadi Ianaïev, est hésitant, deux de ses collègues bredouillent des propos incohérents. Les premières dépêches envoyées par les agences occidentales (AP, AFP, Ansa) laissent percer de sérieux doutes sur la réussite de ce coup d'État visiblement mal préparé.

À 20 heures, Mitterrand apparaît sur toutes les chaînes de la télévision française. Il est interrogé par quatre journalistes chevronnés[1] auxquels il tient un discours d'une étonnante prudence. Pour lui, « le coup a réussi », au moins « dans sa première phase », puisque Gorbatchev « est écarté du pouvoir ». Dès lors, il importe d'exiger des « nouveaux dirigeants » de l'URSS des garanties en matière de politique étrangère. Face à lui, le journaliste Dominique Bromberger n'en croit pas ses oreilles :

— Monsieur le président, est-ce que vous condamnez le coup d'État ?

Mitterrand paraît surpris :

— Bien entendu ! Comment pouvez-vous me poser cette question ?

1. Dominique Bromberger (TF1), Georges Bortoli (Antenne 2), Paul Amar (FR3) et Gilles Schneider (La Cinq).

Non seulement il aura fallu une quinzaine d'heures à la France pour condamner le putsch, mais c'est la question impatiente d'un journaliste qui aura provoqué cette condamnation ! Le président considérerait-il le coup d'État comme un fait acquis ? Il explique que le « traité d'union » que Gorbatchev devait signer, ce 20 août, est à l'origine de l'événement. Dans un tel contexte, expliquer revient à justifier. Et le président de lire à haute voix quelques lignes de la lettre que la « nouvelle direction » lui a fait parvenir vers 19 heures par le truchement de l'ambassadeur Iouri Doubinine, le rassurant sur la poursuite des réformes, sur la permanence de la politique étrangère et sur le sort de Gorbatchev, « que rien ne menace ». Sur ce point comme sur les autres, poursuit le président, on en saura vite davantage sur la « sincérité » des « nouveaux dirigeants » de l'URSS !

Quand il quitte le studio pour retrouver Roland Dumas, Hubert Védrine et Jack Lang dans un salon voisin, Mitterrand comprend, à leurs visages embarrassés, qu'il vient de commettre une des plus grosses erreurs de son mandat. Comment cet homme cultivé, passionné d'histoire, plutôt bien entouré, a-t-il pu se méprendre ainsi sur un épisode majeur de la fin de la guerre froide ?

La révérence à Lénine

Un retour en arrière s'impose. Moscou, place Rouge, 24 avril 1975. Il est un peu plus de 13 heures lorsqu'une délégation s'approche à pas lents du mausolée de Lénine. François Mitterrand, Premier secrétaire du Parti socialiste français, flanqué de Michel Rocard et suivi à distance par Lionel Jospin, Michel Charasse et quelques autres, défilent dignement derrière une énorme gerbe de fleurs portée par Claude Estier et Jean-Pierre Chevènement. Étonnant spectacle ! Les socialistes français, depuis le congrès de Tours en 1920, considèrent les communistes comme des rivaux, des adversaires, voire des ennemis irréductibles. Et si beaucoup d'entre eux se réclament du marxisme, la révolution d'Octobre n'a jamais été leur matrice originelle. Certes, François Mitterrand sait bien qu'il ne sera jamais président de la République française sans les voix du PCF, mais il n'éprouve aucune admiration pour le vainqueur de la révolution russe : pour Jaurès, oui, pour Blum, certainement, mais pas pour Lénine !

Si Mitterrand s'est décidé à rendre cet hommage incongru à la momie de la place Rouge, c'est évidemment pour donner des gages à ses compagnons de route de l'Union de la gauche, cosignataires du Programme commun depuis 1972. Mais c'est aussi pour montrer que le PS s'inscrit à son tour dans le processus de « détente » entre l'Est et l'Ouest. Mitterrand estime qu'il ne peut faire moins que l'État qu'il espère diriger un jour. Or, en cette même année 1975, le mausolée aura reçu deux autres visites peu banales : celle de Jacques Chirac, Premier ministre, le 20 mars ; et celle de Valéry Giscard d'Estaing, président de la République, le 14 octobre. C'est toute la France, à l'époque, qui s'incline respectueusement devant le corps embaumé de Lénine !

Derrière les incompréhensions, les polémiques et les invectives que suscite cet étrange épisode, il y a une ambiguïté qui va durer jusqu'à l'effondrement de l'URSS. Ce n'est évidemment pas le révolutionnaire bolchevique de 1917 que saluent cette année-là Giscard, Chirac et Mitterrand, mais le fondateur de l'Union soviétique, ce grand pays ami avec lequel le général de Gaulle lui-même a renoué spectaculairement en 1966. Or, peut-on se recueillir devant le corps de Lénine sans que ce geste frise la complicité idéologique ? Plus profondément, l'anticommunisme des socialistes français n'est-il pas teinté d'un complexe d'infériorité face aux héritiers de la révolution d'Octobre, qui les pousserait à donner quelques gages à l'orthodoxie marxiste ?

Les Soviétiques ignorent ces finesses d'intellectuels. On le verra au printemps 1981, lorsque le Kremlin se mêlera, au-delà du tolérable, de la campagne présidentielle française. Entre Giscard et Mitterrand, toute idéologie mise à part, les Soviétiques choisissent clairement Giscard, qui incarne pour eux la « détente » entre l'Est et l'Ouest, alors que le candidat Mitterrand leur paraît peu fiable : social-démocrate imprévisible, adversaire acharné du général de Gaulle, atlantiste de surcroît ! Lorsque Giscard était allé rencontrer Brejnev à Varsovie après l'invasion de l'Afghanistan, en 1980, Mitterrand ne l'avait-il pas traité de « petit télégraphiste de Moscou » ?

Que le candidat de la gauche unie soit l'allié du Parti communiste français importe peu aux yeux des Soviétiques : quand François Mitterrand devient président de la République, le 10 mai 1981, l'ambassadeur d'URSS publie du bout des lèvres un communiqué sinistre qui montre bien que le Kremlin aurait préféré clairement que le résultat fût différent ! En retour, le nouveau locataire de l'Élysée va battre froid à la mère patrie du communisme et mettre quelques sérieux bémols à la sacro-sainte « détente » : « Mon prédécesseur avait habitué les Russes à accourir au premier coup de sifflet », explique-t-il méchamment…

Il faut dire que l'image de l'URSS dans l'opinion française s'est sensiblement dégradée depuis quelques mois : l'invasion de Kaboul, l'exil intérieur du physicien Sakharov, l'installation des fusées SS-20 pointées vers l'Europe de l'Ouest et la tension croissante en Pologne ont crédibilisé la vision reaganienne de l'« empire du mal », c'est-à-dire d'une superpuissance totalitaire et dangereuse. Quand Mitterrand propose d'observer à l'égard de cette dernière une « cure de désintoxication », il ne prend pas de risque.

Pis : Mitterrand va porter à l'URSS un coup terrible autant qu'inattendu. Le 14 juillet qui suit son élection, le ministre de l'Intérieur et le directeur de la DST lui révèlent l'existence d'une « taupe » soviétique travaillant pour la France, un espion surnommé Farewell (*cf. chapitre 13*) qui a permis au contre-espionnage français de reconstituer tout l'appareil du KGB en poste à Paris. Le 5 avril 1983, quand l'Élysée provoque l'expulsion brutale de quarante-sept agents soviétiques devenus indésirables, c'est une douche glacée qui s'abat sur les relations entre la France et l'URSS.

Les euromissiles sont à l'Est

Un autre sujet, à l'époque, contribue à faire de Mitterrand un « antisoviétique » hors normes : les euromissiles, c'est-à-dire les missiles américains Pershing installées en Allemagne de l'Ouest et les fusées SS-20 pointées par l'URSS sur les principales villes occidentales. Alors que la bataille fait rage entre les partisans occidentaux des euromissiles et les pacifistes ouest-allemands unilatéralement hostiles aux Pershing américains, le président Mitterrand se prononce clairement pour les premiers. Le 13 octobre 1983, au cours d'un dîner officiel à la cour de Belgique, il s'en prend spectaculairement aux pacifistes *(cf. chapitre 13)* :

— Moi aussi, je suis contre les euromissiles, seulement je constate des choses simples : le pacifisme est à l'Ouest et les euromissiles sont à l'Est !

Voilà qui ne va pas le réconcilier avec l'ambassadeur d'URSS à Paris, Iouli Vorontsov ! Mais celui-ci ne se décourage pas et pousse à l'organisation d'un voyage du chef de l'État en URSS : le remplacement de Leonid Brejnev par Iouri Andropov, qu'on dit cultivé et ouvert, n'en fournit-il pas un prétexte honorable ? Mitterrand hésite, puis donne son accord. Pas de chance : quand le voyage a lieu, le 21 juin 1984, Andropov vient de mourir, et c'est devant son successeur, Konstantin Tchernenko, au Kremlin, que Mitterrand, qui n'entend pas laisser ses hôtes piétiner les droits de l'homme, cite le nom du principal dissident de l'époque, Andreï Sakharov, alors assigné à résidence loin de Moscou. Le long silence gêné qui suit cette audace restera dans l'histoire.

À ce fameux dîner, non loin de Tchernenko, figure un dirigeant nettement plus jeune que la moyenne, un certain Mikhaïl Gorbatchev, 53 ans, dont le « milliardaire rouge » Jean-Baptiste Doumeng, bon connaisseur des affaires soviétiques, avait vanté les mérites dans l'avion présidentiel. Le sémillant Gorbatchev, qui a fait carrière à la tête d'une grande région rurale, fut longtemps le secrétaire du Comité central chargé de l'agriculture. Entre la poire et le fromage, le sénateur Claude Estier, qui accompagne le président français, l'interroge poliment :

— Depuis combien de temps rencontrez-vous des difficultés dans l'agriculture ?

— Mais… depuis 1917 !

Éclat de rire autour de la table. Mitterrand, étonné, regarde Gorbatchev avec intérêt. Ce n'est pas Tchernenko, impassible, qui se permettrait un tel humour !

À l'Est, du nouveau ?

Or, le 10 mars suivant, Mitterrand apprend deux nouvelles successives : à son tour, Konstantin Tchernenko est mort ; et c'est Gorbatchev qui est appelé à le remplacer. Roland Dumas, ministre des Affaires étrangères, est justement sur place. Question : faut-il aller assister aux obsèques de Tchernenko ? Mitterrand n'en a aucune envie. Mais Dumas insiste : ce sera le meilleur moyen de rencontrer le nouveau patron de l'URSS qui a tant plu à Margaret Thatcher, quelques mois plus tôt, lors d'un voyage à Londres. La « dame de fer », peu suspecte de complaisance vis-à-vis des communistes, avait déclaré :

— J'apprécie M. Gorbatchev : on peut faire affaire avec cet homme-là !

Mitterrand ne regrettera pas son aller-retour à Moscou. Après la cérémonie des obsèques de Tchernenko, il est le premier chef d'État occidental à être reçu au Kremlin, sous les ors de la salle Catherine, par le nouveau maître de l'URSS. Il est aussi le premier à l'inviter à l'étranger. Gorbatchev eût sans doute préféré inaugurer son règne par une visite aux États-Unis, mais il accepte l'invitation : ses conseillers feront de cette virée parisienne, en octobre 1985, une sorte de « galop d'essai » avant les futurs tête-à-tête, autrement plus importants, avec Ronald Reagan.

En apparence, le voyage de Gorbatchev à Paris ressemble fort aux visites de ses prédécesseurs : mêmes cérémonies compassées, mêmes défilés de Zil noires de l'Élysée à l'Hôtel de Ville, même programme de visites « privées ». Mais la jeunesse du visiteur et la prestance de son épouse Raïssa montrent qu'une page se tourne. Une innovation le confirme : Mitterrand a invité Gorbatchev à faire conférence de presse commune, provoquant une certaine panique dans l'entourage du secrétaire général... lequel s'en tire très bien, sans notes, avec une facilité inattendue. « Gorby », comme on l'appelle déjà dans la presse anglo-saxonne, a d'emblée séduit les journalistes !

Il a aussi séduit Mitterrand. « C'est un homme solide, calme, à l'esprit délié », explique-t-il. Les deux hommes sont fascinés l'un par l'autre. Aux yeux de Gorbatchev, Mitterrand est une sorte de social-démocrate comme il regrette de n'en point rencontrer à l'Est, un « progressiste » aux allures gaulliennes avec lequel il est facile de discuter. Plus facile qu'avec Jacques Chirac : le maire de Paris l'a accueilli à l'Hôtel de Ville en plaidant durement pour les juifs *refuznik* comme s'il était Brejnev ! Plus facile qu'avec Valéry Giscard d'Estaing qu'il trouve « prétentieux » : l'ancien président n'a pas apprécié de voir son rendez-vous changé à la dernière minute, et a sèchement annulé la rencontre ! Plus facile, enfin, qu'avec Georges Marchais, le chef du PCF : avant la venue de Gorbatchev à Paris, son conseiller Anatoli Tchernaïev lui a dit à quel point le camarade « Jora » (Georges) serait un frein à toutes les réformes à venir !

Quant à Mitterrand, il a l'intuition que Gorbatchev va faire bouger les lignes. Le président français, qui a grandi entre les deux guerres mondiales, déteste à peu près autant le marxisme-léninisme qu'il a en horreur toutes les formes de nationalisme. Il incarne cette gauche française accrochée au rêve d'un « socialisme à visage humain » qu'il a cru lui-même rencontrer en Alexander Dubček (en Tchécoslovaquie) ou en Salvador Allende (au Chili), et qui réconcilierait enfin les deux piliers de son propre engagement : la démocratie et le progrès. Et si Gorbatchev était l'homme de cette utopie ?

Dès cette époque, l'instinct de Mitterrand lui commande de faire confiance à Gorbatchev et de l'aider, à l'occasion, à rendre l'URSS fréquentable. Deux mois après leur rencontre de Paris, Mitterrand surprend tout le monde : le 4 décembre 1985, il accueille à Paris le général polonais Wojciech Jaruzelski alors que l'ordre militaire et policier règne encore à Varsovie, où Lech Wałęsa et les dirigeants de Solidarność sont toujours durement réprimés. Le scandale est tel que Laurent Fabius, Premier ministre, s'en déclare publiquement « troublé » ! Mais, parmi les dirigeants est-européens, Jaruzelski n'est-il pas le plus proche de Gorbatchev[2] ?

Le 31 juillet 1986, au retour d'une visite à Moscou où il a eu plus de six heures d'entretiens avec lui, Mitterrand tient à faire part de ses impressions sur le nouveau dirigeant de l'URSS, par lettre, à Ronald Reagan :

> Son intelligence est vaste, rapide et souple. Il embrasse les problèmes dans leur ensemble. Il a un sens aigu des réalités [...]. Parce qu'il veut une URSS puissante et respectée, il s'efforcera de moderniser son pays et d'utiliser la marge de manœuvre que peut lui laisser le système dont il est issu. [...] Il saura, tout en défendant ses intérêts, envisager des compromis dans tel ou tel domaine. Les partenaires occidentaux de l'URSS devraient se trouver

2. Le général Jaruzelski, qui a remis la Pologne au pas en décembre 1981, tente de sortir son pays de l'impasse par des réformes inspirées de la perestroïka et de la glasnost gorbatchéviennes.

dans des dispositions psychologiques et politiques leur permettant de saisir ces occasions…

Les trois années qui suivent donnent raison à Mitterrand. Ses ambassadeurs à Budapest et Varsovie lui confirment que les réformateurs, discrètement encouragés par le Kremlin, y ont le vent en poupe. N'est-il pas temps de croire l'homme qui explique que l'URSS a abandonné la « doctrine Brejnev », laquelle interdisait toute autonomie aux « pays frères » au nom du principe de « souveraineté limitée »? De Washington à Berlin-Est, personne n'imagine sérieusement que le Kremlin pourrait lâcher la bride à ses satellites. Mais certains faits sont troublants : Gorbatchev n'a-t-il pas réellement commencé à retirer ses troupes d'Afghanistan ?

Face aux jeunes

À partir de 1988, sur le conseil de son ministre et ami Roland Dumas, François Mitterrand engage la France à accompagner ce mouvement encore confus. Il prévoit de se rendre en visite officielle en Tchécoslovaquie (décembre 1988), en Bulgarie (janvier 1989), en Pologne (juin 1989), en RDA (décembre 1989). Mais si le président a un bon instinct politique, il ne connaît pas la réalité de cette région du monde à laquelle, du reste, il ne s'est jamais intéressé : il croit que les populations de ces pays souhaitent un régime progressiste assoupli – le fameux « socialisme à visage humain » –, alors qu'elles veulent massivement, tout simplement, la fin du régime communiste honni !

Ainsi, lors de ces voyages successifs, François Mitterrand tient à s'adresser, à chaque fois, aux jeunes du pays visité.

C'est dans ces dialogues improvisés que cet orateur brillant donne souvent toute la mesure de son talent. Or, le courant ne passe pas avec les représentants de ces nouvelles générations est-européennes qui rejettent en bloc le système qui les opprime. Mitterrand, dans ses plaidoyers vibrants, les encourage dans leur lutte pour un socialisme vraiment démocratique, mais il n'est pas en phase avec son public.

Ainsi, à l'université Clément-d'Ohrid de Sofia[3], le 19 janvier 1989, il est interrogé sur l'alliance socialo-communiste qui lui a permis de parvenir au pouvoir en 1981 en France. La question le met en joie :

— L'union est un combat ! [*Rires et applaudissements.*] Vous savez, j'étais un peu naïf quand j'ai réalisé l'Union de la gauche en France ! [*Rires et applaudissements.*] Mais le seul projet politique qui vaille n'est-il pas de réaliser l'union des forces populaires ?

Silence glacial. Aucun rire, aucun applaudissement. Les « forces populaires », les jeunes Bulgares ont déjà donné !

Le 16 juin, même hiatus à Cracovie, où le chef de l'État français stupéfie les trois cent cinquante étudiants de l'université Jagellonne qu'il rencontre à la fac de chimie, entre les deux tours des élections « semi-démocratiques » qui agitent le pays. À un étudiant qui pronostique la mort du socialisme, il réplique :

— Vous me demandez si le socialisme est mort ? Je vous réponds : moi, je suis bien vivant... et je suis socialiste !

---

3. Une première rencontre avec des jeunes s'était déroulée en Tchécoslovaquie le 9 décembre 1988, à l'université Comenius de Bratislava, mais les autorités communistes avaient tellement « verrouillé » la rencontre que celle-ci n'avait présenté aucun intérêt.

Silence glacial, là aussi. Le propos paraît tellement déplacé, au milieu de ces centaines de jeunes qui n'aspirent qu'à rallier le libéralisme occidental, que l'entourage présidentiel, gêné, tente de mettre cet impair sur le compte de l'émotion éprouvée par le chef de l'État en visitant le camp d'Auschwitz, quelques heures plus tôt.

Le 21 décembre suivant, à l'université Karl-Marx de Leipzig, il donnera ainsi un cours magistral sur l'antifascisme, célébré comme « une forme de défense de la paix et un refus d'une idéologie imposée par la force », devant des jeunes auxquels on a voulu inculquer la haine, précisément au nom de l'antifascisme, du régime « revanchard » de l'autre moitié d'Allemagne !

Et la lutte des classes ?

Mitterrand croit toujours à l'assouplissement des régimes marxistes-léninistes – la perestroïka et la glasnost prônées par Gorbatchev ne vont-elles pas dans ce sens ? Mais il n'imagine pas leur effondrement ni leur remplacement par des régimes libéraux. C'est pourquoi il privilégiera jusqu'au bout les contacts avec les dirigeants communistes en place. Certes, à la façon des Américains, il organise des petits déjeuners avec les dissidents, comme à Prague ou à Sofia. Mais en Pologne, par exemple, il se méfie de Solidarność, qui incarne la volonté d'un total changement de régime. Il reçoit les dirigeants du syndicat rebelle, Wałęsa, Geremek, Mazowiecki et quelques autres, lors d'un déjeuner à l'hôtel Heweliusz, à deux pas des chantiers navals de Gdańsk. Mais son propos est convenu, et ne répond pas au principal souci de ses hôtes : que peut faire la France, concrètement, pour aider Solidarność ?

Entre ces opposants incontrôlables et Jaruzelski, Mitterrand préfère le général aux lunettes noires[4], qu'il rencontre pendant plus de deux heures et qu'il décore même, à l'hôtel de ville de Gdańsk, de la Légion d'honneur ! À trois jours d'élections générales qui vont balayer ce qui reste du Parti communiste polonais, le geste stupéfie les journalistes français. Sauf ceux qui étaient du voyage en Bulgarie, six mois plus tôt, au cours duquel Mitterrand avait décerné la prestigieuse décoration au dictateur communiste local, Todor Jivkov !

Quel est donc le projet « socialiste » du président français pour les régimes européens à venir ? Le 20 novembre 1989, lors d'une conférence de presse donnée en compagnie du Premier ministre néerlandais Lubbers, à La Haye, on informe François Mitterrand que le dictateur roumain Nicolae Ceaușescu vient d'affirmer à Bucarest, devant le Congrès de son parti, que « personne ne toucherait aux acquis du socialisme ». Réaction de Mitterrand :

— S'il s'agit du socialisme et de ses acquis, j'en suis tout à fait convaincu !

Et d'ajouter, après un court silence :

— Tout dépend de ce qu'on appelle le socialisme…

Le 24 novembre, au cours d'une autre conférence de presse donnée à Valladolid, en Espagne, il répond longuement à la même question en rappelant « l'origine

4. Après l'arrivée au pouvoir de Solidarność, en août 1989, ni le président Mitterrand, ni son Premier ministre, ni son ministre des Affaires étrangères n'iront saluer, même quelques heures, le nouveau régime polonais. Il faudra attendre le retour de la droite au gouvernement de la France pour qu'Alain Juppé, ministre des Affaires étrangères, se rende enfin en Pologne en 1993.

commune des communistes et des socialistes » et en s'inquiétant que « le refus du communisme marxiste-léniniste » puisse entraîner les peuples de l'Est « au-delà de leurs propres revendications » : le président français ne veut pas imaginer que « ces peuples s'égarent au point de rejeter le meilleur de ce qu'ils ont reçu », c'est-à-dire, naturellement, le socialisme. *S'égarent au point de* : l'expression, à la limite du lapsus, est révélatrice. Mitterrand poursuit :

— Que ces peuples n'oublient pas que des milliards d'hommes sur terre continuent d'être dominés, opprimés, exploités, et que cette lutte-là continue à être fondamentale !

Cette lutte-là : la lutte d'aujourd'hui pour sortir du communisme est donc, on le comprend, relativement mineure !

La chute du mur : on ne touche à rien !

Le mur de Berlin s'ouvre avec fracas le 9 novembre 1989 au soir. Le lendemain matin, de Copenhague, où il est en visite officielle en tant que président de la Communauté européenne, Mitterrand prend la parole. Sa réaction est évidemment positive, mais chacun l'entend expliquer que la réunification des deux Allemagne, dont il assure qu'il « ne la craint pas », n'est « pas la seule modalité » à envisager, et que « la carte de l'Europe n'a pas à ce point changé » qu'un tel projet ne s'y heurte à de sérieux « obstacles ». Sont-ce des réserves mineures, ou l'amorce d'une véritable politique alternative ?

On apprendra plus tard que son conseiller en communication, Jacques Pilhan, lui a suggéré de filer directement à Berlin, mais que Mitterrand a écarté cette idée aussi symbolique que spectaculaire. De même, il n'a pas voulu écouter les députés qui le poussaient à avancer la tenue du Conseil européen prévu à Strasbourg le 15 novembre : la chute du mur de Berlin ne méritait-elle pas cette urgence ? Mais ce jour-là, Roland Dumas traduit sa pensée en déclarant que « la réunification ne saurait être une question d'actualité » (*sic*). Il y aurait donc des sujets plus importants à traiter que la fin de la guerre froide et la réunification allemande ? Vérification faite, l'ordre du jour du Conseil comporte un projet de charte sociale et le dossier de l'audiovisuel…

Il n'y a plus de doute : Mitterrand freine des quatre fers ! En visite à Athènes le 29 novembre, il exprime son opposition à l'élargissement de la Communauté économique européenne aux pays de l'Est :

— La communauté des Douze a assez de problèmes internes à régler d'ici 1992, 1993 ou 1994 pour qu'elle n'alourdisse pas sa charge par des adhésions prématurées !

Le président français, en revanche, se déclare favorable à la conclusion de traités spécifiques avec la Pologne, la Hongrie ou la RDA « comme il en existe déjà entre la CEE et le Maroc, la Tunisie ou Israël ». Cette surprenante proposition se répand dans toute l'Europe de l'Est comme un jet d'eau glacée. À Budapest, à Varsovie, les élites, les opposants, les jeunes n'en croient pas leurs oreilles : comme le Maroc, la Tunisie ?

Seul contre tous, Mitterrand s'en tiendra à ce discours restrictif. En juin 1991, à la veille d'un sommet franco-tchécoslovaque, il expliquera au micro de Radio France Internationale que l'entrée des pays est-européens dans la CEE attendra « des décennies et des décennies ». Pour le président Vaclav Havel, qui comptait sur une rapide intégration européenne pour dissuader les Tchèques et les Slovaques de faire sécession, c'est une catastrophe. Pour le professeur Geremek, ex-conseiller de Lech Wałęsa et futur ministre des Affaires étrangères de Pologne, c'est un « crime contre l'espoir ».

Les fantômes du passé

François Mitterrand est né en 1916. Il éprouve une hantise obsessionnelle à l'égard de toute renaissance des nationalités sur le Vieux Continent. Combien de fois explique-t-il, en public ou en privé, qu'il ne veut pas voir l'Europe « revenir à 1913 »? Cet homme féru d'histoire et de littérature a raison quand il exige qu'avant toute réunification, l'Allemagne prenne des engagements définitifs sur sa frontière orientale de 1945 – au risque d'exaspérer Helmut Kohl –, mais dans le même temps, il a en tête une carte de l'Europe totalement dépassée. Ainsi, lors du Conseil des ministres du 15 novembre, il met en garde contre le risque de « réveiller la Roumanie, la Moldavie, la Transylvanie, la Rhénanie, la Prusse-Orientale, la Mazurie »... Le 10 décembre 1989, dans une interview portant sur la réunification allemande, il évoque de nouveau le sort « des provinces de Poméranie, de Silésie, de Mazurie, de Prusse-Orientale » et les risques de contagion « à la Transylvanie et à la Moldavie ». Étranges exemples : quels vieux démons nationalistes agitent donc la Rhénanie, la Poméranie, la Silésie, la Lombardie ou la Mazurie?

Les références historiques de François Mitterrand, très datées, l'amènent ainsi à de curieuses certitudes. Exemple : « Jamais la Prusse n'acceptera d'être dominée par la Bavière », l'entend déclarer son conseiller Jacques Attali, à plusieurs reprises, en novembre 1989, pour justifier son opposition à la réunification allemande. Plusieurs fois aussi, il exprime la conviction qu'« un axe franco-britannico-soviétique se reconstituerait automatiquement si l'Allemagne se réunifiait », et que « ce serait la guerre assurée au XXIe siècle ». La guerre ? Bigre !

Une Allemagne réunifiée et une URSS en miettes, c'est la pire des configurations au regard de la sécurité de la France. C'est pour cette raison que Mitterrand va tout faire pour maintenir le *statu quo* en Europe. Au risque de se brouiller avec l'Allemagne qui a entrepris une réunification à marche forcée : le 28 novembre 1989, sans prévenir personne, le chancelier Kohl dévoile devant le Bundestag, à Bonn, un plan de réunification en dix points qui met en colère le président français. Une semaine plus tard, le 6 décembre, lorsqu'il rencontre Gorbatchev à Kiev, le Soviétique s'étonne : contre toute logique, c'est Mitterrand qui l'encourage, lui, Gorbatchev, à multiplier les obstacles à la réunification allemande !

Mitterrand est profondément convaincu que l'URSS ne peut accepter de perdre la RDA ni de voir l'Allemagne se réunifier dans le cadre de l'Otan. Gorbatchev ne lui a-t-il pas confié, en souriant, qu'une telle éventualité provoquerait aussitôt l'arrivée dans son fauteuil du Kremlin d'un maréchal en uniforme ? Mitterrand va au bout de cette logique en maintenant un voyage officiel, prévu de longue date, en Allemagne de l'Est. Le 21 décembre, devant le dernier chef du gouvernement est-allemand Hans Modrow, il émet le souhait que « la sagesse du peuple de RDA », convoqué à des élections au printemps 1990, contrecarre les projets de réunification. Il propose même à Modrow de signer, sur le terrain de la coopération culturelle, des accords *quinquennaux* avec la France !

Les efforts de Mitterrand, à la limite du raisonnable, sont vains : il ne pourra pas, bien sûr, s'opposer à la réunification allemande. Il n'en sera que plus assidu à soutenir Gorbatchev, aux prises avec un certain nombre de ses nationalités, qui profitent de la perestroïka et de la glasnost pour revendiquer davantage de libertés. Ainsi, pendant toute cette période, jamais le président français ne prête attention aux revendications autonomistes baltes. Quand la Lituanie, puis la Lettonie et l'Estonie proclament leur indépendance, au printemps 1990, il ne les prend pas au sérieux. Le 21 novembre de la même année, lors de la session de la CSCE[5] qui se tient à Paris, et au terme d'un imbroglio pitoyable, les dirigeants baltes seront expulsés de la conférence sur un froncement de sourcils de Gorbatchev. Lorsque, le 13 janvier 1991, le Kremlin riposte par les armes aux manifestations baltes pour l'indépendance, non seulement le président français ne condamne pas l'agression, mais Roland Dumas, invité à la télévision ce soir-là, donne raison au Kremlin :

— Après tout, les Baltes n'ont été indépendants que pendant vingt ans…

Ne rien dire, ne rien faire qui puisse gêner Gorbatchev ! Ce choix va pousser François Mitterrand à la faute, en avril 1991, lorsque débarque en France le président du Soviet suprême de la Fédération de Russie, le tonitruant Boris Eltsine, qui est aussi le principal opposant à Gorbatchev. Au parlement de Strasbourg, Eltsine est grossièrement accueilli, voire insulté, par les socialistes français qui le traitent de « démagogue » et d'« irresponsable » ; à Paris, il est reçu entre deux portes par le président, sans chaleur ni empressement. Entre l'URSS d'hier et la Russie de demain, Mitterrand a fait le mauvais choix. Il ne s'est pas rendu compte que l'homme qui vient d'être ainsi

5. CSCE : Conférence sur la sécurité et la coopération en Europe.

humilié par la France sera élu président de la Russie deux mois plus tard – triomphalement, et au suffrage universel.

Mitterrand n'est pas aveugle. Il voit bien que Gorbatchev est peu à peu dépassé par les événements qu'il a provoqués, que les conservateurs du PCUS ont repris du poil de la bête, et que c'est Boris Eltsine, désormais, qui incarne le changement. Le 17 juillet 1991, à Londres, il assiste au lâchage de Gorbatchev par les pays du G7 : sans la promesse d'une aide financière massive de l'Occident, l'homme de la perestroïka n'a plus aucune chance de reprendre la main. Aussi, en ce 19 août 1991, quand il apprend que son « ami » est renversé par une poignée de putschistes brouillons, Mitterrand ne met pas longtemps à lâcher celui qu'il a tant soutenu. Toujours pour la même raison : s'il salue à la télévision les « nouveaux dirigeants » de l'URSS, c'est dans l'espoir que ceux-ci, s'ils réussissent, sauront au moins éviter l'éclatement de cette grande puissance si nécessaire aux intérêts géostratégiques de la France. Sauf que le putsch échoue lamentablement et que c'est Eltsine, le président russe, qui en sort conforté. La diplomatie française va devoir, en quelques jours, effectuer quelques rétropédalages acrobatiques…

Le 30 octobre suivant, Mitterrand invite le « président » Gorbatchev, qui rentre de Madrid, à faire halte dans sa bergerie de Latche, dans les Landes. Fait-il semblant de croire que son hôte dispose de la moindre autorité sur ce qui reste de l'URSS ? En quoi peut-il l'aider à éviter l'explosion définitive de cet empire promis à une disparition inéluctable ? Pour l'heure, le président français a pour objectif d'effacer son impair du mois d'août. Dans le petit livre qui vient de sortir, où il raconte sa version du putsch, Gorbatchev n'est pas tendre avec le président français :

> De Foros, j'ai eu une conversation avec le président Bush. Mitterrand devait m'appeler, il ne l'a pas fait et je le regrette encore aujourd'hui.

Aux deux journalistes français qui l'interrogent sur ce sujet, ce jour-là, dans la douceur de la forêt landaise, Gorbatchev passe l'éponge avec une mâle assurance :

— Si ce que vous dites figure dans mon livre, alors ce n'est pas mon livre !

Éclat de rire général. Allons, c'était une malencontreuse erreur de traduction ! Du passé faisons table rase…

16

Mais d'où sort Vladimir Poutine ?

Comment le président russe fut le va-tout inespéré de Boris Eltsine

> « Celui qui ne regrette pas l'URSS n'a pas de cœur. Celui qui souhaite sa restauration n'a pas de tête ! »
>
> Vladimir Poutine

Berlin-Est, samedi 7 octobre 1989. La foule se presse sur l'avenue Unter den Linden où se déroulent les célébrations du quarantième anniversaire de l'Allemagne de l'Est (RDA). Le roi de la fête est le dirigeant communiste Erich Honecker. Mikhaïl Gorbatchev est là, sur la terrasse du Palais de la République, ainsi que les autres chefs des « pays frères » et tous les responsables est-allemands. Or, les cérémonies prennent une drôle de tournure. Les militants de la Fédération des Jeunesses communistes (FDJ) qui défilent devant la tribune officielle se mettent à scander : « Gor-by ! Gor-by ! » Et certains ajoutent : « Hilf uns ! » (« Aide-nous ! ») La scène est inédite. Sur la terrasse pleine d'officiels, c'est la stupéfaction. Honecker est blême. Au deuxième rang, le chef du parti polonais, l'ancien journaliste Mieczysław Rakowski, se penche vers Gorbatchev :

— Mikhaïl Sergueïevitch, vous comprenez ce qu'ils disent ? Ce sont les activistes du Parti ! C'est la fin !

Le même soir, à 200 kilomètres plus au sud, à Dresde, un jeune lieutenant-colonel du KGB fête son trente-septième anniversaire en compagnie de sa femme, de ses deux petites filles et de quelques amis. Ils commentent les événements que la télévision vient de transmettre. Ils n'ont pas entendu les cris lancés à Gorbatchev par les jeunes de la FDJ, mais les agents du KGB sont très bien informés sur ce qui se passe dans le pays. Surtout ici, en RDA, où les liens entre le KGB et la police politique, la redoutable Stasi, sont étroits. Vladimir Vladimirovitch Poutine et ses amis comprennent que l'histoire est en train de s'accélérer.

Ils ont vu se dessiner cet été les premières lézardes dans le « bloc de l'Est », cette immense forteresse dont ils sont les sentinelles. En Pologne, pour la première fois depuis la guerre, un non-communiste, Tadeusz Mazowiecki, ami du pape Jean-Paul II, a été nommé chef du gouvernement. En Hongrie, les parlementaires discutent avec ferveur de l'abandon du mot « socialiste » dans la constitution de leur pays. Concernant la RDA, sous leurs yeux, des dizaines de milliers de « vacanciers » sont allés se réfugier dans les ambassades ouest-allemandes de Budapest, Prague et Varsovie. Ils savent ce que Gorbatchev a lancé publiquement au chef du PC est-allemand, le peu sympathique Erich Honecker, figé dans ses certitudes :

— Camarade, la vie punit toujours ceux qui sont à la traîne !

Le jeune Poutine n'est pas étonné, le 18 octobre, d'apprendre le limogeage de Honecker. À Dresde, le patron du parti communiste, Hans Modrow, est un partisan de la perestroïka gorbatchévienne, un promoteur des « réformes ». Mais de quelles réformes parle-t-on en RDA ? Le seul progrès qui calmerait la contestation, dans ce pays traumatisé par la coupure de l'Allemagne en deux, ce serait de libéraliser le régime des visas de sortie, quitte à déverrouiller – un peu – la frontière interallemande...

C'est exactement ce qu'annonce le porte-parole du Parti, le 9 novembre, dans une confusion qui provoque la stupéfaction et... l'ouverture du mur de Berlin ! Quand ils voient les habitants franchir librement la frontière, ce soir-là, à la télévision, Poutine et ses collègues sont sans voix. Le sol se dérobe sous eux. Si les Allemands de l'Est peuvent librement se rendre à l'Ouest, à quoi bon les VoPos[1], la Stasi, le KGB ? Que restera-t-il bientôt du pacte de Varsovie et de la « fraternité socialiste » dont ils ont fait leur vocation, leur engagement, leur idéal ?

Fils d'une histoire épique

D'où vient le lieutenant-colonel Poutine ? Plus tard, quand il deviendra Premier ministre, les médias russes multiplieront les informations, souvent fantaisistes, sur ses origines. Sur sa naissance à Pokrovskoïe, au cœur de l'Oural, dans la province de Tobolsk. Surprise : c'est dans ce village qu'est né Grigori Raspoutine, un siècle plus tôt. Troublante coïncidence. Et si Vladimir Poutine était un lointain descendant du moine qui causa la perte du dernier tsar ? N'était-il pas courant, sous l'ancien régime, de donner

1. Officiers de la Volkspolizei (« Police du peuple »), la police nationale est-allemande.

aux bâtards le nom de leur géniteur retranché d'une syllabe? *Raspoutine... Poutine...* Imaginez le célèbre starets sans sa barbe, son visage ne vous rappelle personne?

Fausse piste. Légende absurde, lancée et propagée par des personnalités pourtant éminentes. La Russie moderne est un pays aussi sensible aux rumeurs les plus folles qu'elle l'était au temps des tsars. L'ex-URSS, qu'on appela naguère « le pays du grand mensonge », n'est toujours pas réconciliée avec le discours officiel, dont on se méfie toujours autant, et avec celui d'une presse peu fiable, dont les vérités sont changeantes. Un rectificatif s'impose : Vladimir Vladimirovitch Poutine est bien né le 7 octobre 1952, mais pas à Pokrovskoïe, en Sibérie occidentale. À Leningrad. Ce qui n'est pas la même chose.

Car Leningrad, l'ancienne Saint-Pétersbourg, ne se confond pas avec la Russie anonyme et profonde! C'est une ville « civilisée » depuis que le tsar Pierre le Grand voulut en faire sa fenêtre ouverte sur l'Europe, en conviant autour de son berceau les plus grands architectes italiens, allemands et français. Une ville « révolutionnaire » qui fut le creuset et le théâtre de la grande révolution d'Octobre et qui porta longtemps le nom de Lénine, son principal inspirateur. Une ville « prolétarienne », au sens où s'y développèrent les plus beaux fleurons du complexe militaro-industriel russe, dont les mythiques usines Poutilov. Une ville « résistante », enfin, qui fit du terrible blocus de neuf cents jours, pendant la grande guerre patriotique, une des pages les plus héroïques de l'histoire du pays.

La famille de Vladimir Poutine est issue de cette histoire grandiose. Spiridon, le grand-père du président russe, était cuisinier. Proche des bolcheviks, il fut envoyé auprès de Lénine lorsque la maladie isola celui-ci à Gorki, au sud de Moscou. En 1924, après la mort du chef de la Révolution, il fut affecté à Ilinskoïe, une des datchas officielles de Staline ! Son fils Vladimir, né en 1911, habita à deux pas du palais de Peterhof, un des plus beaux vestiges de la grandeur tsariste, au bord du golfe de Finlande, au sud de la capitale impériale. Il effectua trois ans de service militaire comme sous-marinier avant de partir au front en 1941 dans un bataillon du NKVD – pendant que sa femme voyait mourir son second fils Oleg lors de l'épouvantable siège de Leningrad. Sur le tard, en 1952, ils auront un troisième fils, également prénommé Vladimir. Comment celui-ci ne serait-il pas marqué par cette histoire épique, impressionné par la saga familiale ? Son grand-père cuisinant pour Staline ; son père échappant par miracle aux nazis en respirant sous l'eau d'un étang avec un roseau ; sa mère à moitié morte de faim, jetée sur une pile de cadavres, pendant le siège de la ville, et qu'on sauvera *in extremis*…

Sauvé par le judo

Gamin, le petit Volodia habite dans un sinistre appartement communautaire (*komunalka*) au cinquième étage d'un immeuble de la rue Baskov, dans le quartier Litiejny, non loin du palais Smolny – encore un lieu mythique, qui fut un bastion de la Révolution ! Qu'importe que sa mère soit concierge et son père contremaître à l'usine Egorov : Vladimir a des rêves d'empire, de barricades, de grandeur. Comme tous les petits Soviétiques de sa génération, il suit avec ferveur la progression du Spoutnik dans le ciel en 1957, et vibre lors du voyage de Gagarine autour de la Terre en 1961.

Sera-t-il astronaute, pilote ou marin? Pour l'heure, c'est un écolier turbulent, volontiers bagarreur, qui adore traîner avec quelques *hooligans* (c'est le mot russe) de son quartier. C'est un petit caïd râblé et taciturne qui pratique la boxe, puis la lutte, puis, heureusement, le judo – un sport qui lui apporte équilibre et maîtrise de soi. Il était temps : par deux fois, le très dissipé Vladimir Poutine avait été écarté de l'organisation des Pionniers, passage obligé pour entrer plus tard aux Jeunesses communistes...

À 17 ans, à la surprise de son entourage, il choisit les études de droit – comme un certain Mikhaïl Gorbatchev au même âge – qui mènent à la procurature, à la milice, à l'appareil du Parti ou, pour les éléments les plus doués, au KGB. C'est que le petit Volodia poursuit un rêve secret : suivre les traces de son père, ce héros de la lutte contre les hitlériens! Il en a conçu le projet en voyant un film d'espionnage, *Le Glaive et le Bouclier*[2], qui évoque les prouesses des *razviedtchiki* (agents de renseignements) pendant la Seconde Guerre mondiale. « Ce qui me fascinait, dira-t-il plus tard, c'est l'idée qu'à lui seul, un homme pouvait accomplir ce que des armées ne réussiraient jamais à faire! » Un jour, sans avertir ses parents, l'adolescent va se renseigner au siège du KGB de Leningrad, situé au 4 du boulevard Litiejny, à deux pas de chez lui. Un fonctionnaire lui explique qu'on n'entre pas au KGB comme cela, qu'il faut être repéré, puis recruté, et satisfaire à de nombreuses exigences. Le KGB

2. En russe : *Chtchit i Metch*. Ce film sorti à Moscou en 1968 raconte les exploits d'un espion soviétique, Alexandre Belov, qui réussit à infiltrer les services de sécurité du IIIe Reich pendant la Seconde Guerre mondiale.

s'intéressera à lui quand il aura fait une école supérieure de droit. Poutine sort de l'immeuble avec un objectif qui ne va plus le quitter : entrer à la fac de droit de l'université de Leningrad.

Quatre années passent. L'ancien petit voyou de la rue Baskov est devenu un étudiant exemplaire. Il ne fume pas, il ne boit pas – encore un point commun avec Gorbatchev. Il a appris la guitare et continue assidûment le judo jusqu'à devenir ceinture noire : il sera, en 1976, champion de la région de Leningrad. Il adore la compétition, les camps de jeunes, les virées dans la nature, le lever des couleurs, le drapeau rouge, l'hymne soviétique. Le profil d'un patriote idéal ! Un soir, alors qu'il n'y croit plus, il reçoit un coup de téléphone anonyme, suivi d'un mystérieux rendez-vous… Enfin !

Au printemps 1975, à la toute fin de son cursus universitaire, il est convoqué à la Deuxième Direction principale du KGB, celle qui coiffe la direction du contre-espionnage. Ce n'est pas la plus prestigieuse, certes : Poutine sait bien que seuls les surdiplômés et les pistonnés entrent à la Première Direction principale, qui s'occupe du renseignement extérieur. Mais qu'importe le flacon : il est « tchékiste », comme disent tous ceux qui se rappellent avec nostalgie la « Tchéka » d'antan, l'ancêtre du KGB, fondée par Lénine en personne.

Il y a renseignement et renseignement

Une première formation de cinq mois, à Moscou, lui fait mesurer le décalage entre son rêve romantique et la réalité des vieux policiers rancis qui n'ont toujours pas fait le deuil de Staline et qui n'ont pas vu le monde changer. Il est loin le temps du NKVD, la police politique toute-puissante, intouchable, capable de fusiller des villages entiers et de remplir des dizaines de camps de concentration dans l'Oural ! Le bras armé du parti stalinien a été démantelé. Le Kremlin s'est racheté une conduite, il joue le jeu de la « détente » avec les pays occidentaux et prône même le désarmement nucléaire. Non sans succès politique. Même si l'URSS a du mal à développer son économie, même si les dissidents commencent à faire parler d'eux, le Kremlin peut s'enorgueillir de réelles avancées sur la scène internationale : tour à tour, le Vietnam, le Cambodge, l'Éthiopie, la Somalie, l'Angola, le Mozambique, le Yémen du Sud, l'Afghanistan rejoignent alors, un par un, le camp communiste...

À Leningrad, Vladimir Poutine travaille donc pour le renseignement : il surveille les étrangers de passage, les clients des grands hôtels, les délégués aux foires commerciales, etc. Il en recrute comme informateurs plus ou moins motivés, notamment parmi les industriels et les scientifiques, et contribue à créer un réseau de personnalités « amies » dans le monde politique, économique ou culturel. Il est difficile d'en savoir plus, Poutine lui-même n'ayant jamais parlé, comme il se doit, de ces activités secrètes. Il confiera simplement, un jour, qu'il était devenu un « expert en relations humaines ».

Le monde du secret a son revers. On n'y est sûr de rien. Pis : on peut raconter de sombres histoires sans courir le risque d'être démenti. Ainsi, un journal de Dresde a « révélé » que Poutine était allé en RDA, sous une couverture journalistique, dès 1975. Un autre aurait retrouvé la trace de son passage en RFA, sous le nom d'Adamov, à la même époque. Encore des rumeurs non recoupées, des potins invérifiables, des enquêtes sommaires ! La seule chose certaine, c'est qu'en 1980, il rencontre Liudmila, une hôtesse de l'air de Kaliningrad, qu'il épouse en 1983[3] et dont il a un enfant, Macha, au printemps 1985. Une petite sœur, Ekaterina, viendra deux ans plus tard, quand il sera en poste en Allemagne de l'Est.

Fin 1984, il va parfaire sa formation au Krasnoznamennyi Institut (Institut du Drapeau rouge, futur Institut Andropov), sorte d'école supérieure du renseignement préparant aux missions à l'étranger. Un privilège. Il y parfait notamment sa connaissance de l'allemand. Il en sort avec le grade de major et avec un nom de code : « Platov ». Il est jugé de façon positive, « pas carriériste », « éveillé », mais aussi « solitaire » et « un peu trop abstrait ». En 1985, enfin, il décroche son billet pour la RDA : il y travaillera cinq ans pour le 11e département de la Première Direction principale, celui qui s'occupe des « pays frères ».

Cinq ans à Dresde

À Dresde, il habite une barre de HLM avec quatre autres officiers du renseignement et leurs familles, à deux pas des bureaux dévolus aux « organes ». Il opère sous son vrai nom. Il conduit une Jigouli, il va au théâtre, il boit de la bière, beaucoup de bière – il prend douze kilos ! Son métier n'a rien de commun avec celui des héros des films d'espionnage : il fait du renseignement politique, du recrutement de sources, il réceptionne et traite l'information avant d'envoyer des synthèses au « centre ». Un travail classique, presque banal, placé sous l'autorité d'un « résident ».

3. Il en divorcera en 2013.

Plus tard, on lui prêtera bien des exploits. Qu'on lui ait attribué un rôle de premier plan dans l'éviction du vieil Erich Honecker, comme dans l'ascension du futur dirigeant Hans Modrow, cela n'a rien d'étonnant – on ne prête qu'aux riches –, mais c'est faux. Poutine était un lieutenant-colonel parmi bien d'autres, dont ni Vladimir Krioutchkov, alors président du KGB, ni Markus Wolf, chef des services secrets de la RDA, ni Oleg Kalouguine, un des patrons du KGB de Leningrad à l'époque, n'ont gardé le moindre souvenir.

Les agents du KGB en poste à l'extérieur sont les Soviétiques les mieux informés sur la réalité du monde… et celle de l'URSS ! Ils parlent les langues étrangères, ils lisent la presse internationale. Ils savent, toute propagande mise à part, que leur pays accuse un dramatique retard sur l'Occident. Même en Allemagne de l'Est, Poutine voit bien que les cafés sont propres, qu'il n'y a pas de file d'attente devant les boulangeries, que les jeunes sont correctement habillés. Il n'est pas dupe de l'image que donnent de l'URSS les vieillards que l'on voit parfois apparaître, figés comme des momies, à la tribune du mausolée de Lénine : Brejnev, Andropov, Souslov, Gromyko, Tchernenko…

Le 11 mars 1985, comme la plupart de ses collègues, il est soulagé en voyant un homme de 54 ans succéder à tous ces dinosaures. Il est fier de l'intérêt que l'on porte à l'étranger à Mikhaïl Gorbatchev et au vent de réforme qu'il fait bientôt souffler sur l'URSS. Il sait bien, et il n'est pas le seul, que ces changements ont beaucoup trop tardé. Déjà feu Iouri Andropov, quand il était le patron du KGB, pensait qu'il fallait rétablir la discipline, intéresser la population au travail et desserrer le carcan du Parti pour remettre le pays sur ses rails. Mais qui pouvait imaginer que la perestroïka et la glasnost mèneraient à l'effondrement du régime ?

La fin des illusions

La chute du mur, pour Vladimir Poutine, est un cataclysme. Une fin du monde. À Dresde comme dans tout le pays, des manifestations exigent la démocratie, c'est-à-dire la fin de la dictature du Parti et de la tutelle soviétique. Poutine est de service le jour où une foule d'Allemands prennent d'assaut le siège local de la Stasi. Avant qu'ils se dirigent vers le siège du KGB, 4, Angelikastraße, il brûle lui-même, dans la panique, une quantité énorme de documents secrets. Le souvenir le plus amer qu'il gardera de ces journées difficiles, c'est le silence de la centrale, à Moscou, en réponse à ses appels à l'aide, comme si le pouvoir soviétique avait brusquement renoncé à contenir son « ennemi principal », c'est-à-dire l'Otan. Inimaginable !

Que ne lira-t-on pas dans la presse russe, là encore, sur cette période agitée ? Que Vladimir aurait tenté de fuir en RFA, qu'il aurait été désavoué par le « résident » du KGB, etc. La réalité est plus simple. Poutine, qui n'est qu'un fonctionnaire, est rappelé à Leningrad par son administration d'origine pour y reprendre du service. La vie continue, même s'il a perdu son confort, son idéal, ses illusions. Il est trop jeune pour se retirer de la vie active, comme certains de ses collègues. Mais il est lucide : la RDA va se réunifier avec la RFA, le bloc de l'Est n'existe plus, l'Union soviétique n'a plus d'avenir. Il est temps pour lui de chercher un nouveau métier. À Leningrad, ses employeurs lui proposent de travailler à l'université d'État, comme adjoint du président, chargé des relations internationales. Un bon poste d'observation, mais pour observer quoi ? C'est un placard, une voie de garage pour un homme de 38 ans qui rêvait de conquérir la lune !

La Providence veille. Au bout de quelques mois, il est appelé par le soviet de Leningrad (*Lensoviet*) qui cherche un juriste pour le cabinet du nouveau maire, Anatoli Sobtchak. Professeur de droit, celui-ci eut naguère Poutine comme étudiant. Le courant passe entre les deux hommes. Poutine a du respect pour ce démocrate élégant et sympathique qui se bat comme un beau diable dans le panier de crabes qu'est devenue la mairie de Leningrad. À la fin de l'entretien, il décide de lui avouer qu'il travaille pour le KGB. Sobtchak laisse passer un long silence en regardant son ancien élève, et prend sa décision :

— Oh ! et puis je m'en fous !

Sobtchak choisit de faire confiance à Poutine, qui n'est d'aucun clan, d'aucune coterie, d'aucun parti, et dont l'expérience internationale lui sera utile. De nombreux commentateurs ont expliqué que c'est le KGB, évidemment, qui a poussé Poutine à accepter cette proposition pour mieux surveiller l'activité de ces étranges « démocrates » ayant pris le pouvoir dans la deuxième ville du pays ! On peut aussi penser que Sobtchak engagea sciemment un homme capable, grâce à ses entrées au KGB, de débrouiller bien des dossiers complexes…

Depuis les bureaux du palais Marie en pleine frénésie réformatrice, Poutine est aux premières loges pour voir, au nord du pays, les partis baltes se muer en mouvements autonomistes et proclamer leur indépendance ; et au sud, les peuples du Caucase s'embraser dans un nationalisme agressif qui tourne, parfois, en guerre civile. Sobtchak, farouche partisan de l'état de droit, est un des leaders du mouvement démocrate. Grâce à lui, Poutine suit de près les efforts de Gorbatchev pour instaurer une forme de pluralisme, convertir le Parti à l'économie de marché, éviter la dislocation de l'empire…

La Russie ressuscitée

Le 12 juin 1991, Poutine assiste à l'élection triomphale – et au suffrage universel – de Boris Eltsine à la tête de la Russie ressuscitée. Son rival Mikhaïl Gorbatchev n'est plus, pour sa part, que le chef désigné par le Politburo d'un parti obsolète, incapable d'enrayer l'effondrement d'un régime à bout de souffle qu'il a trop longtemps incarné. Forcé de s'appuyer tactiquement sur les conservateurs, Gorbatchev est condamné à plus ou moins long terme…

Le putsch du 19 août 1991 surprend Poutine pendant ses vacances en famille. Il rentre au plus vite à Saint-Pétersbourg où Anatoli Sobtchak, non sans courage, organise la résistance (*cf. chapitre 14*). Les heures passées au *Lensoviet*, où une foule anonyme est venue défendre la démocratie, sont cruciales. L'armée, sur ordre des putschistes, va-t-elle donner l'assaut ? Sobtchak négocie directement avec le commandement militaire de la région, le général Samsonov, pour éviter tout face-à-face avec la population civile, qui finirait en bain de sang. Poutine dira plus tard :

> L'intention des putschistes était peut-être noble, car ils voulaient sauver l'URSS du désordre. Mais les moyens et les méthodes qu'ils employèrent poussèrent le pays, justement, vers plus de désordre. Dès que je vis leurs visages à la télévision, je compris que tout était fini !

Dès le 20 août, il rédige une lettre de démission pour son corps d'origine, le KGB. Il avait déjà effectué cette démarche, mais n'avait pas eu de réponse. Cette fois, Sobtchak transmet personnellement la lettre à Krioutchkov – un des putschistes –, qui la fait aussitôt valider par son administration. Le KGB étant accusé d'avoir fomenté le putsch, la précaution est opportune. À Moscou, la foule déboulonne et met à bas la statue de Dzerjinski, fondateur de la Tchéka, devant la trop célèbre Loubianka…

Krioutchkov arrêté, le KGB est rapidement mis au pas. Gorbatchev, avec l'accord d'Eltsine, place à sa tête le populaire Vadim Bakatine, un démocrate chargé de remettre d'équerre ce pouvoir devenu incontrôlable. Il nomme au renseignement extérieur (SVR) l'ancien journaliste Evgueni Primakov, tandis que Boris Eltsine désigne le général Barannikov, qui déteste les « tchékistes », au ministère russe de la Sécurité, ramené au rang de service fédéral de contre-espionnage.

Le KGB, connais pas ! Le « conseiller » Vladimir Poutine (39 ans) travaille désormais au côté du plus proche collaborateur de Sobtchak, le libéral Anatoli Tchoubaïs (37 ans). Il côtoie les jeunes diplômés brillants et sans complexe qui ont joué à fond la carte d'une Russie démocratique : Grigori Iavlinski (40 ans), Guennadi Bourboulis (46 ans), Egor Gaïdar (36 ans) et quelques autres qui vont se retrouver, l'un après l'autre, auprès du président Eltsine à Moscou.

Le portrait de Pierre le Grand

Quand Tchoubaïs est happé à Moscou par le gouvernement russe, Poutine le remplace au côté de Sobtchak, au moins pour ce qui est des relations extérieures. Avec une ambition majeure : refaire de Saint-Pétersbourg une fenêtre ouverte sur l'Occident. Au palais Smolny, où s'est installée la mairie, il a affiché sur la porte de son bureau un portrait du tsar Pierre le Grand, fondateur de la ville. Quand un groupe de communistes purs et durs installent un drapeau rouge en face de sa fenêtre, il leur ordonne de le retirer avant d'envoyer la police en découper la hampe au chalumeau !

La fin officielle de l'URSS, en décembre 1991, ne change rien à son statut. Poutine apprend l'art des *joint-ventures* créés avec des entreprises privées étrangères, il aide plusieurs banques occidentales (la Dresdner Bank, la BNP) à ouvrir des succursales à Saint-Pétersbourg, il découvre la réalité et l'âpreté du capitalisme… dans un pays qui n'est aucunement préparé à cette culture, ayant toujours connu une économie administrée par l'État et une classe moyenne inexistante ! La Russie regorge de richesses, notamment énergétiques, mais elle n'a personne pour en assurer la gestion dans de bonnes conditions. Et pas de lois pour en réguler la privatisation. Comme d'autres, Poutine manie des milliards de roubles – ce qui lui vaudra les pires critiques, invérifiables, de la part de ses ennemis. Dans cette immense braderie qu'est devenue l'ex-URSS, les accusations volent, les dossiers compromettants s'accumulent. Mais personne n'a jamais pu prouver que le bras droit du maire s'enrichissait abusivement : même quand il est accusé des pires turpitudes financières, il est blanchi et Sobtchak lui garde sa confiance.

Tout laisse à penser que le futur président russe joue la légalité. Mais il n'est ni naïf ni aveugle. Quand il organise l'exportation de quotas de matières premières vendues contre des produits alimentaires *via* des structures plus ou moins fictives, il voit bien comment certains intermédiaires détournent des sommes exorbitantes. Il voit tout aussi bien comment certains apparatchiks – comme le célèbre Boris Berezovski – s'approprient impunément des entreprises publiques, des mines ou des forêts entières, et deviennent soudain milliardaires !

Au printemps 1996, sa carrière est stoppée net. Anatoli Sobtchak, dont il a dirigé la campagne électorale, perd de justesse les municipales à Saint-Pétersbourg – rivaux politiques et affairistes de tout poil se sont ligués contre lui. Fatal échec. Sobtchak, craignant la vengeance de ses anciens adversaires, quitte brusquement la Russie pour la France. Poutine se retrouve au chômage. Ce n'est pas un drame : excellent organisateur, juriste compétent, il a bonne réputation. Il est rapidement convoqué à Moscou par Pavel Borodine, le directeur de cabinet de Boris Eltsine, lequel vient de se faire réélire président de la Russie. Poutine devient d'abord son adjoint chargé de veiller à la légalité de l'action présidentielle, des avoirs russes à l'étranger et, en sus, des relations avec les régions. Un poste de confiance demandant beaucoup de lucidité et de discrétion…

La fin pathétique de Boris Eltsine

Le 24 juillet 1998, le jeune Premier ministre Sergueï Kirienko, qui le connaît bien, nomme Poutine à la tête du Service fédéral de sécurité (FSB), une des branches de l'ex-KGB. Le nouveau promu retrouve les « organes » sans plaisir. La période est chaotique, propice aux coups tordus. La crise économique frappe toute la population, à l'exception d'une petite catégorie de « nouveaux riches ». L'instabilité ministérielle est chronique. Le chef de l'État est notoirement malade, on le soupçonne d'alcoolisme profond, on sait qu'il doit se faire opérer du cœur : tout cela, à l'approche de l'élection présidentielle, avive les ambitions personnelles. Le général Lebed, héros de la première guerre de Tchétchénie, est candidat à la succession. L'ancien Premier ministre Viktor Tchernomyrdine aussi. Le maire de Moscou, Iouri Loujkov, se prépare également. On chuchote que le nouveau chef du gouvernement, Evgueni Primakov, qui a dirigé le renseignement extérieur (SVR) jusqu'en 1996, est aussi tenté.

Mais il est une guerre plus feutrée, à Moscou, qui commence à prendre une dimension dévastatrice. Elle oppose les ministres et conseillers libéraux qui entourent Boris Eltsine – les Tchoubaïs, Nemtsov, Gaïdar et autres brillants quadragénaires – et les nouveaux milliardaires qui contrôlent des pans entiers de l'économie, les Berezovski, les Goussinski, que l'on surnomme désormais les « oligarques ». Mal conduites, mal contrôlées, les privatisations ont tourné à la foire d'empoigne. Dans cet immense pays où l'État a perdu son autorité, où les lois sur la propriété sont encore virtuelles, où nombre d'anciennes structures bureaucratiques sont toujours en place, où plusieurs parties du territoire, comme dans le Caucase, sont contrôlées par des bandits de grands chemins, il n'y a pas de différence entre un entrepreneur, un aventurier et un mafieux.

Poutine aurait pu cent fois trébucher dans cette confusion parfois assassine. Il a fait le choix d'être loyal envers l'équipe gouvernementale et le président lui-même. Lorsque celui-ci surmonte ses ennuis de santé, Poutine jette toutes ses forces dans la bataille pour la défense du chef de l'État. En mars 1999, lorsque Iouri Loujkov tente de lancer à l'assaut de la famille Eltsine son ami, le procureur général Iouri Skouratov, la télévision d'État diffuse une vidéo salace sur les soirées très spéciales que ledit procureur passe avec des prostituées. Chacun y voit la main experte du nouveau patron du FSB, l'organisme notoirement capable de compromettre n'importe qui, de falsifications en coups bas…

Un cauchemar revient comme une évidence dans ce désastre. Non seulement Boris Eltsine, complètement décrédibilisé, ne sera jamais réélu (sa cote fluctue entre 1 % et 5 % dans les sondages), mais sa retraite risque de tourner au vinaigre. S'il quitte le pouvoir, lui-même et sa famille – notamment sa fille Tatiana Diatchenko et son collaborateur Pavel Borodine, tous deux compromis dans de sordides manipulations financières – seront aussitôt poursuivis, condamnés, broyés par son successeur.

Un homme providentiel

Le 9 août 1999, Boris Eltsine joue son va-tout. Il nomme un nouveau Premier ministre chargé d'éviter un désastre électoral aux législatives de la fin de l'année. Dans une intervention à la télévision, le président ne cache pas que son nouveau poulain a été choisi en vertu de sa capacité à lui succéder aux prochaines présidentielles :

> J'ai décidé de nommer un homme capable d'unir la société, de s'appuyer sur les forces politiques les plus larges et d'assurer la poursuite des réformes en Russie. Il sera capable d'unir ceux qui renouvelleront la grande Russie du XXIe siècle.

Cet homme providentiel s'appelle Vladimir Vladimirovitch Poutine. Il est le quatrième chef du gouvernement désigné en dix-sept mois – c'est dire si le pouvoir est devenu instable ! Comme par hasard, tous ces Premiers ministres successifs[4] sont issus du KGB. Comme si cette institution jouait, *mutatis mutandi*, le rôle que joue l'ENA en France : un vivier de dirigeants rompus aux affaires publiques, connaissant les dossiers, et ayant le sens de l'État. C'est le cas de Poutine. Mais pourquoi celui-ci réussirait-il là où les autres ont échoué ?

Dès le 26 septembre, le Kremlin crée un « bloc » électoral baptisé *Edinstvo* (« Unité ») qui prône l'unité nationale face aux menaces pesant sur la population : démantèlement de l'économie, embrasement du Caucase, multiplication des attentats terroristes. Abreuvé de nouvelles alarmantes par la télévision d'État, la population s'inquiète. Poutine joue la carte de la dramatisation. Il prône – déjà – un pouvoir fort. La création d'*Edinstvo* arrive au bon moment. À la tête de ce nouveau parti « présidentiel », Poutine s'impose face aux troupes de Primakov, Loujkov et consorts : les candidats d'*Edinstvo* remportent les législatives du 19 décembre et se retrouvent majoritaires à la Douma. Divine surprise ! Le 22 décembre, fort de ce résultat inespéré, Eltsine informe Poutine qu'il démissionnera le 31 décembre, précipitant ainsi l'échéance présidentielle tant redoutée. Et que son poulain doit se préparer, moyennant quelques promesses faciles à imaginer, à lui succéder.

L'histoire vient de connaître une accélération foudroyante. À la date symbolique du 1er janvier de l'année 2000, comme s'il inaugurait à lui tout seul le millénaire à venir, Poutine est désigné président de la Russie « par

4. Viktor Tchernomyrdine, Sergueï Stepachine, Sergueï Kirienko, Vladimir Poutine.

intérim ». De la part de Boris Eltsine, c'est un coup de maître. Les commentateurs et analystes sont formels : jeune, compétent, sérieux, loyal, patriote, il incarne l'espoir de sortir le pays du marasme où il s'enfonce depuis dix ans. Il a toutes les chances de remporter le scrutin suprême, fixé au 26 mars[5]. Et comme son parti vient de décrocher la majorité à la Douma, il s'apprête à gouverner la Russie en détenant réellement tous les pouvoirs. Autant dire : pour longtemps.

Incroyable retournement de situation. Étonnante bienveillance du destin. Le petit caïd de la rue Baskov est devenu, sans coup férir, le premier tsar du XXIe siècle. On comprend que son premier décret présidentiel ait été destiné à assurer l'impunité à celui qui l'avait hissé sur ce trône.

5. Il sera élu, en effet, dès le premier tour de scrutin, avec 52,9 % des voix.

Bibliographie sélective

1. Il faut tuer Raspoutine !

CARS, Jean DES, *Nicolas II et Alexandra de Russie, une tragédie impériale*, Perrin, 2015.

ENDEN, Michel DE, *Raspoutine*, Fayard, 1976.

LECOMTE, Bernard, *Les* Startsy *en Russie au* XIXe *siècle*, mémoire Inalco, 1969.

RADZINSKY, Edvard, *Raspoutine. L'Ultime Vérité*, JC Lattès, 2000.

2. La prise du palais d'Hiver

DURAND, Pierre et KAHN, Jean-François, *Tout commence à Petrograd*, Fayard, 1967.

PIPES, Richard, *La Révolution russe*, PUF, 1993.

SALISBURY, Harrison, *La Neige et la Nuit*, tome 1 : *La Révolution d'Octobre*, Belfond, 1980.

SERVICE, Robert, *Lénine*, Perrin, 2000.

VOLKOGONOV, Dimitri, *Le Vrai Lénine*, Robert Laffont, 1995.

WOLTON, Thierry, *Histoire mondiale du communisme*, tome 1 : *Les Bourreaux*, Grasset, 2015.

3. Le crime de la maison Ipatiev

ANJOU, S.A.R. le prince Alexis D' (duc de Durazzo), *Moi, Alexis, arrière-petit-fils du tsar*, Fayard, 1982.

FERRO, Marc, *La Vérité sur la tragédie des Romanov*, Tallandier, 2012.

LORRAIN, Pierre, *L'Assassinat de Nicolas II*, Fleuve noir, 1994.

ROSS, Nicolas, *La Mort du dernier tsar*, L'Âge d'homme, 2001.

SOKOLOV, Nicolas, *Enquête judiciaire sur l'assassinat de la famille impériale russe*, Payot, 1924.

SUMMERS, Anthony et MANGOLD, Tom, *Le Dossier Romanov*, Albin Michel, 1980.

4. Trotski, ce chien enragé…

BROUÉ, Pierre, *L'Assassinat de Trotsky*, Éditions Complexe, 1980.
—, *Trotsky*, Fayard, 1988.
SERGE, Victor, *Vie et mort de Trotsky*, Amiot-Dumont, 1951.
SERVICE, Robert, *Trotski*, Perrin, 2011.
SOUDOPLATOV, Pavel et Anatoli, *Missions spéciales*, Seuil, 1994.

5. Hitler-Staline, l'invraisemblable alliance

ALEXANDROV, Victor, *Histoire secrète du pacte germano-soviétique*, Olivier Orban, 1979.
COULONDRE, Robert, *De Staline à Hitler. Souvenirs de deux ambassades (1936-1939)*, Hachette, 1950.
MAÏSKI, Ivan, *Qui aidait Hitler?* Éditions du Progrès, 1962.
SOUVARINE, Boris, *Chroniques du mensonge communiste*, coll. « Commentaire », Plon, 1998.
VOLKOGONOV, Dimitri, *Staline. Triomphe et tragédie*, Flammarion, 1989.

6. Katyn, le mensonge du siècle

CZAPSKI, Joseph, *Souvenirs de Starobielsk*, Éditions Noir sur Blanc, 1987.
KWIATKOWSKA-VIATTEAU, Alexandra, *Katyn, l'armée polonaise assassinée*, coll. « La Mémoire du siècle », Éditions Complexe, 1989.
TAYLOR, Telford, *Procureur à Nuremberg*, coll. « L'Épreuve des faits », Seuil, 1995.
VARAUT, Jean-Marc, *Le Procès de Nuremberg*, Perrin, 1992.
WIEWIORKA, Annette, *Le Procès de Nuremberg*, Éditions Ouest-France, 1995.
ZASLAVSKY, Victor, *Le Massacre de Katyn*, Perrin, 2007.

7. De Gaulle au Kremlin

BORTOLI, Georges, *Une si longue bienveillance. Les Français et l'URSS (1944-1991)*, Plon, 1994.
GAULLE, Charles DE, *Mémoires de guerre*, tome 2 : *L'Unité*, Plon, 1956.
—, *Mémoires de guerre*, tome 3 : *Le Salut*, Plon, 1959.
« Les entretiens de Gaulle-Staline des 2, 6 et 8 décembre 1944 », *Recherches internationales à la lumière du marxisme*, traduction du supplément n° 4 de *Mejdunarodnaïa Jizn*, avril 1959.
VAÏSSE, Maurice (sous la dir. de), *De Gaulle et la Russie*, CNRS Éditions, 2006.

8. Triste fin pour un tyran

ALLILOUÏEVA, Svetlana, *Vingt lettres à un ami*, Seuil, 1967.
AVTORKHANOV, Abdurakhman, *Staline assassiné. Le complot de Beria*, Presses de la Renaissance, 1976.
BORTOLI, Georges, *Mort de Staline*, Robert Laffont, 1973.
KHROUCHTCHEV, Nikita, *Souvenirs*, Robert Laffont, 1971.
KOLENDIC, Anton, *Les Derniers Jours. De la mort de Staline à celle de Beria*, Fayard, 1982.

9. Un transfuge nommé Kravtchenko

BERBEROVA, Nina, *L'Affaire Kravtchenko*, Actes Sud, 1990.
IZARD, Georges, *Kravtchenko contre Moscou*, Paris-Vendôme, 1949.
KRAVTCHENKO, Viktor Andreïevitch, *J'ai choisi la liberté ! La Vie publique et privée d'un haut fonctionnaire soviétique*, Self, 1947.
MALAURIE, Guillaume, *L'Affaire Kravtchenko. Paris, 1949 : le goulag en correctionnelle*, Robert Laffont, 1982.

10. La seconde mort de Joseph Staline

KHROUCHTCHEV, Nikita, *Souvenirs*, Robert Laffont, 1971.
LAZITCH, Branko, *Le Rapport Khrouchtchev et son histoire*, Seuil, 1976.
MEDVEDEV, Roy et Jaures, *Khrouchtchev. Les Années de pouvoir*, « Cahiers libres », Maspero, 1977.

11. La chute de Monsieur K

ADJOUBEI, Alexeï, *À l'ombre de Khrouchtchev*, La Table ronde, 1989.
KHROUCHTCHEV, Nikita, *Souvenirs*, Robert Laffont, 1971.
KHROUCHTCHEV, Sergueï, *Khrouchtchev par Khrouchtchev*, Plon, 1990.
MEDVEDEV, Roy et Jaures, *Khrouchtchev. Les Années de pouvoir*, « Cahiers libres », Maspero, 1977.

12. Qui était vraiment Iouri Andropov ?

AVTORKHANOV, Abdurakhman, *La Méthode Brejnev. Analyse et histoire d'un règne*, Fayard, 1981.
GIRAUD, Henri-Christian, *Le Printemps en octobre. Une histoire de la révolution hongroise*, Éditions du Rocher, 2006.
MEDVEDEV, Jaures, *Andropov au pouvoir*, coll. « Champs », Flammarion, 1983.

13. « Farewell ne répond plus »

BONNET, Yves, *Contre-espionnage. Mémoires d'un patron de la DST*, Calmann-Lévy, 1999.
CHALET, Marcel et WOLTON Thierry, *Les Visiteurs de l'ombre*, Grasset, 1990.
KOSTINE, Sergueï et RAYNAUD, Éric, *Adieu Farewell*, Robert Laffont, 2009.
NART, Raymond et DEBAIN, Jacky, *L'Affaire Farewell vue de l'intérieur*, Nouveau Monde, 2015.

14. Le putsch final

ELTSINE, Boris, *Sur le fil du rasoir (Mémoires)*, Albin Michel, 1994.
GORBATCHEV, Mikhaïl, *Le Putsch*, Olivier Orban, 1991.
GOSSET, Ulysse et FEDOROVSKI, Vladimir, *Histoire secrète d'un coup d'État. Moscou, 19 août 1991*, JC Lattès, 1991.
KOBETS général Constantin, *La Vie quotidienne à Moscou pendant le putsch (18-21 août 1991)*, présenté par Alexandre Adler, Hachette, 1991.
LECOMTE, Bernard, *Gorbatchev*, Perrin, 2014.

15. L'étonnante erreur de Mitterrand

ATTALI, Jacques, *Verbatim*, tome 3 : *1988-1991*, Fayard, 1995.
COHEN, Samy (sous la dir. de), *Mitterrand et la sortie de la guerre froide*, PUF, 1998.
FAVIER, Pierre et MARTIN-ROLAND, Michel, *La Décennie Mitterrand*, tome 4 : *Les Déchirements*, Seuil, 1999.
LECOMTE, Bernard, *Le Bunker. Vingt ans de relations franco-soviétiques*, JC Lattès, 1994.
LESME, Anne, « François Mitterrand et l'Union soviétique de Mikhaïl Gorbatchev », mémoire de DEA (sous la dir. de Samy Cohen), 1997.
VÉDRINE, Hubert, *Les Mondes de François Mitterrand (à l'Élysée, 1981-1995)*, Fayard, 1996.

16. Mais d'où sort Vladimir Poutine ?

GUEVORKIAN, Natalia, KOLESNIKOV, Andreï et TIMAKOVA, Natalia, *Première personne. Entretiens avec Vladimir Poutine*, So Lonely, 2016.
LORRAIN, Pierre, *La Mystérieuse Ascension de Vladimir Poutine*, Éditions du Rocher, 2000.
PONS, Frédéric, *Poutine*, Calmann-Lévy, 2014.

Index des noms cités

Table

Cet ouvrage a été composé par Peter Vogelpoel

PERRIN
12, avenue d'Italie
75627 Paris cedex 13

Dépôt légal : octobre 2016
K04118/01

Achevé d'imprimer : en septembre 2016
en Allemagne par GGP Media GmbH à Pößneck